"十四五"职业教育国家规划教材
新编21世纪高等职业教育精品教材
智慧财经系列

税法与纳税实务
（第二版）

主　编　王玉娟　田春红
副主编　杜俊涛　朱红云
　　　　王希颖　徐　伟

中国人民大学出版社
·北京·

图书在版编目（CIP）数据

税法与纳税实务 / 王玉娟，田春红主编．--2 版．-- 北京 ：中国人民大学出版社，2023.8
新编 21 世纪高等职业教育精品教材．智慧财经系列
ISBN 978-7-300-32046-5

Ⅰ．①税… Ⅱ．①王… ②田… Ⅲ．①税法－中国－高等职业教育－教材 ②税收管理－中国－高等职业教育－教材 Ⅳ．① D922.22 ② F812.423

中国国家版本馆 CIP 数据核字（2023）第 149935 号

“十四五”职业教育国家规划教材
新编 21 世纪高等职业教育精品教材 · 智慧财经系列
税法与纳税实务（第二版）
主　编　王玉娟　田春红
副主编　杜俊涛　朱红云　王希颖　徐　伟
Shuifa yu Nashui Shiwu

出版发行	中国人民大学出版社		
社　　址	北京中关村大街 31 号	邮政编码	100080
电　　话	010－62511242（总编室）		010－62511770（质管部）
	010－82501766（邮购部）		010－62514148（门市部）
	010－62515195（发行公司）		010－62515275（盗版举报）
网　　址	http://www.crup.com.cn		
经　　销	新华书店		
印　　刷	中煤（北京）印务有限公司	版　　次	2021 年 10 月第 1 版
开　　本	787 mm × 1092 mm　1/16		2023 年 8 月第 2 版
印　　张	21.75 插页 4	印　　次	2023 年 8 月第 1 次印刷
字　　数	531 000	定　　价	59.00 元

序一

2019年8月20日，习近平总书记在甘肃考察山丹培黎学校时，从“实体经济是我国经济的重要支撑，做强实体经济需要大量技能型人才，需要大力弘扬工匠精神”的战略高度，做出了“发展职业教育前景广阔、大有可为”的重大论断。可以说，以习近平同志为核心的党中央对职业教育的重视程度之高前所未有，推动职业教育改革发展的力度之大前所未有，我国职业教育迎来了新的重大发展机遇。

为了更好地将习近平总书记对职业教育“大有可为”的殷切期盼转化为“大有作为”的生动实践，推动我国职业教育实现提质培优、增值赋能，加快由数量普及阶段转向内涵发展阶段，2020年9月16日，教育部等九部门印发了《职业教育提质培优行动计划（2020—2023年）》（以下简称《行动计划》）。《行动计划》明确提出：完善职业教育教材规划、编写、审核、选择使用、评价监管机制。根据职业学校学生特点创新教材形态，推行科学严谨、深入浅出、图文并茂、形式多样的活页式、工作手册式以及融媒体教材。

《税法与纳税实务》活页式教材是北京经济管理职业学院提质培优行动计划中职业规划教材的成果，符合高等职业教育发展的最新要求。

本教材主编之一北京经济管理职业学院王玉娟教授，拥有注册会计师和税务师执业资格证书，税务理论功底扎实，从事高职教育十六年，职业教育经验丰富，熟悉职业教育的认知规律。另一位主编，天津倚天会计师事务所有限公司合伙人田春红（全国高端税务人才、全国高端会计人才、中国注册会计师协会资深会员），从业二十多年，积累了丰富的税务工作实践经验，为金融业、房地产业、制造业、高新技术企业、服务业等提供各种高值、高效的涉税鉴证咨询服务。

两位主编发挥各自专长，将企业实际经营过程中遇到的各类问题及解决方案融入教材内容；同时，基于职业教育规律，将企业对高职会计专业人才的需求由浅入深、逐步融入教材内容，模拟企业真实财税环境进行专业课程设计，有利于满足企业人才需求与达成高校人才培养目标，实现纳税实务课程的产教融合。

我认为，本教材主要有以下特点：

第一，融入思政元素。职业教育不仅要传授知识技能，更要立德树人。本教材根据不同税种的特点，在每个学习任务中建立思政园地，融入思政元素，可以从教材源头进行思政教育，做到人才核心价值观、职业道德、法律意识与专业素质的综合培养。

第二，建立思维导图。本教材内容涉及我国十二个实体税种，需要掌握的知识点非常多，这是“税法与纳税实务”课程的教学难点。本教材为每个税种设计了思维导图，可以减轻读者记忆的压力。

第三，校企双元开发。传统教材一般都是由专职教师负责编写，实务专家仅是提供一些涉税经济业务资料和相关意见、建议，参与度不高。在本教材中，每个学习任务都由专职教师与实务专家共同完成，其中理论知识部分由专职教师编写，实践操作部分由实务专家编写，确保本教材描述的工作流程与纳税岗位实务工作流程一致。

第四，资源立体化。本教材突出教学内容的实用性和操作性，以职业能力为本位，以应用为目标，以必需、够用为度，满足纳税岗位的需求。本教材采用“纸质教材＋二维码＋精品在线课程＋电子纳税申报实训平台”的立体化教学形式，读者在阅读纸质活页式教材的过程中，可以根据需要以税种、知识点、案例为维度进行灵活排序；扫描二维码，进入微课视频，通过线上方式自主学习丰富的数字化教学资源；通过电子纳税申报实训平台，真实再现企业纳税申报场景，将理论与实务操作紧密结合。这种全方位、立体化的教材模式提高了读者学习的便利性和兴趣，实现在线开放课程和新形态一体化教材“互联网＋”方式的互动。

第五，文字简洁明了。传统的纳税实务教材是将我国税收法规直接搬到书本中，本教材避免了大段文字的乏味叙述，每个自然段一般只有五六行文字，最多不超过十行，将核心内容用图、表等形式表达，形象生动，易懂易记。

本教材既可作为高职高专院校相关专业教材，又可作为财税实务工作者的阅读材料。

作为两位主编在本科阶段和硕士研究生阶段的任课老师，我对她们走向社会后所取得的进步倍感欣慰，同时希望她们继续努力，再出新作！

乐之为序。

盖　地

2021 年 9 月 30 日

于天津财经大学

序二

2021 年 3 月 12 日，教育部公布《职业教育专业目录（2021 年）》（以下简称《新版目录》），财务管理专业、会计专业分别更名为大数据与财务管理专业、大数据与会计专业；财政专业与税务专业合并后更名为财税大数据应用专业。为顺应《新版目录》要求，使职业教育更符合现代产业发展，对接经济发展需求，加速产教深度融合，北京经济管理职业学院王玉娟教授和天津倚天会计师事务所副主任会计师田春红（全国高端税务人才、全国高端会计人才、中国注册会计师协会资深会员）共同主编活页式教材《税法与纳税实务（第二版）》。

我认为，本教材的主要特点如下：

第一，符合《新版目录》要求。《税法与纳税实务（第二版）》编写团队的校内教师全部是双师型教师，确保了纳税岗位需求和教材内容的完美结合；企业团队以企业在实际数字化纳税申报过程中的经济业务为素材设计典型涉税案例，实现了“以综合案例覆盖知识面，以学习任务体系构建教学布局”，避免了传统纳税实务教材一个税种设计一个案例，每个案例之间缺乏关联的情况。本教材开发了企业典型涉税案例，以此作为每个学习任务的典型工作任务，给学生创设更加真实的工作情境，提高学生的主观能动性，激发学生的自主学习意识。

第二，活页式。目前，高职院校的纳税实务教材基本采用线装或胶装形式，本教材创新采用活页式，摒弃了说明书式的实训内容，本教材可拆解、可组合，灵活性强，方便读者阅读、学习和纳税申报操作，能够满足不同读者的不同需求。教学过程中，教师还可以依据需求加入新的教学内容，符合现在日新月异的知识需求。

第三，以工作任务为导向。本教材在每个学习任务中先发布任务书，在任务实施过程中遇到问题，通过查找“学习任务的相关知识点”找到方法。经过调研，高职会计专业毕业生入职单位主要是中小企业，本教材紧贴高职毕业生就业方向，设计一般纳税人和小规模纳税人两个综合案例，模拟报税岗位情境。本教材坚持“以就业为导向，以能力为本位”的职业教育理念，打破了“以学科为中心，以知识为本位”的传统学科教育的教学理念。

第四，五项融通。本教材依据“职教二十条”精神，采用“育训”相结合的办法进行设计，一方面能够满足初级会计职称考试和“1+X”证书考试要求，另一方面能够满足纳税岗位需求，真正实现五项融通，即课证融通、课岗融通、书证融通、书岗融通、书课融通。

第五，时效性。本教材按照最新的税收政策和会计准则编写，全面、系统地阐述了报税工作的流程及操作方法。

第六，为社会做贡献。本教材配有电子纳税申报实训平台，可以方便读者在家学习每个税种的数字化纳税申报。如果学生不能去学校上课，可以在家完成实训任务，真正做到停课不停学。

季　丰

前言

2020年9月16日，教育部等九部门联合发布了《职业教育提质培优行动计划（2020—2023年）》，要求“根据职业学校学生特点创新教材形态，推行科学严谨、深入浅出、图文并茂、形式多样的活页式、工作手册式、融媒体教材”。2021年1月，为落实《职业教育提质培优行动计划（2020—2023年）》，加强高职院校职业教育教材建设，北京经济管理职业学院决定开展2021年校企双元合作开发的规划教材遴选及培育工作，北京经济管理职业学院王玉娟教授和天津倚天会计师事务所有限公司合伙人田春红共同申报的《税法与纳税实务》活页式教材于2021年5月立项成功，并于2021年正式出版，2023年成功入选“十四五”职业教育国家规划教材。《税法与纳税实务》一经面世便得到广大教师、学生、相关从业人员的广泛好评。应广大读者的要求，现修订完成《税法与纳税实务（第二版）》。本教材在上一版的基础上，依据2023年8月30日前的税收政策，对两个综合实训案例进行优化；同时对每个学习任务的相关知识点、即测即评和思政园地内容进行及时更新，并会同企业财税专家升级了财税实训平台软件。

本教材不仅介绍了我国主要税种的税收制度，而且创新了教材的编写思路，目的是让学生在了解专业知识的同时，能将其与企业涉税工作联系在一起，增强感性认识，调动学生学习专业知识的积极性。本教材的特色及创新之处主要体现在：

（1）**时效性强**。本教材及时将最新的税收法律法规融合进来，充分体现了我国税收制度的最新发展动态和发展方向。本教材囊括了2021年6月1日起施行的《财产和行为税纳税申报表》，2021年8月1日起施行的增值税、消费税及附加税费申报表，2021年9月1日起施行的《中华人民共和国城市维护建设税法》和《中华人民共和国契税法》，2022年7月1日起施行的《中华人民共和国印花税法》等最新的纳税申报表和新出台的税收法规。

（2）**贴近实务**。在实务中，各个税种不是独立存在的，而是多税种的结合，例如流转税与城市维护建设税及教育费附加、财产行为税与企业所得税等存在着联系。在本教材中，企业实践专家开发典型涉税业务综合案例，以此作为每个学习任务的典型工作任务，有利于培养学生综合、系统的涉税业务处理能力，提高未来就业的适应性。

（3）**活页式教材**。本教材第一部分是两个典型涉税案例，第二部分是十三个学习任务。读者可以根据自己的需求对教材内容进行组合：方法一，如果读者使用本教材的目的是学习纳税申报操作，可以将十三个学习任务活页的“任务实施”部分组合在一起，就是一个完整的公司纳税申报操作流程，方便读者学习操作；

方法二，如果读者使用本教材的目的是学习税收法规，可以将十三个学习任务活页的“学习任务的相关知识点”部分组合在一起，就是一部我国完整的税收法规，方便纳税人学习理论知识；方法三，如果读者的实际工作仅涉及部分税种，可以将需要学习的税种的学习任务活页组合在一起，有针对性地学习。

（4）**操作性强**。企业税务会计岗位的工作包括诸多方面，如税款计算、网上报税、发票的开具和认证等。本教材为了使读者熟悉税务会计岗位工作流程，结合活页式教材的两个案例免费为读者提供开票实训平台、电子税务局实训平台和个人所得税实训平台（请登录 http://cssx.rdlearning.cn 进行操作）。读者通过纳税平台实践操作，可提高学习兴趣，调动学习专业知识的积极性，增强感性认识。

（5）**融媒体化**。在开发教材的同时，团队教师开发了精品在线开放课程，建设了微课、动画、视频等类型丰富的数字化教学资源，读者可进入北京经济管理职业学院的精品在线开放课程，学习教材配套的案例、课件、微课、动画、视频等资源。在线开放课程和新形态一体化教材的“互联网＋”式互动，提高了读者学习的便利性和兴趣。

（6）**课程思政**。本教材设有“思政园地”，依据党的二十大精神，结合不同税种的特点，融入相应的思政元素，可以从教材源头进行思政教育，实现人才核心价值观、职业道德、法律意识与专业素质的综合培养。

（7）**书证融合**。初级会计职称考试已经成为会计行业的“准入证”，本教材依据初级会计职称考试中的税收考点设计内容。教材中的“即测即评”试题来源于初级会计职称考试真题，读者通过扫描二维码进行答题，这种答题方式也与目前我国初级会计职称考试采用无纸化考试相适应。

（8）**读者广泛**。本教材从税收理论和纳税操作两个方面讲解各个税种，对企业税务会计、注册会计师、税务师以及广大高校财税专业教师和学生均有帮助。

本教材由北京经济管理职业学院王玉娟教授和天津倚天会计师事务所田春红担任主编。两个典型涉税案例和答案、十三个学习任务中的任务实施和附录由天津倚天会计师事务所田春红、杜俊涛和马春霖编写；十三个学习任务中除任务实施外，其他内容由北京经济管理职业学院老师完成，具体分工如下：王玉娟编写学习任务一、学习任务三、学习任务十二和学习任务十三，朱红云编写学习任务二、学习任务四和学习任务五，王希颖编写学习任务六、学习任务七和学习任务十，徐伟编写学习任务八、学习任务九和学习任务十一；与教材配套的纳税操作视频录制由王玉娟、王希颖和天津商务职业学院杨磊完成，各税种理论知识的讲解视频由王玉娟、冯秀娟、朱红云、王希颖、徐伟、丁春玲、郝万丽、徐静完成；活页式教材整体框架和结构的设计由王玉娟和田春红完成；教材初稿和终稿的审定由王玉娟、田春红和杜俊涛完成。

本教材能够顺利出版，应当感谢中国人民大学出版社的各位编辑，感谢他们的理解、支持和辛勤劳动。在撰写本教材过程中，编者参考了许多专家、学者的研究成果，在此谨向所有参考文献的作者表示感谢！

由于时间及水平所限，教材中难免有错误和疏漏，恳请广大读者和学界专家批评指正。

编　者

本书使用说明

《税法与纳税实务（第二版）》活页教材内容分为三部分：第一部分为典型涉税案例，包括小规模纳税人综合案例和一般纳税人综合案例。第二部分为学习任务。学习任务一到学习任务十二按照税种进行分类，包括增值税、消费税、城市维护建设税、教育费附加和地方教育附加、房产税、城镇土地使用税、印花税、车船税、契税、土地增值税、车辆购置税、个人所得税以及企业所得税等税种的纳税实务；学习任务十三设计了增值税发票的开具和认证的内容。每个学习任务均由学习任务描述、教学目标、思政园地、任务书、任务分组、准备工作、思维导图、任务实施、项目实训评价、学习任务的相关知识点、即测即评组成。第三部分为附录，包括12个税种的纳税申报表和填表说明。

本教材提供的资源包括动画视频、电子纳税申报视频讲解、发票开具视频讲解、发票认证视频讲解、税款计算视频讲解、典型涉税案例、即测即评试题库、财税实训平台（网址：http://cssx.rdlearning.cn）和北京市在线精品课程。

学生可将活页教材内页按照内容分类整理（如图1到图6所示），根据学习需求重新组合教材内页顺序。下面介绍三种使用本教材的方法。

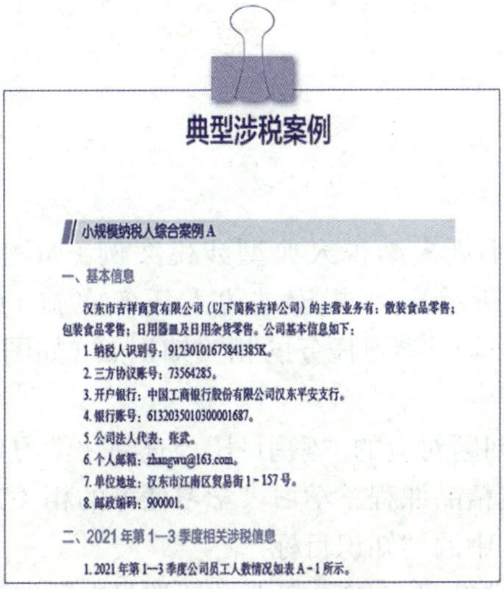

典型涉税案例

小规模纳税人综合案例A

一、基本信息

汉东市吉祥商贸有限公司（以下简称吉祥公司）的主营业务有：散装食品零售；包装食品零售；日用器皿及日用杂货零售。公司基本信息如下：

1. 纳税人识别号：91230101675841385K。
2. 三方协议账号：73564285。
3. 开户银行：中国工商银行股份有限公司汉东平安支行。
4. 银行账号：6132035010300001687。
5. 公司法人代表：张武。
6. 个人邮箱：zhangwu@163.com。
7. 单位地址：汉东市江南区贸易街1-157号。
8. 邮政编码：900001。

二、2021年第1—3季度相关涉税信息

1. 2021年第1—3季度公司员工人数情况如表A-1所示。

图1　小规模纳税人典型涉税案例

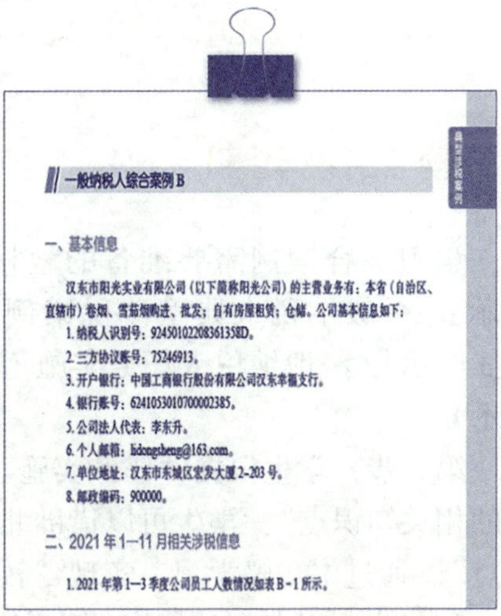

一般纳税人综合案例B

一、基本信息

汉东市阳光实业有限公司（以下简称阳光公司）的主营业务有：本省（自治区、直辖市）卷烟、雪茄烟购进、批发；自有房屋租赁；仓储。公司基本信息如下：

1. 纳税人识别号：92450102208361358D。
2. 三方协议账号：75246913。
3. 开户银行：中国工商银行股份有限公司汉东幸福支行。
4. 银行账号：6241053010700002385。
5. 公司法人代表：李东升。
6. 个人邮箱：lidongsheng@163.com。
7. 单位地址：汉东市东城区宏发大厦2-203号。
8. 邮政编码：900000。

二、2021年1—11月相关涉税信息

1. 2021年第1—3季度公司员工人数情况如表B-1所示。

图2　一般纳税人典型涉税案例

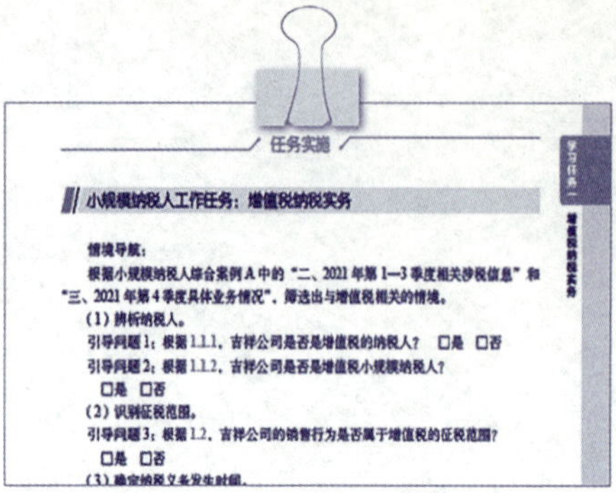

图3 小规模纳税人任务实施

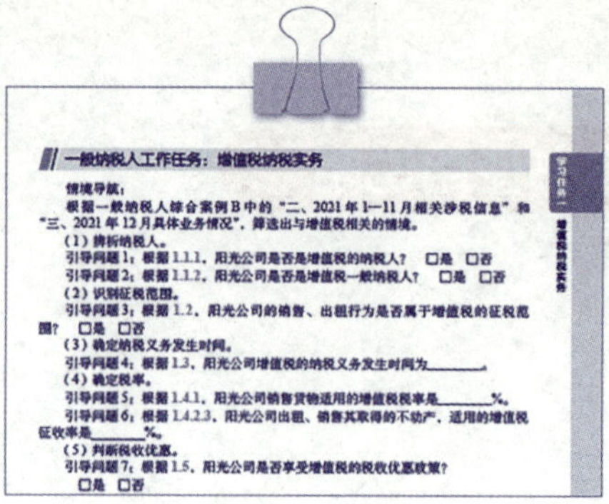

图4 一般纳税人任务实施

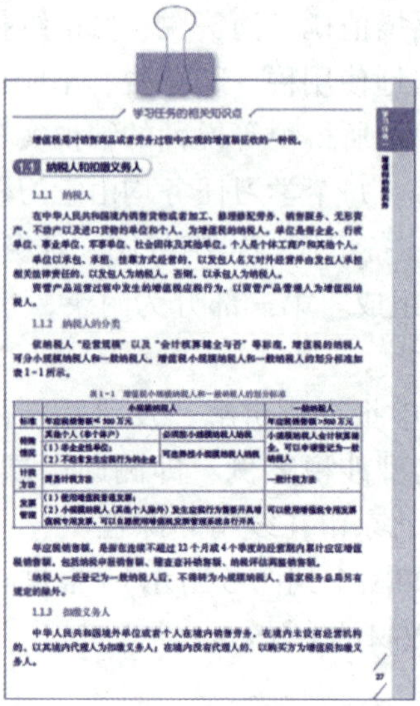

图5 学习任务的相关知识点

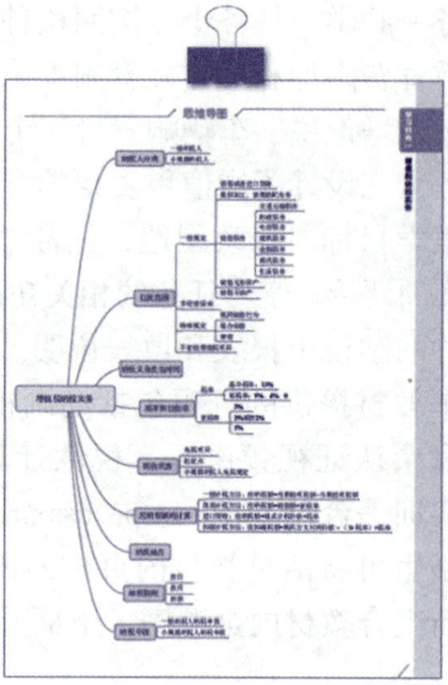

图6 思维导图

一、学习纳税申报

学习综合案例需要准备的教材页包括小规模纳税人典型涉税案例（如图1所示）、一般纳税人典型涉税案例（如图2所示）、小规模纳税人任务实施（如图3所示）、一般纳税人任务实施（如图4所示）、学习任务的相关知识点（如图5所示）。

第一步，学生根据“任务实施”的引导问题对应的“索引号”，查阅“学习任务的相关知识点”。学生可以借助北京市在线精品课程，学习“学习任务的相关知识点”。通过本步骤学习，实现“教学目标”中的“知识目标”。

第二步，以典型涉税案例为实训案例，学生登录财税实训平台学习电子纳税申报，如果操作遇到问题可以扫描“任务实施”中的“纳税申报”二维码观看微课视频。学生也可以扫描教材“附录”二维码，下载纸质版纳税申报表，完成手工纳税申报操作。通过本步骤学习，实现“教学目标”中的“能力目标”。

第三步，通过完成“任务实施”中的“引导问题”、扫描“准备工作”中“微课视频扫一扫”观看含有思政元素的动画视频和北京市在线精品课程中含有思政元素的微课视频、阅读思政园地，学生树立正确的世界观、价值观和人生观。通过本步骤学习，实现“教学目标”中的“素养目标”。

二、复习初级会计职称考试

初级会计职称考试对税法的测试采用理论测试，需要准备的教材页包括：学习任务的相关知识点（如图 5 所示）和思维导图（如图 6 所示）。

第一步，阅读并记忆“学习任务的相关知识点”，扫描“即测即评”二维码，完成测试题。

第二步，阅读并记忆思维导图，登录北京市在线精品课程，完成测试题。

三、复习 1+X 证书考试

1+X 证书考试一般包括理论测试和实践操作两个环节，需要准备的教材页包括：小规模纳税人典型涉税案例（如图 1 所示）、一般纳税人典型涉税案例（如图 2 所示）、小规模纳税人任务实施（如图 3 所示）、一般纳税人任务实施（如图 4 所示）、学习任务的相关知识点（如图 5 所示）、思维导图（如图 6 所示）。

第一步，阅读并记忆“学习任务的相关知识点”，扫描“即测即评”二维码，完成测试题。

第二步，阅读并记忆思维导图，登录北京市在线精品课程，完成测试题。

第三步，以小规模纳税人典型涉税案例为测试案例，登录财税实训平台，完成电子纳税申报操作。

第四步，以一般纳税人典型涉税案例为测试案例，登录财税实训平台，完成电子纳税申报操作。

目 录

典型涉税案例

小规模纳税人综合案例 A

一、基本信息

汉东市吉祥商贸有限公司（以下简称吉祥公司）的主营业务有：散装食品零售；包装食品零售；日用器皿及日用杂货零售。公司基本信息如下：

1. 纳税人识别号：91230101675841385K。
2. 三方协议账号：73564285。
3. 开户银行：中国工商银行股份有限公司汉东平安支行。
4. 银行账号：6132035010300001687。
5. 公司法人代表：张武。
6. 个人邮箱：zhangwu@163.com。
7. 单位地址：汉东市江南区贸易街 1－157 号。
8. 邮政编码：900001。

二、2023 年第 1—3 季度相关涉税信息

1. 2023 年第 1—3 季度公司员工人数情况如表 A－1 所示。

表 A－1　员工人数

单位：人

时间	职工人数
年初	5
1 季度末	5
2 季度末	5
3 季度末	5

2. 2023 年第 1—3 季度资产总额情况如表 A－2 所示。

表 A－2　资产总额情况

单位：万元

时间	资产总额
年初	245.67
1 季度末	253.28
2 季度末	258.94
3 季度末	264.91

3. 2023 年第 1—3 季度利润表如表 A－3 所示。

表 A－3　利润表

编制单位：汉东市吉祥商贸有限公司　　2023 年 1—9 月　　单位：元

项目	金额
一、营业收入	1 800 000.00
减：营业成本	1 151 400.00
税金及附加	2 632.50
销售费用	33 450.00
管理费用	433 236.86
研发费用	
财务费用	-38 400.00
加：其他收益	
投资收益	
公允价值变动收益	
资产减值损失	
二、营业利润	217 680.64
加：营业外收入	
减：营业外支出	
三、利润总额	217 680.64
减：所得税费用	5 756.07
四、净利润	211 924.57

4. 2023 年第 1—3 季度科目余额表（损益类科目节选）如表 A－4 所示。

表 A－4　科目余额表（损益类科目节选）

会计期间：2023.1.1—2023.9.30　　单位：元

科目编号	会计科目	期初余额	本期借方发生额	本期贷方发生额	期末余额
6001	主营业务收入		1 800 000.00	1 800 000.00	
600101	食品收入		1 800 000.00	1 800 000.00	
6051	其他业务收入				
6101	公允价值变动损益				
6111	投资收益				
6117	其他收益				
6301	营业外收入				
6401	主营业务成本		1 151 400.00	1 151 400.00	
6402	其他业务成本				
6403	税金及附加		2 632.50	2 632.50	
6601	销售费用		33 450.00	33 450.00	
660101	广告宣传费		33 450.00	33 450.00	
6602	管理费用		433 236.86	433 236.86	

续表

科目编号	会计科目	期初余额	本期借方发生额	本期贷方发生额	期末余额
660201	办公费		20 000.00	20 000.00	
660202	折旧费		18 346.86	18 346.86	
660203	业务招待费		18 000.00	18 000.00	
660204	工资薪金		252 000.00	252 000.00	
660205	社会保险费		42 525.00	42 525.00	
660206	住房公积金		17 325.00	17 325.00	
660207	职工福利费		40 000.00	40 000.00	
660208	职工教育经费		20 000.00	20 000.00	
660209	工会经费		5 040.00	5 040.00	
6603	财务费用		−38 400.00	−38 400.00	
660301	手续费		4 800.00	4 800.00	
660302	利息收入		−43 200.00	−43 200.00	
6701	资产减值损失				
6711	营业外支出				
6801	所得税费用		5 756.07	5 756.07	
6901	以前年度损益调整				

5. 2018—2022 年当年境内所得额如表 A－5 所示。

表 A－5　2018—2022 年当年境内所得额

单位：元

年份	2022 年	2021 年	2020 年	2019 年	2018 年
当年境内所得额	103 901.67	275 836.41	119 724.36	−216 789.35	−385 232.28

注：从 2018—2022 年企业所得税年度纳税申报表中摘录，2017 年及以前年度无待弥补亏损额。

6. 第 3 季度末房屋、土地基本信息如表 A－6 所示。

表 A－6　第 3 季度末房屋、土地基本信息

名称	账面原值		购置时间	不动产编号	不动单元号	建筑面积（m^2）	房产原值减除比例
	金额（元）	其中：契税（元）					
办公用房	515 000.00	15 000.00	2017 年 12 月	2134835	111202040003GB 0006F000100157	50	30%
名称	土地面积（m^2）	土地等级	城镇土地使用税税额标准	宗地号	房屋坐落地点		
办公用房	10	二级	12 元 / 平方米	05-10-28-005	汉东市江南区贸易街 1-157 号		

注：房产原值减除比例根据当地标准确定；土地等级和城镇土地使用税税额标准由当地所属税务机关核实并在电子税务局系统采集。

7. 第 3 季度末固定资产折旧明细表如表 A－7 所示。

表 A－7　第 3 季度末固定资产折旧表

2023 年 9 月　　金额单位：元

固定资产名称	数量单位	入账日期	原值	计提月份	残值率	月折旧	1—9 月折旧	已用月数	累计折旧
办公用房	1 套	2017–12	515 000.00	240	5%	2 038.54	18 346.86	69	140 659.26

8. 个人所得税按月度申报；增值税、城市维护建设税、教育费附加和地方教育附加、印花税、企业所得税按季度申报；城镇土地使用税和房产税按年计算，每半年缴纳一次，分别于 1 月份、7 月份缴纳。（涉及减征的，汉东市规定均按最高幅度减征）

三、2023 年第 4 季度具体业务情况

业务 A–1：吉祥公司第 4 季度采取直接收款方式销售货物，不含税销售金额共计 300 000 元（记入“主营业务收入”科目），均签订了购销合同，自行开具普通发票。具体开票信息如表 A－8 所示。

表 A－8　开票信息

单位名称	纳税人识别号		地址、电话	开户行及账号
汉东市亲民超市有限公司	924502035891235963		汉东市江北区朝阳路 10 号 133010542××	开户银行：中国工商银行汉东朝阳支行，银行账号：6132047820300002574
货物名称	开票日期	单价（元）	数量单位	不含税价格（元）
旺旺饼干	2023 年 10 月 25 日	2 000	60 箱	120 000.00
旺旺饼干	2023 年 11 月 25 日	2 000	40 箱	80 000.00
旺旺饼干	2023 年 12 月 25 日	2 000	50 箱	100 000.00

注：饼干的税收分类编码为 1030201030000000000。10 月、11 月开具的是增值税普通发票，12 月开具的是增值税电子普通发票，客户邮箱：qmcs@163.com。

业务 A–2：吉祥公司第 4 季度销售货物的不含税营业成本为 200 000.00 元（记入“主营业务成本”科目），取得的增值税普通发票上注明的增值税合计为 2 000.00 元。吉祥公司均与小规模纳税人签订购买货物合同，第 4 季度采购货物不含税金额为 400 000.00 元。

业务 A–3：吉祥公司第 4 季度的工资总额、社会保障、职工福利费、工会经费和职工教育经费（记入“管理费用”相应明细科目）在汇算清缴前均已实际支付，如表 A－9 所示。

表 A－9　2023 年第 4 季度工资总额、社会保障、职工福利费、工会经费和职工教育经费

单位：元

项目	金额
工资薪金支出	84 000.00

续表

项目	金额
职工福利费支出	10 000.00
职工教育经费支出	10 000.00
工会经费支出	1 680.00
各类基本社会保险缴款	14 175.00
住房公积金	5 775.00
合计	125 630.00

业务 A–4：吉祥公司第 4 季度支付餐费 10 000 元（记入“管理费用——业务招待费”科目），支付购买打印纸、纸杯、笔、夹子等办公用品费用 15 000 元（记入“管理费用——办公费”科目）。

业务 A–5：吉祥公司第 4 季度收到存款利息 18 000 元（记入“财务费用——利息收入”科目），支付手续费 2 000 元（记入“财务费用——手续费”科目）。

业务 A–6：吉祥公司第 4 季度参加展销会，支付会展费以及产品宣传资料费等 15 150 元（记入“销售费用——广告宣传费”科目）。

业务 A–7：吉祥公司第 4 季度支付税收滞纳金 5 000 元（记入“营业外支出”科目）。

四、2023 年第 4 季度末员工人数及资产总额情况

2023 年第 4 季度末，吉祥公司员工人数为 5 人，资产总额为 259.24 万元。

五、2023 年工资、保险及专项附加扣除情况

吉祥公司员工 2023 年员工信息，月工资、保险及专项附加扣除数据如表 A－10～表 A－12 所示。

表 A－10　员工信息

姓名	性别	身份证号码	国籍	入职日期	是否雇员	是否股东、投资者	人员状态	手机号码
张武	男	3701011982020812××	中国	2015/8/18	是	是	正常	188030158××
王娟	女	3701011986100991××	中国	2015/9/15	是	否	正常	137131251××
胡晓红	女	3701011988052065××	中国	2015/10/13	是	否	正常	139237943××
张一健	男	3701021997120128××	中国	2020/5/6	是	否	正常	133034569××
李宏波	男	3701021997080935××	中国	2020/6/10	是	否	正常	186130067××

注：办税人员为胡晓红，财务人员为王娟。

表 A－11　专项附加扣除数据

金额单位：元

<table>
<tr><td rowspan="2">姓名</td><td colspan="6">项目</td><td colspan="6" rowspan="2">合计</td></tr>
<tr><td>子女教育</td><td>继续教育</td><td>大病医疗</td><td>住房贷款利息</td><td>住房租金</td><td>赡养老人</td></tr>
<tr><td>张武</td><td>2 000</td><td></td><td></td><td>1 000</td><td></td><td>1 000</td><td colspan="6">4 000</td></tr>
<tr><td colspan="7">合计</td><td colspan="6">4 000</td></tr>
<tr><td>姓名</td><td>申请项目</td><td>配偶姓名</td><td>身份证号码</td><td>子女姓名</td><td>身份证号码</td><td>出生日期</td><td>国籍</td><td>当前受教育阶段</td><td>受教育日期起</td><td>就读国家</td><td>就读学校名称</td><td>本人扣缴比例</td></tr>
<tr><td>张武</td><td>子女教育</td><td>王娟</td><td>370101198610099 1××</td><td>张子萌</td><td>370101201105157 8××</td><td>2011/05/15</td><td>中国</td><td>义务教育</td><td>2017/9/1</td><td>中国</td><td>实验小学</td><td>100%</td></tr>
<tr><td>张武</td><td>子女教育</td><td>王娟</td><td>3701011986100991××</td><td>张远帆</td><td>3701012014030612××</td><td>2014/03/06</td><td>中国</td><td>义务教育</td><td>2020/9/1</td><td>中国</td><td>实验小学</td><td>100%</td></tr>
<tr><td>姓名</td><td>申请项目</td><td>配偶姓名</td><td>身份证号码</td><td>地址</td><td>房屋所有权证编号</td><td>本人是否借款人</td><td>扣除比例</td><td colspan="2">公积金贷款合同编号</td><td>首次还款日期</td><td colspan="2">贷款期限（月数）</td></tr>
<tr><td>张武</td><td>住房贷款</td><td>王娟</td><td>3701011986100991××</td><td>汉东市幸福小区 1-302</td><td>38451201</td><td>是</td><td>100%</td><td colspan="2">JK573416</td><td>2016/8/10</td><td colspan="2">240</td></tr>
<tr><td>姓名</td><td>申请项目</td><td>独生子女</td><td>父亲姓名</td><td colspan="3">身份证号码</td><td colspan="3">出生日期</td><td colspan="3">本人扣缴比例</td></tr>
<tr><td>张武</td><td>赡养老人</td><td>否</td><td>张国庆</td><td colspan="3">3701011952100101××</td><td colspan="3">1952/10/01</td><td colspan="3">50%</td></tr>
</table>

表 A－12　工资明细表

2023 年 1 月

单位：元

<table>
<tr><td rowspan="2">姓名</td><td rowspan="2">应发工资</td><td colspan="5">应扣个人缴纳保险</td><td rowspan="2">税前合计</td><td rowspan="2">专项附加扣除</td><td rowspan="2">个人所得税</td><td rowspan="2">实发金额</td></tr>
<tr><td>养老保险（8%）</td><td>医疗保险（2%）</td><td>失业保险（0.5%）</td><td>住房公积金（11%）</td><td>合计</td></tr>
<tr><td>张武</td><td>15 000</td><td>360</td><td>90</td><td>22.5</td><td>495</td><td>967.5</td><td>14 032.5</td><td>4 000</td><td>150.98</td><td>13 881.52</td></tr>
<tr><td>王娟</td><td>4 000</td><td>320</td><td>80</td><td>20</td><td>440</td><td>860</td><td>3 140</td><td></td><td>0.00</td><td>3 140.00</td></tr>
<tr><td>胡晓红</td><td>4 000</td><td>320</td><td>80</td><td>20</td><td>440</td><td>860</td><td>3 140</td><td></td><td>0.00</td><td>3 140.00</td></tr>
<tr><td>张一健</td><td>2 500</td><td>200</td><td>50</td><td>12.5</td><td>275</td><td>537.5</td><td>1 962.5</td><td></td><td>0.00</td><td>1 962.50</td></tr>
<tr><td>李宏波</td><td>2 500</td><td>200</td><td>50</td><td>12.5</td><td>275</td><td>537.5</td><td>1 962.5</td><td></td><td>0.00</td><td>1 962.50</td></tr>
<tr><td>合计</td><td>28 000</td><td>1 400</td><td>350</td><td>87.5</td><td>1 925</td><td>3 762.5</td><td>24 237.5</td><td>4 000</td><td>150.98</td><td>24 086.52</td></tr>
</table>

注：（1）吉祥公司其他月份发放的工资金额与 1 月份一样，1—11 月累计已预扣预缴员工张武的个人所得税 3 015.75 元，其他员工全年应纳税所得额减去基本费用后小于零，不需要预扣预缴个人所得税。

（2）2023 年 12 月，张武从外单位取得讲课费 5 000 元，未代扣代缴个人所得税。

一般纳税人综合案例 B

一、基本信息

汉东市阳光实业有限公司（以下简称阳光公司）的主营业务有：本省（自治区、直辖市）卷烟、雪茄烟购进、批发；自有房屋租赁；仓储。公司基本信息如下：

1. 纳税人识别号：92450102208361358D。
2. 三方协议账号：75246913。
3. 开户银行：中国工商银行股份有限公司汉东幸福支行。
4. 银行账号：6241053010700002385。
5. 公司法人代表：李东升。
6. 个人邮箱：lidongsheng@163.com。
7. 单位地址：汉东市东城区宏发大厦 2–203 号。
8. 邮政编码：900000。

二、2023 年 1—11 月相关涉税信息

1. 2023 年第 1—3 季度公司员工人数情况如表 B－1 所示。

表 B－1　员工人数

单位：人

时间	职工人数
年初	10
1 季度末	11
2 季度末	11
3 季度末	10

2. 2023 年第 1—3 季度资产总额情况如表 B－2 所示。

表 B－2　资产总额情况

单位：万元

时间	资产总额
年初	1 030.75
1 季度末	1 091.24
2 季度末	1 126.78
3 季度末	1 173.94

3. 2023 年第 1—11 月利润表如表 B－3 所示。

表 B-3　利润表

编制单位：汉东市阳光实业有限公司　　2023 年 1—11 月　　单位：元

项目	金额
一、营业收入	48 000 002.95
减：营业成本	37 432 315.50
税金及附加	6 414 744.40
销售费用	790 094.29
管理费用	756 484.50
财务费用	-91 209.34
资产减值损失	
加：公允价值变动损益	
投资收益	
二、营业利润	2 697 573.60
加：营业外收入	
减：营业外支出	
三、利润总额	2 697 573.60
减：所得税费用	123 639.51
四、净利润	2 573 934.09

4. 2023 年 1—11 月科目余额表（损益类科目节选）如表 B-4 所示。

表 B-4　科目余额表（损益类科目节选）

会计期间：2023.1.1—2023.11.30　　单位：元

科目编号	会计科目	期初余额	本期借方发生额	本期贷方发生额	期末余额
6001	主营业务收入		47 974 336.28	47 974 336.28	
600101	卷烟		47 974 336.28	47 974 336.28	
6051	其他业务收入		25 666.67	25 666.67	
605101	出租仓库		25 666.67	25 666.67	
6101	公允价值变动损益				
6111	投资收益				
6301	营业外收入				
6401	主营业务成本		37 419 982.30	37 419 982.30	
640101	卷烟		37 419 982.30	37 419 982.30	
6402	其他业务成本		12 333.20	12 333.20	
640201	出租仓库折旧		12 333.20	12 333.20	
6403	税金及附加		6 414 744.40	6 414 744.40	
640301	消费税		5 551 875.96	5 551 875.96	
640302	城市维护建设税		484 213.04	484 213.04	
640303	教育费附加		207 519.87	207 519.87	

续表

科目编号	会计科目	期初余额	本期借方发生额	本期贷方发生额	期末余额
640304	地方教育附加		138 346.58	138 346.58	
640305	房产税		6 763.05	6 763.05	
640306	城镇土地使用税		375.00	375.00	
640307	印花税		25 650.90	25 650.90	
640308	车船税				
6601	销售费用		790 094.29	790 094.29	
660101	办公费		25 260.00	25 260.00	
660102	折旧费		34 615.90	34 615.90	
660103	工资薪金		477 250.00	477 250.00	
660104	社会保险费		113 670.00	113 670.00	
660105	住房公积金		46 310.00	46 310.00	
660106	职工福利费		60 000.00	60 000.00	
660107	职工教育经费		18 867.92	18 867.92	
660108	工会经费		9 545.00	9 545.00	
660109	广告宣传费				
660110	差旅费				
660111	车辆保险费		4 575.47	4 575.47	
6602	管理费用		756 484.50	756 484.50	
660201	办公费		57 107.43	57 107.43	
660202	折旧费		77 538.45	77 538.45	
660203	业务招待费		16 047.50	16 047.50	
660204	工资薪金		391 160.00	391 160.00	
660205	社会保险费		98 010.00	98 010.00	
660206	住房公积金		39 930.00	39 930.00	
660207	职工福利费		50 000.00	50 000.00	
660208	职工教育经费		18 867.92	18 867.92	
660209	工会经费		7 823.20	7 823.20	
6603	财务费用		−91 209.34	−91 209.34	
660301	手续费		12 748.11	12 748.11	
660302	利息收入		−103 957.45	−103 957.45	
660303	利息支出				
6701	资产减值损失				
6711	营业外支出				
6801	所得税费用		123 639.51	123 639.51	
6901	以前年度损益调整				

5. 2023 年 12 月纳税申报涉及的以往相关税费情况如下：

（1）1—11 月增值税及附加税费累计纳税申报情况如表 B－5 所示。

表 B－5　1—11 月增值税及附加税费累计纳税申报情况

单位：元

项目		栏次	一般项目	即征即退项目
			1—11 月累计	1—11 月累计
销售额	（一）按适用税率计税销售额	1	47 974 336.28	
	其中：应税货物销售额	2	47 974 336.28	
	应税劳务销售额	3		
	纳税检查调整的销售额	4		
	（二）按简易办法计税销售额	5	25 666.67	
	其中：纳税检查调整的销售额	6		
	（三）免、抵、退办法出口销售额	7		—
	（四）免税销售额	8		—
	其中：免税货物销售额	9		—
	免税劳务销售额	10		—
税款计算	销项税额	11	6 236 663.72	
	进项税额	12	4 872 493.85	
	上期留抵税额	13		—
	进项税额转出	14		
	免、抵、退应退税额	15		—
	按适用税率计算的纳税检查应补缴税额	16		—
	应抵扣税额合计	17=12+13−14−15+16	4 872 493.85	—
	实际抵扣税额	18（如 17<11，则为 17，否则为 11）	4 872 493.85	
	应纳税额	19=11−18	1 364 169.87	
	期末留抵税额	20=17−18		—
	简易计税办法计算的应纳税额	21	1 283.33	
	按简易计税办法计算的纳税检查应补缴税额	22		—
	应纳税额减征额	23		
	应纳税额合计	24=19+21−23	1 365 453.20	
税款缴纳	期初未缴税额（多缴为负数）	25	104 135.62	
	实收出口开具专用缴款书退税额	26		—
	本期已缴税额	27=28+29+30+31	1 366 011.87	
	①分次预缴税额	28	—	—
	②出口开具专用缴款书预缴税额	29	—	—
	③本期缴纳上期应纳税额	30	1 366 011.87	
	④本期缴纳欠缴税额	31		
	期末未缴税额（多缴为负数）	32=24+25+26−27	103 576.95	
	其中：欠缴税额（≥ 0）	33=25+26−27	—	—
	本期应补（退）税额	34=24−28−29	—	—
	即征即退实际退税额	35	—	
	期初未缴查补税额	36		—
	本期入库查补税额	37		—
	期末未缴查补税额	38=16+22+36−37		—
附加税费	城市维护建设税本期应补（退）税额	39	95 581.72	—
	教育费附加本期应补（退）费额	40	40 963.60	—
	地方教育附加本期应补（退）费额	41	27 309.06	—

（2）11 月应缴纳的消费税为 504 715.86 元。

（3）第 1—3 季度预缴的企业所得税累计金额为 123 639.51 元。

（4）2018—2022 年当年境内所得额如表 B－6 所示。

表 B－6　2018—2022 年当年境内所得额

单位：元

年份	2022 年	2021 年	2020 年	2019 年	2018 年
当年境内所得额	2 376 988.43	2 863 881.61	2 848 409.90	2 627 493.45	2 935 123.68

注：从 2018—2022 年企业所得税年度纳税申报表中摘录。

6. 2023 年 11 月末房屋、土地基本信息如表 B－7 所示。

表 B－7　2023 年 11 月末房屋、土地基本信息

名称	账面原值			不动产权证号	不动产单元号	建筑面积（m^2）	房产原值扣除比例
	发票金额（元）	契税（元）	合计（元）				
宏发大厦 2-203	900 000.00	27 000.00	927 000.00	1325689	111202030001GB 0002F000100089	100	30%
宏发大厦地下仓库	550 000.00	16 500.00	566 500.00	1325690	111202030001GB 0000F000100002	100	30%
名称	土地面积（m^2）	土地等级	城镇土地使用税税额标准	宗地号	房屋坐落地点	购置时间	
宏发大厦 2-203	10	一级	30 元 / 平方米	02-01-16-032	汉东市东城区宏发大厦 2-203 号	2014 年 3 月	
宏发大厦地下仓库	30	一级	30 元 / 平方米	02-01-16-012	汉东市东城区宏发大厦地下仓库 108 号	2014 年 3 月	

注：房产原值扣除比例根据当地标准确定；土地等级和城镇土地使用税税额标准由当地所属税务机关核实并在电子税务局系统采集；地下仓库与房屋地下停车场相连，上面为广场。

7. 2023 年 11 月末车辆基本信息如表 B－8 所示。

表 B－8　2023 年 11 月末车辆基本信息

发票日期	车牌号码	车辆识别代码（车架号）	车辆品牌	车辆型号	年基准税额（元）	排（气）量	核定载客（人）
2020 年 2 月 1 日	东 A12657	L6T7824S6IN10066	吉利	MR7152L21	480	1.5 升	5

注：年基准税额根据当地标准确定，其他信息从机动车销售统一发票和机动车行驶证中摘录。

8. 2023 年 11 月末固定资产折旧明细如表 B－9 所示。

表 B－9　2023 年 11 月末固定资产折旧表

2023 年 11 月　　金额单位：元

序号	固定资产名称	计量单位	数量	入账日期	原值	计提月份	残值率	月折旧	1—11 月折旧	已用月数	累计折旧
001	宏发大厦 2–203	套	1	2014 年 3 月	927 000.00	240	5%	3 669.38	40 363.18	116	425 648.08
002	宏发大厦地下仓库	间	2	2014 年 3 月	566 500.00	240	5%	2 242.40	24 666.40	116	260 118.40
003	联想台式电脑	台	5	2021 年 9 月	40 384.60	36	5%	1 065.70	11 722.70	26	27 708.20
004	复印机	台	1	2022 年 1 月	25 728.16	36	5%	678.94	7 468.34	22	14 936.68
005	档案柜	组	2	2022 年 3 月	10 601.78	60	5%	167.86	1 846.46	20	3 357.20
006	打印机	台	1	2022 年 1 月	13 106.80	36	5%	345.87	3 804.57	22	7 609.14
	其他部门小计				1 583 321.34			8 170.15	89 871.65		739 377.70
007	吉利汽车	辆	1	2020 年 2 月	126 591.25	48	5%	2 505.45	27 559.95	45	112 745.25
008	联想笔记本电脑	台	3	2021 年 9 月	24 307.68	36	5%	641.45	7 055.95	26	16 677.70
	销售部门小计				150 898.93			3 146.90	34 615.90		129 422.95
	合计				1 734 220.27			11 317.05	124 487.55		868 800.65

9. 11 月末对外投资情况：阳光公司为汉东市长顺仓储有限公司的股东之一，具体对外投资情况如表 B－10 所示。

表 B－10　11 月末对外投资情况

金额单位：元

被投资企业	被投资企业统一社会信用代码（纳税人识别号）	投资性质	原始投资成本	投资比例
汉东市长顺仓储有限公司	924512835726683908	直接投资	500 000.00	55%

10. 2023 年 1—11 月员工信息、专项附加扣除数据以及个人所得税情况如表 B－11～表 B－18 所示。

表 B-11　员工信息

姓名	性别	身份证号码	国籍	入职日期	离职日期	是否雇员	是否股东及比例	人员状态	部门	手机号码
李东升	男	3701011975011912××	中国	2008/10/9		是	是，70%	正常	销售	188010566××
李强	男	3701011977080357××	中国	2008/10/9		是	是，30%	正常	办公	137151508××
胡秀娟	女	3701021980031228××	中国	2012/7/20		是	否	正常	财务	133030336××
王军	男	3701021986070920××	中国	2012/8/10		是	否	正常	销售	186130067××
王浩然	男	3701011990091520××	中国	2014/3/3		是	否	正常	办公	188020323××
向昊天	男	3701011990102311××	中国	2014/10/14		是	否	正常	销售	137151633××
胡海波	男	3701011988090518××	中国	2018/1/8	2023/9/28	是	否	离职	销售	139226518××
张云帆	女	3701011994120121××	中国	2018/4/25		是	否	正常	财务	139020688××
张子寒	男	3701011996051310××	中国	2019/5/12		是	否	正常	办公	139157303××
赵欣荣	女	3701021998050810××	中国	2020/3/2		是	否	正常	销售	139210853××
赵文轩	男	3701021998061201××	中国	2023/1/5		是	否	正常	销售	139182236××

注：办税人员为张云帆，财务人员为胡秀娟，王浩然为四级残疾人。

表 B－12　专项附加扣除数据

单位：元

姓名	项目						合计
	子女教育	继续教育	大病医疗	住房贷款利息	住房租金	赡养老人	
李东升	500			500			1 000
李强						1 000	1 000
胡秀娟	1 000			1 000			2 000
王军		400				2 000	2 400
王浩然		400					400
胡海波					1 500		1 500
合计	1 500	800		1 500	1 500	3 000	8 300

表 B－13　子女教育专项附加扣除明细

姓名	申请项目	配偶姓名	身份证号码	子女姓名	身份证号码	出生日期	国籍	当前受教育阶段	受教育日期起	就读国家	扣除比例
李东升	子女教育	王元彤	370101197508161O××	李思源	370101200601180l××	2006/1/18	中国	高中阶段教育	2021/9/1	中国	50%
胡秀娟	子女教育	任鸿飞	370101197905112l××	任伟	370101200910271l××	2009/10/27	中国	义务教育	2016/9/1	中国	100%

表 B－14　住房贷款专项附加扣除明细

姓名	申请项目	配偶姓名	身份证号码	地址	房屋所有权证编号	本人是否借款人	扣除比例	公积金贷款合同编号	首次还款日期	贷款期限（月数）
李东升	住房贷款	王元彤	370101197508161O××	汉东市阳光小区 5-303	27630253	是	50%	JK128765	2009/3/12	240
胡秀娟	住房贷款	任鸿飞	370101197905112l××	汉东市雅苑小区 8-606	30781256	是	100%	JK012783	2016/9/20	240

表 B－15　住房租金专项附加扣除明细

姓名	申请项目	工作城市	出租房类型	地址	租赁日期起	租赁日期止
胡海波	住房租金	汉东市	个人	汉东市宁静小区 13-1-601	2022/1/1	2023/12/31

表 B－16　赡养老人专项附加扣除明细

姓名	申请项目	独生子女	父亲姓名	身份证号码	出生日期	本人扣缴比例
李强	赡养老人	否	李建国	370101195011180l××	1950/11/18	50%
王军	赡养老人	是	王铁柱	370101195001121 3××	1950/1/12	100%

表 B－17 继续教育专项附加扣除明细

姓名	申请项目	入学时间起	（预计）毕业时间	教育阶段
王军	继续教育	2021/9/1	2024/7/1	在职研究生
王浩然	继续教育	2022/9/1	2025/7/1	在职研究生

表 B－18 1—11 月累计工资及个人所得税明细

单位：元

姓名	应发工资	基本费用	应扣个人缴纳保险					专项附加扣除	应纳税所得额	应纳及已缴税额
			养老保险（8%）	医疗保险（2%）	失业保险（0.5%）	住房公积金（11%）	小计			
李东升	224 400.00	55 000.00	14 960.00	3 740.00	935.00	20 570.00	40 205.00	11 000.00	118 195.00	9 299.50
王军	80 850.00	55 000.00	6 160.00	1 540.00	385.00	8 470.00	16 555.00	26 400.00		
向昊天	64 900.00	55 000.00	4 400.00	1 100.00	275.00	6 050.00	11 825.00			
胡海波	37 800.00	45 000.00	2 880.00	720.00	180.00	3 960.00	7 740.00	13 500.00		
赵欣荣	36 300.00	55 000.00	2 640.00	660.00	165.00	3 630.00	7 095.00			
赵文轩	33 000.00	55 000.00	2 640.00	660.00	165.00	3 630.00	7 095.00			
销售部门小计	477 250.00	320 000.00	33 680.00	8 420.00	2 105.00	46 310.00	90 515.00	50 900.00	118 195.00	9 299.50
李强	142 560.00	55 000.00	10 560.00	2 640.00	660.00	14 520.00	28 380.00	11 000.00	48 180.00	2 298.00
胡秀娟	108 900.00	55 000.00	7 920.00	1 980.00	495.00	10 890.00	21 285.00	22 000.00	10 615.00	318.45
王浩然	55 000.00	55 000.00	4 400.00	1 100.00	275.00	6 050.00	11 825.00	4 400.00		
张云帆	48 400.00	55 000.00	3 520.00	880.00	220.00	4 840.00	9 460.00			
张子寒	36 300.00	55 000.00	2 640.00	660.00	165.00	3 630.00	7 095.00			
其他部门小计	391 160.00	275 000.00	29 040.00	7 260.00	1 815.00	39 930.00	78 045.00	37 400.00	58 795.00	2 616.45
合计	868 410.00	595 000.00	62 720.00	15 680.00	3 920.00	86 240.00	168 560.00	88 300.00	176 990.00	11 915.95

11. 增值税、消费税、城市维护建设税、教育费附加和地方教育附加、印花税、契税、土地增值税、车辆购置税、个人所得税、企业所得税按月申报；城镇土地使用税和房产税按年计算，每半年申报一次，分别于 1 月份、7 月份缴纳；车船税分月计算，12 月一次性统一申报。（涉及减征的，汉东市规定均按最高幅度减征）

三、2023 年 12 月具体业务情况

业务 B–1：阳光公司采取直接收款方式销售卷烟，12 月不含税销售金额共计 10 696 902.66 元（记入“主营业务收入”科目），均签订买卖合同，并开具增值税专用发票。

业务 B–2：阳光公司 12 月采购卷烟（假定没有存货，当月根据销售情况与供应商结算），取得的增值税专用发票显示不含税金额为 8 269 026.55 元（记入“主营业务成本”科目），增值税为 1 074 973.45 元，均签订买卖合同。

业务 B–3：阳光公司将 2014 年 3 月购置的宏发大厦地下仓库的其中 1 间，即 50 平方米出租给汉东市盛达贸易有限公司，其他房产自用。2023 年 1 月签订租赁合同，租赁期为 1 年，采取每月押一付一的结算方式，月租金含税金额为 2 450 元（不含税金额记入“其他业务收入”科目），合同中的价税分别列示，开具增值税专用发票。

业务 B–4：12 月 30 日，阳光公司将 2014 年 3 月购置的宏发大厦地下仓库 108 号（旧房不能取得评估价格，但有原始购买发票）出售给汉东市盛达贸易有限公司，双方签订了房屋转让合同，含税售价为 1 000 000 元，合同中的价税分别列示，开具增值税专用发票。处置净收益为 634 225.09 元（记入“营业外收入”科目）。

业务 B–5：12 月 15 日，为了重新布置展柜与货物存放方式，阳光公司从汉东市东方实业有限公司购买宏发大厦 2–204 用于展示与临时库存存放，该房屋位于阳光公司办公室旁边。双方当天签订房屋转让合同，阳光公司取得的增值税专用发票显示不含税金额为 1 000 000 元，增值税为 50 000 元。汉东市东方实业有限公司购置宏发大厦 2–204 的时间为 2012 年 6 月。

同日，与中国工商银行汉东幸福支行签订房屋抵押贷款合同，贷款金额 700 000 元，贷款期限 5 年，贷款利率 4.75%，按月付息。宏发大厦 2–204 基本情况如表 B－19 所示。

表 B－19　12 月购置房屋、土地信息

名称	账面原值		购置时间	不动产权证号	不动产单元号	建筑面积（m^2）	房产原值扣除比例
	金额（元）	其中：契税（元）					
宏发大厦 2–204	1 030 000.00	30 000.00	2023 年 12 月 15 日	3567926	111202040003GB0005F000200468	60	30%
名称	土地面积（m^2）	土地等级	城镇土地使用税税额标准	宗地号	房屋坐落地点	合同编号	
宏发大厦 2–204	6	一级	30 元 / 平方米	02–01–16–032	汉东市东城区宏发大厦 2–204 号	XS2023120035	

业务 B-6：12 月 20 日，阳光公司新购入一辆汽车，取得的机动车销售统一发票显示不含税金额为 128 318.58 元，增值税为 16 681.42 元，双方签订了车辆买卖合同。车辆基本信息如表 B－20 所示。

表 B－20　12 月购置车辆基本信息

车牌号码	车辆识别代码（车架号）	车辆品牌	车辆型号	年基准税额（元）	排（气）量	核定载客（人）
东 A54321	LFV2EKP20M1050312	宝来	FV1234CD	480	1.5 升	5

注：年基准税额根据当地标准确定，其他信息从机动车销售统一发票和机动车行驶证中摘录。

业务 B-7：阳光公司 2023 年 12 月工资实际发放情况如表 B－21 所示（销售部门的工资记入“销售费用——工资薪金”科目，其他部门的工资记入“管理费用——工资薪金”科目）。

表 B－21　12 月工资明细表

单位：元

姓名	应发工资	应扣个人缴纳保险					专项附加扣除
		养老保险（8%）	医疗保险（2%）	失业保险（0.5%）	住房公积金（11%）	小计	
李东升	22 100.00	1 360.00	340.00	85.00	1 870.00	3 655.00	1 000.00
王军	9 800.00	560.00	140.00	35.00	770.00	1 505.00	2 400.00
向昊天	6 250.00	400.00	100.00	25.00	550.00	1 075.00	
赵欣荣	3 600.00	240.00	60.00	15.00	330.00	645.00	
赵文轩	3 150.00	240.00	60.00	15.00	330.00	645.00	
销售部门小计	44 900.00	2 800.00	700.00	175.00	3 850.00	7 525.00	3 400.00
李强	13 200.00	960.00	240.00	60.00	1 320.00	2 580.00	1 000.00
胡秀娟	10 350.00	720.00	180.00	45.00	990.00	1 935.00	2 000.00
王浩然	6 250.00	400.00	100.00	25.00	550.00	1 075.00	400.00
张云帆	4 600.00	320.00	80.00	20.00	440.00	860.00	
张子寒	3 450.00	240.00	60.00	15.00	330.00	645.00	
其他部门小计	37 850.00	2 640.00	660.00	165.00	3 630.00	7 095.00	3 400.00
合计	82 750.00	5 440.00	1 360.00	340.00	7 480.00	14 620.00	6 800.00

业务 B-8：阳光公司 12 月的社会保障、职工福利费、工会经费和职工教育经费如表 B－22 所示，汇算清缴前均已实际支付（销售部门的各项费用记入“销售费用”相应明细科目，其他部门的各项费用记入“管理费用”相应明细科目）。

表 B－22　12 月社会保障、职工福利费、工会经费和职工教育经费

单位：元

项目	销售部门	其他部门	合计
职工福利费支出			
职工教育经费支出			
工会经费支出	898.00	757.00	1 655.00

续表

项目	销售部门	其他部门	合计
各类基本社会保险缴款	9 450.00	8 910.00	18 360.00
住房公积金	3 850.00	3 630.00	7 480.00
合计	14 198.00	13 297.00	27 495.00

业务 B–9：阳光公司 12 月收到被投资单位汉东市长顺仓储有限公司分配的税后利润 31 208.53 元（记入“投资收益”科目）。做出利润分配的时间为 12 月 7 日，收到的款项与决定分配的金额一致。

业务 B–10：阳光公司 12 月收到持有的国债利息 40 000.00 元（记入“投资收益”科目）。

业务 B–11：阳光公司 12 月收到存款利息 34 652.18 元（记入“财务费用——利息收入”科目）；支付手续费，取得的增值税专用发票显示不含税金额为 4 357.55 元（记入“财务费用——手续费”科目），增值税为 261.45 元；支付贷款利息 1 570.14 元（记入“财务费用——利息支出”科目）。

业务 B–12：阳光公司 12 月支付招待客户餐费 10 698.30 元（记入“管理费用——业务招待费”科目），取得增值税普通发票；支付购买打印纸、档案盒等办公用品费用，取得的增值税专用发票显示不含税金额为 24 336.28 元（记入“管理费用——办公费”科目），增值税为 3 163.72 元；支付货品展示柜费用 4 080.04 元（记入“销售费用——办公费”科目），取得增值税普通发票。

业务 B–13：12 月，阳光公司的 3 名员工去深圳参加烟展会，支付会展费和产品宣传资料等费用，取得的增值税专用发票显示不含税金额为 37 735.85 元（记入“销售费用——广告宣传费”科目），增值税为 2 264.15 元。支付差旅费 8 800.00 元，其中：住宿费取得增值税专用发票，发票显示不含税金额为 1 132.08 元（记入“销售费用——差旅费”科目），增值税为 67.92 元；餐费 1 000.00 元（记入“销售费用——差旅费”科目），取得增值税普通发票；交通费 6 600.00 元（票价 5 820 元，民航发展基金 300 元，燃油附加费 480 元），取得注明员工身份的往返航空运输电子客票行程单，计算可抵扣的进项税额为：6 300 ÷（1+9%）× 9%=520.18（元），不含税金额为 5 779.82 元（记入“销售费用——差旅费”科目）。

四、2023 年 12 月阳光公司增值税专用发票情况

2023 年 12 月，阳光公司开具的增值税专用发票以及取得的增值税专用发票具体情况如表 B－23、表 B－24 所示（见书后附折页表）。

五、2023 年 12 月末员工人数和资产总额情况

2023 年 12 月末，阳光公司员工人数为 10 人，资产总额为 1 331.74 万元。

1 学习任务一

增值税纳税实务

学习任务描述

根据2017年11月19日国务院发布的修订后的《中华人民共和国增值税暂行条例》、2008年12月财政部和国家税务总局发布的《中华人民共和国增值税暂行条例实施细则》以及2016年3月23日财政部和国家税务总局发布的《关于全面推开营业税改征增值税试点的通知》中关于增值税的规定，进行增值税的计算与纳税申报。

教学目标

能力目标

1. 能正确判断增值税的征收范围；
2. 能进行小规模纳税人和一般纳税人增值税的计算；
3. 能进行小规模纳税人和一般纳税人增值税的纳税申报。

知识目标

1. 掌握增值税纳税人的定义和分类；
2. 掌握增值税的征税范围；
3. 掌握增值税的计税依据；
4. 掌握增值税的税率和征收率；
5. 掌握增值税的税收优惠；
6. 掌握增值税应纳税额的计算；
7. 熟悉增值税的征收管理；
8. 掌握增值税的纳税申报。

素养目标

培养学生制度自信。

思政园地

推进健康中国建设　增进全国人民福祉

党的二十大报告提出推进健康中国建设。人民健康是民族昌盛和国家强盛的重要标志。把保障人民健康放在优先发展的战略位置，完善人民健康促进政策。

为落实党的二十大精神，推进健康中国建设，2022 年 11 月 21 日，财政部、海关总署、国家税务总局、国家药监局发布公告，发布第三批适用增值税政策的抗癌药品和罕见病药品清单。第三批清单包括 51 个抗癌药品制剂和原料药、20 个罕见病药品制剂和原料药。根据公告，自 2022 年 12 月 1 日起，对清单中的药品，国内环节可选择按 3% 简易办法计征增值税，进口环节减按 3% 征收增值税。

自 2018 年以来，我国已先后公布了两批适用增值税政策的抗癌药品和罕见病药品清单。对抗癌药品和罕见病药品给予增值税优惠是一项惠民政策，有利于降低药品价格，提升进口药品的可及性和普惠性，保障患者用药需求，同时也有利于支持制药产业发展。

任务书

1. 请分析判断增值税的纳税人、计税依据、税率、税收优惠，计算增值税应纳税额。

2. 请进行小规模纳税人和增值税一般纳税人的增值税纳税申报。

任务分组

请登录 http://cssx.rdlearning.cn 下载学生任务分配表，进行任务分组。

准备工作

微课视频
扫一扫

1. 阅读任务书。

2. 收集《中华人民共和国增值税暂行条例》、《中华人民共和国增值税暂行条例实施细则》和《关于全面推开营业税改征增值税试点的通知》中的有关知识点，观看微课视频。

3. 结合任务书分析增值税纳税申报的难点和常见问题。

思维导图

- 增值税纳税实务
  - 纳税人和扣缴义务人
    - 纳税人
    - 纳税人的分类
    - 扣缴义务人
  - 征税范围
    - 一般规定
      - 销售或者进口货物
      - 提供加工、修理修配劳务
      - 销售服务
        - 交通运输服务
        - 邮政服务
        - 电信服务
        - 建筑服务
        - 金融服务
        - 现代服务
        - 生活服务
      - 销售无形资产
      - 销售不动产
    - 非经营活动
    - 特殊规定
      - 视同销售行为
      - 混合销售
      - 兼营
    - 不征收增值税项目
  - 纳税义务发生时间
  - 税率和征收率
    - 税率
      - 基本税率：13%
      - 低税率：9%、6%、0
    - 征收率
      - 3%
      - 3%减按2%
      - 5%
  - 税收优惠
    - 免税项目
    - 起征点
    - 小规模纳税人免税规定
  - 应纳税额的计算
    - 一般计税方法：应纳税额=当期销项税额−当期进项税额
    - 简易计税方法：应纳税额=销售额×征收率
    - 进口货物：应纳税额=组成计税价格×税率
    - 扣缴计税方法：应扣缴税额=购买方支付的价款÷（1+税率）×税率
  - 纳税地点
  - 纳税期限
    - 按日
    - 按月
    - 按季
  - 纳税申报
    - 一般纳税人纳税申报
    - 小规模纳税人纳税申报

任务实施

小规模纳税人工作任务：增值税纳税实务

情境导航：

根据小规模纳税人综合案例 A 中的“二、2023 年第 1—3 季度相关涉税信息”和“三、2023 年第 4 季度具体业务情况”，筛选出与增值税相关的情境。

（1）辨析纳税人。

引导问题 1：根据 **1.1.1**，吉祥公司是否是增值税的纳税人？ □是 □否

引导问题 2：根据 **1.1.2**，吉祥公司是否是增值税小规模纳税人？ □是 □否

（2）识别征税范围。

引导问题 3：根据 **1.2**，吉祥公司的销售行为是否属于增值税的征税范围？

□是 □否

（3）确定纳税义务发生时间。

引导问题 4：根据 **1.3**，吉祥公司增值税的纳税义务发生时间为________。

（4）确定税率。

引导问题 5：根据 **1.4.2.1**，吉祥公司销售货物适用的增值税征收率是________。

（5）确定计税依据。

引导问题 6：根据 **1.6.2**，吉祥公司的增值税计税依据是________。

（6）判断税收优惠。

引导问题 7：根据 **1.5.3**，吉祥公司第 4 季度是否享受增值税的税收优惠政策？

□是 □否

（7）计算应纳税额。

引导问题 8：根据 **1.6**，吉祥公司第 4 季度应缴纳的增值税是______。

（8）确定纳税地点。

引导问题 9：根据 **1.7**，吉祥公司的增值税纳税地点是________。

（9）纳税申报。

引导问题 10：请登录电子税务局完成吉祥公司第 4 季度增值税及附加税费的电子申报。

纳税申报

小提示：

（1）在开票系统中进行上报汇总，如图 A-1 所示。

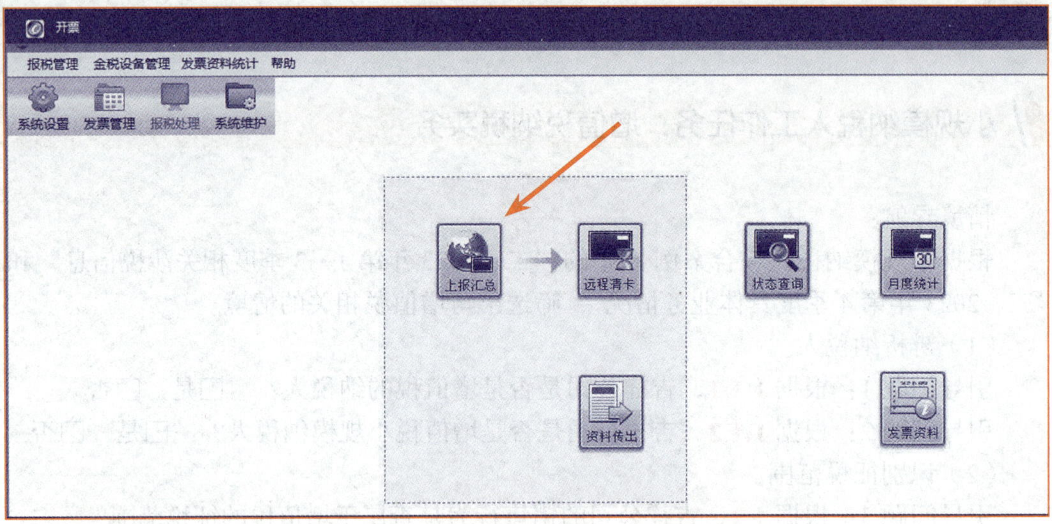

图 A-1　开票系统“上报汇总”演示

（2）上报汇总成功之后，在电子税务局中申报季度增值税。

按照“1.9.2 小规模纳税人纳税申报表填写步骤”，点击“申报录入”按钮，填报《增值税纳税申报表（小规模纳税人适用）》主表，相关不含税销售额根据账簿收入确认情况填报，再点击“报表审核”按钮。录入完毕后，点击“申报导出”按钮跳转到税务局网上申报系统后，税务局会自动核对填报数据与开票系统相关数据是否相符，如不符，会有提示。

（3）增值税申报成功之后，再返回到开票系统中进行远程清卡，如图 A-2 所示。

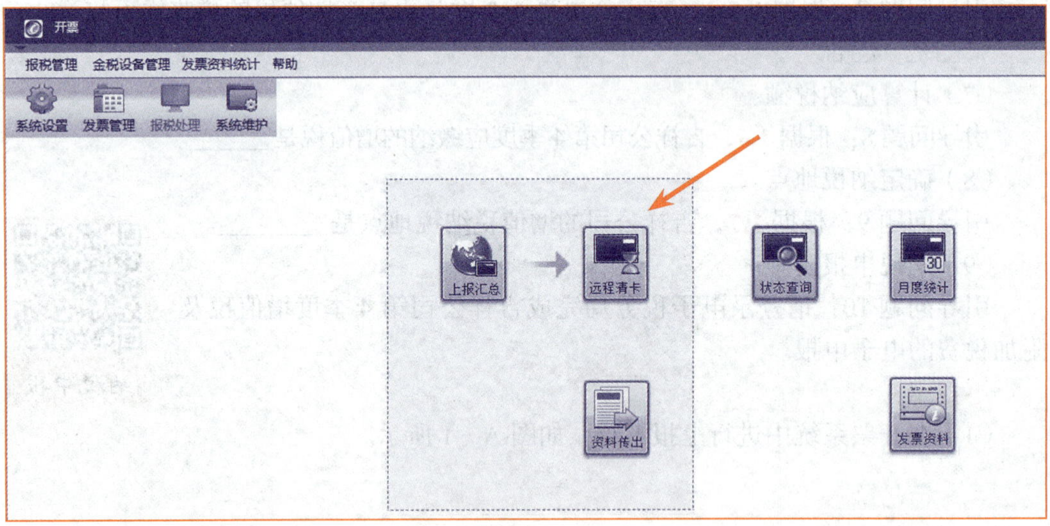

图 A-2　开票系统“远程清卡”演示

一般纳税人工作任务：增值税纳税实务

情境导航：

根据一般纳税人综合案例 B 中的“二、2023 年 1—11 月相关涉税信息”和“三、2023 年 12 月具体业务情况”，筛选出与增值税相关的情境。

（1）辨析纳税人。

引导问题 1：根据 **1.1.1**，阳光公司是否是增值税的纳税人？ □是 □否

引导问题 2：根据 **1.1.2**，阳光公司是否是增值税一般纳税人？ □是 □否

（2）识别征税范围。

引导问题 3：根据 **1.2**，阳光公司的销售、出租行为是否属于增值税的征税范围？ □是 □否

（3）确定纳税义务发生时间。

引导问题 4：根据 **1.3**，阳光公司增值税的纳税义务发生时间为________。

（4）确定税率。

引导问题 5：根据 **1.4.1**，阳光公司销售货物适用的增值税税率是________。

引导问题 6：根据 **1.4.2.3**，阳光公司出租、销售其取得的不动产，适用的增值税征收率是________。

（5）判断税收优惠。

引导问题 7：根据 **1.5**，阳光公司是否享受增值税的税收优惠政策？

□是 □否

（6）确定一般计税方法的应纳税额。

引导问题 8：根据 **1.6.1.2**，阳光公司 12 月的销项税额为________。

引导问题 9：根据 **1.6.1.3**，阳光公司 12 月的进项税额为________。

引导问题 10：根据 **1.6.1.6**，阳光公司 12 月不得从销项税额中抵扣进项税额的业务是________。

引导问题 11：根据 **1.6.1**，阳光公司 12 月采用一般计税方法计算的应纳税额为________。

小提示：

实务中计算数据与发票金额会存在尾差，以开票系统所统计的税额为准。

（7）确定简易计税方法的应纳税额。

引导问题 12：根据 **1.6.2**，阳光公司 12 月采用简易计税方法计算的应纳税额为________。

小提示：

不动产购置原价不一定是其账面原值，而是购置不动产时取得的发票上记载的金额，不包含契税。

（8）确定应缴纳的增值税。

引导问题 13：根据 **1.6**，阳光公司 12 月应缴纳的增值税为_______。

（9）确定纳税地点。

引导问题 14：根据 **1.7**，阳光公司的增值税纳税地点是________。

（10）纳税申报。

引导问题 15：请登录电子税务局完成阳光公司 12 月增值税及附加税费的电子申报。

纳税申报

项目实训评价

请登录 http://cssx.rdlearning.cn 下载评价表，进行项目实训评价。

学习任务的相关知识点

增值税是对销售商品或者劳务过程中实现的增值额征收的一种税。

微课学习：增值税

1.1 纳税人和扣缴义务人

1.1.1 纳税人

在中华人民共和国境内销售货物或者加工、修理修配劳务，销售服务、无形资产、不动产以及进口货物的单位和个人，为增值税的纳税人。单位是指企业、行政单位、事业单位、军事单位、社会团体及其他单位。个人是个体工商户和其他个人。

单位以承包、承租、挂靠方式经营的，以发包人名义对外经营并由发包人承担相关法律责任的，以发包人为纳税人。否则，以承包人为纳税人。

资管产品运营过程中发生的增值税应税行为，以资管产品管理人为增值税纳税人。

1.1.2 纳税人的分类

依纳税人“经营规模”以及“会计核算健全与否”等标准，增值税的纳税人可分小规模纳税人和一般纳税人。增值税小规模纳税人和一般纳税人的划分标准如表 1－1 所示。

表 1－1 增值税小规模纳税人和一般纳税人的划分标准

	小规模纳税人		一般纳税人
标准	年应税销售额≤ 500 万元		年应税销售额 >500 万元
特殊情况	其他个人（非个体户）	必须按小规模纳税人纳税	小规模纳税人会计核算健全，可以申请登记为一般纳税人
	（1）非企业性单位； （2）不经常发生应税行为的企业	可选择按小规模纳税人纳税	
计税方法	简易计税方法		一般计税方法
发票管理	（1）使用增值税普通发票； （2）小规模纳税人（其他个人除外）发生应税行为需要开具增值税专用发票，可以自愿使用增值税发票管理系统自行开具		可以使用增值税专用发票

年应税销售额，是指在连续不超过 12 个月或 4 个季度的经营期内累计应征增值税销售额，包括纳税申报销售额、稽查查补销售额、纳税评估调整销售额。

纳税人一经登记为一般纳税人后，不得转为小规模纳税人，国家税务总局另有规定的除外。

1.1.3 扣缴义务人

中华人民共和国境外单位或者个人在境内销售劳务，在境内未设有经营机构的，以其境内代理人为扣缴义务人；在境内没有代理人的，以购买方为增值税扣缴义务人。

1.2 征税范围

增值税的征税范围包括在境内销售货物或者劳务，销售服务、无形资产、不动产以及进口货物。

1.2.1 增值税征税范围的一般规定

按照税法的规定，现行增值税的征税范围包括：

（1）销售或者进口货物（指有形动产，包括电力、热力、气体在内）。

（2）提供加工、修理修配劳务。

（3）销售服务（指交通运输服务、邮政服务、电信服务、建筑服务、金融服务、现代服务和生活服务）。

（4）销售无形资产（指技术、商标、著作权、商誉、自然资源使用权和其他权益性无形资产）。

（5）销售不动产（指建筑物和构筑物）。

1.2.2 非经营活动

销售服务、无形资产或者不动产，是指有偿提供服务、有偿转让无形资产或者不动产，但属于下列非经营活动的情形除外：

（1）行政单位收取的同时满足以下条件的政府性基金或者行政事业性收费：

1）由国务院或者财政部批准设立的政府性基金，由国务院或者省级人民政府及其财政、价格主管部门批准设立的行政事业性收费；

2）收取时开具省级以上（含省级）财政部门监（印）制的财政票据；

3）所收款项全额上缴财政。

（2）单位或者个体工商户聘用的员工为本单位或者雇主提供取得工资的服务。

（3）单位或者个体工商户为聘用的员工提供服务。

（4）财政部和国家税务总局规定的其他情形。

1.2.3 增值税征税范围的特殊规定

1.2.3.1 视同销售行为

（1）根据《增值税暂行条例实施细则》的规定，单位或者个体工商户的下列行为，视同销售货物，应当征收增值税：

1）将货物交付其他单位或者个人代销；

2）销售代销货物；

3）设有两个以上机构并实行统一核算的纳税人，将货物从一个机构移送至其他机构用于销售，但相关机构设在同一县（市）的除外；

4）将自产、委托加工的货物用于集体福利或者个人消费；

5）将自产、委托加工或者购进的货物用于对外投资、分配给股东或者投资者、无偿赠送给其他单位或者个人。

（2）根据《营业税改征增值税试点实施办法》的规定，单位或者个体工商户的下列情形，视同销售服务、无形资产或者不动产，征收增值税：

1）单位或者个体工商户向其他单位或者个人无偿提供服务，但用于公益事业或者以社会公众为对象的除外；

2）单位或者个人向其他单位或者个人无偿转让无形资产或者不动产，但用于公益事业或者以社会公众为对象的除外；

3）财政部和国家税务总局规定的其他情形。

1.2.3.2 混合销售

一项销售行为如果既涉及货物又涉及服务，为混合销售。从事货物的生产、批发或者零售的单位和个体工商户的混合销售行为，按照销售货物缴纳增值税；其他单位和个体工商户的混合销售行为，按照销售服务缴纳增值税。上述从事货物的生产、批发或者零售的单位和个体工商户，包括以从事货物的生产、批发或者零售为主，并兼营销售服务的单位和个体工商户在内。

1.2.3.3 兼营

兼营，是指纳税人的经营中包括销售货物、劳务以及销售服务、无形资产和不动产的行为。纳税人发生兼营行为，应当分别核算适用不同税率或征收率的销售额，未分别核算销售额的，按照以下办法适用税率或征收率：

（1）兼有不同税率的销售货物、劳务、服务、无形资产或者不动产，从高适用税率。

（2）兼有不同征收率的销售货物、劳务、服务、无形资产或者不动产，从高适用征收率。

（3）兼有不同税率和征收率的销售货物、劳务、服务、无形资产或者不动产，从高适用税率和征收率。

1.2.4 不征收增值税项目

（1）根据国家指令无偿提供的铁路运输服务、航空运输服务，属于规定的用于公益事业的服务。

（2）存款利息。

（3）被保险人获得的保险赔付。

（4）房地产主管部门或者其指定机构、公积金管理中心、开发企业以及物业管理单位代收的住宅专项维修资金。

（5）在资产重组过程中，通过合并、分立、出售、置换等方式，将全部或者部分实物资产以及与其相关联的债权、负债和劳动力一并转让给其他单位和个人，其中涉及的不动产、土地使用权转让行为。

（6）纳税人在资产重组过程中，通过合并、分立、出售、置换等方式，将全部或者部分实物资产以及与其相关联的债权、负债和劳动力一并转让给其他单位和个人，不属于增值税的征税范围，其中涉及的货物转让，不征收增值税。

1.3 纳税义务发生时间

纳税人发生应税销售行为，为收讫销售款项或者取得索取销售款项凭据的当天；先开具发票的，为开具发票的当天。增值税纳税义务发生时间具体如表 1-2 所示。

表 1-2 增值税纳税义务发生时间

销售方式		纳税义务发生时间	
先开发票		开具发票的当天	
直接收款		收到销售款或取得索取销售款凭据的当天	
托收承付、委托收款		发出货物并办妥托收手续的当天	
赊销、分期收款		书面合同约定的收款日期的当天，无合同或有合同无约定，为货物发出的当天	
预收货款	货物	货物发出的当天，生产工期超过 12 个月的，为收到预收款或书面合同约定的收款日期的当天	
	租赁服务	收到预收款的当天	
委托代销		收到代销清单	收到代销清单的当天
		收到全部、部分货款	收到全部、部分货款的当天
		未收到代销清单及货款	发出货物满 180 天的当天
金融商品转让		所有权转移的当天	
视同销售货物行为		货物移送、转让完成或权属变更的当天	
视同销售劳务、服务、无形资产、不动产情形		劳务、服务、无形资产转让完成的当天或者不动产权属变更的当天	
进口		报关进口的当天	
扣缴义务		纳税义务发生的当天	

1.4 税率和征收率

1.4.1 税率

自 2016 年 5 月 1 日起，我国全面推开营业税改征增值税工作。为了深化增值税改革，自 2019 年 4 月 1 日起，降低了一般纳税人的增值税税率。现行一般纳税人的增值税税率如表 1-3 所示。

表 1-3 增值税税率

具体征税范围	税率
纳税人销售或者进口货物（另有列举的货物除外）；提供加工、修理修配劳务	13%
销售或者进口： （1）粮食等农产品、食用植物油、食用盐。 （2）自来水、暖气、冷气、热水、煤气、石油液化气、天然气、二甲醚、沼气、居民用煤炭制品。 （3）图书、报纸、杂志、音像制品、电子出版物。 （4）饲料、化肥、农药、农机、农膜。 （5）国务院规定的其他货物。	9%
出口货物（国务院另有规定的除外）	0

续表

<table>
<tr><th colspan="3">具体征税范围</th><th>税率</th></tr>
<tr><td rowspan="9">销售服务</td><td>交通运输服务</td><td>陆路运输服务、水路运输服务、航空运输服务和管道运输服务</td><td rowspan="3">9%</td></tr>
<tr><td>邮政服务</td><td>邮政普遍服务、邮政特殊服务和其他邮政服务</td></tr>
<tr><td rowspan="2">电信服务</td><td>基础电信服务</td></tr>
<tr><td>增值电信服务</td><td>6%</td></tr>
<tr><td>建筑服务</td><td>工程服务、安装服务、修缮服务、装饰服务和其他建筑服务</td><td>9%</td></tr>
<tr><td>有形动产租赁服务</td><td></td><td>13%</td></tr>
<tr><td>金融服务</td><td>贷款服务、直接收费金融服务、保险服务和金融商品转让</td><td rowspan="6">6%</td></tr>
<tr><td>现代服务</td><td>研发和技术服务、信息技术服务、文化创意服务、物流辅助服务、鉴证咨询服务、广播影视服务、商务辅助服务和其他现代服务</td></tr>
<tr><td>生活服务</td><td>文化体育服务、教育医疗服务、旅游娱乐服务、餐饮住宿服务、居民日常服务和其他生活服务</td></tr>
<tr><td rowspan="4">销售无形资产</td><td>技术</td><td>专利技术和非专利技术</td></tr>
<tr><td>商标、著作权、商誉和其他权益性无形资产</td><td></td></tr>
<tr><td rowspan="2">自然资源使用权</td><td>海域使用权、探矿权、采矿权、取水权和其他自然资源使用权</td></tr>
<tr><td>土地使用权</td><td rowspan="2">9%</td></tr>
<tr><td>销售不动产</td><td colspan="2"></td></tr>
</table>

1.4.2 征收率

1.4.2.1 征收率为 3% 的规定

小规模纳税人以及一般纳税人选择简易办法计税的，征收率为 3%。征收率为 3% 的情形如表 1－4 所示。

表 1－4 征收率为 3% 的情形

<table>
<tr><th>纳税人</th><th>适用情形</th><th colspan="2">具体内容</th></tr>
<tr><td>小规模纳税人</td><td>除特殊情况下适用“3% 的征收率并减按 2% 征收、5% 征收率”和“进口货物”外的一般应税行为</td><td colspan="2"></td></tr>
<tr><td rowspan="2">一般纳税人</td><td>只能适用 3% 征收率</td><td colspan="2">寄售商店代销寄售物品、典当业销售死当物品</td></tr>
<tr><td>销售的自产货物为可选择按照 3% 征收率纳税的货物</td><td>（1）自来水。
（2）县级及以下小型水力发电单位生产的电力。
（3）用微生物、血液或组织等制成的生物制品。
（4）建筑用和生产建筑材料所用的砂、土、石料。
（5）以自己采掘的砂、土、石料或其他矿物连续生产的砖、瓦、石灰。
（6）商品混凝土。</td><td>选择简易办法计税后，36 个月内不得变更</td></tr>
</table>

续表

纳税人	适用情形	具体内容	
一般纳税人	销售可选择按照3%征收率纳税的服务	（1）公共交通运输服务。 （2）动漫产品的设计、制作服务，以及在境内转让动漫版权。 （3）电影放映服务。 （4）仓储服务。 （5）装卸搬运服务。 （6）收派服务。 （7）文化体育服务。 （8）以“营改增”试点前取得的有形动产，提供的有形动产经营租赁服务。 （9）“营改增”试点前签订的，尚未执行完毕的有形动产租赁合同。	选择简易办法计税后，36个月内不得变更

1.4.2.2 征收率为3%减按2%征收的规定

征收率为3%减按2%征收的情形如表1－5所示。

表1－5 征收率为3%减按2%征收的情形

应税项目		计算方法
一般纳税人和小规模纳税人销售旧货（二手车除外）		应纳税额＝含税售价÷（1+3%）×2%
销售自己使用过的购入时不得抵扣且未抵扣过进项税的固定资产	（1）小规模纳税人。 （2）一般纳税人2009年1月1日以前购入的固定资产。 （3）一般纳税人2013年8月1日以前购入的小汽车、摩托车和游艇。	

1.4.2.3 征收率为5%的规定

征收率为5%的情形如表1－6所示。

表1－6 征收率为5%的情形

身份		项目
小规模纳税人	非房地产开发企业	转让、出租其取得的不动产（不含个人出租住房）
	房地产开发企业	销售自行开发的房地产项目
一般纳税人	非房地产开发企业	转让、出租其2016年4月30日前取得的不动产且选择简易方法计税的
	房地产开发企业	销售自行开发的房地产老项目且选择简易方法计税的
一般纳税人和小规模纳税人		提供劳务派遣服务，选择差额纳税

1.5 税收优惠

1.5.1 免税项目

（1）农业生产者销售的自产农产品。

（2）避孕药品和用具。

（3）古旧图书。

（4）直接用于科学研究、科学试验和教学的进口仪器、设备。

（5）外国政府、国际组织无偿援助的进口物资和设备。

（6）由残疾人的组织直接进口供残疾人专用的物品。

（7）残疾人个人提供的加工、修理修配劳务。

（8）销售的自己使用过的物品。自己使用过的物品，是指其他个人自己使用过的物品。

（9）托儿所、幼儿园提供的保育和教育服务。

（10）养老机构提供的养老服务。

（11）殡葬服务。

（12）婚姻介绍服务。

（13）医疗机构提供的医疗服务。

（14）从事学历教育的学校提供的教育服务。

（15）学生勤工俭学提供的服务。

（16）纪念馆、博物馆、文化馆、文物保护单位管理机构、美术馆、展览馆、书画院、图书馆在自己的场所提供文化体育服务取得的第一道门票收入。

（17）个人转让著作权。

（18）个人销售自建自用住房。

（19）纳税人提供技术转让、技术开发和与之相关的技术咨询、技术服务。

（20）福利彩票、体育彩票的发行收入。

（21）家政服务企业由员工制家政服务员提供家政服务取得的收入。

（22）残疾人福利机构提供的育养服务。

（23）残疾人员本人为社会提供的服务。

（24）提供社区养老、托育、家政等服务的机构提供以上服务取得的收入。

（25）农业机耕、排灌、病虫害防治、植物保护、农牧保险以及相关技术培训业务，家禽、牲畜、水生动物的配种和疾病防治。

（26）自然人对外销售购买的住房税收规定如表 1－7 所示。

表 1－7　自然人对外销售购买的住房税收规定

持有时间		税务处理	应纳税额计算公式
购买不足 2 年		全额征收	卖出价 ÷（1+5%）× 5%
购买 2 年以上	北京、上海、广州、深圳且为非普通住房	差额征收	（卖出价－买入价）÷（1+5%）× 5%
	其他	免征	

（27）国债、地方政府债券利息收入免征增值税。

1.5.2　起征点

纳税人发生应税销售行为的销售额未达到增值税起征点的，免征增值税；达到起征点的，全额计算缴纳增值税。

增值税起征点的适用范围限于个人，且不适用于登记为一般纳税人的个体工商户。

增值税起征点的幅度规定如下：

（1）按期纳税的，为月销售额 5 000 ～ 20 000 元（含本数）。

（2）按次纳税的，为每次（日）销售额 300 ～ 500 元（含本数）。

1.5.3 小规模纳税人减免税规定

自 2023 年 1 月 1 日至 2027 年 12 月 31 日，小规模纳税人享受如下免税规定：

（1）对月销售额 10 万元以下（含本数）的增值税小规模纳税人，免征增值税。

（2）增值税小规模纳税人适用 3% 征收率的应税销售收入，减按 1% 征收率征收增值税；适用 3% 预征率的预缴增值税项目，减按 1% 预征率预缴增值税。

1.6 应纳税额的计算

1.6.1 一般计税方法应纳税额的计算

一般纳税人销售货物、劳务、服务、无形资产、不动产（以下简称应税销售行为），采取一般计税方法计算增值税应纳税额。其计算公式为：

应纳税额 = 当期销项税额 - 当期进项税额

当期销项税额小于当期进项税额不足抵扣时，其不足部分可以结转下期继续抵扣。

销项税额是指纳税人发生应税销售行为，按照销售额和适用税率计算并向购买方收取的增值税税款。其计算公式为：

销项税额 = 销售额 × 适用税率

可见，采用一般计税方法计算增值税应纳税额时，主要涉及两个因素：一是销售额；二是进项税额。

1.6.1.1 销售额的确定

（1）销售额的概念。

销售额是指纳税人因发生应税销售行为而向购买方收取的全部价款和价外费用，但是不包括收取的销项税额。价外费用，包括价外向购买方收取的手续费、补贴、基金、集资费、返还利润、奖励费、违约金、滞纳金、延期付款利息、赔偿金、代收款项、代垫款项、包装费、包装物租金、储备费、优质费、运输装卸费以及其他各种性质的价外收费。上述价外费用无论其会计制度规定如何核算，均应并入销售额计算销项税额。

（2）含税销售额的换算。

增值税实行价外税，计算销项税额时，销售额中不应含有增值税税款。如果销售额中包含了增值税税款即销项税额，则应将含税销售额换算成不含税销售额。其计算公式为：

不含税销售额＝含税销售额 ÷（1+增值税税率）

（3）特殊销售方式下销售额的确定。

1）折扣方式销售。折扣方式销售是指销货方在销售货物时，因购货方购货数量较大等原因而给予购货方的价格优惠。折扣方式销售的税务处理如表 1－8 所示。

表 1－8　折扣方式销售的税务处理

<table>
<tr><th>情形</th><th colspan="2">税务处理</th></tr>
<tr><td rowspan="2">同一张发票上注明</td><td>销售额和折扣额在同一张发票“金额栏”中分别注明</td><td>按照折扣后的销售额计税</td></tr>
<tr><td>销售额在“金额栏”中注明，折扣额在“备注栏”中注明</td><td>折扣额不得从销售额中减除</td></tr>
<tr><td>将折扣额另开发票</td><td colspan="2">不论该情形在财务上如何处理，均不得从销售额中减除折扣额</td></tr>
</table>

2）以旧换新方式销售。以旧换新方式销售的税务处理如表 1－9 所示。

表 1－9　以旧换新方式销售的税务处理

情形	税务处理
一般货物	按新货物同期销售价格确定销售额，不得扣减旧货物的收购价格
金银首饰	按销售方实际收取的不含增值税的全部价款征收增值税

3）还本销售方式销售。还本销售是指纳税人在销售货物后，到一定期限时将货款一次或分次退还给购货方全部或部分价款的一种销售方式。这种方式实际上是一种筹资，是以货物换取资金的使用价值，到期还本不付息的方法。纳税人采取还本销售方式销售货物，其销售额就是货物的销售价格，不得从销售额中减除还本支出。

4）以物易物方式销售。以物易物是指购销双方不是以货币结算，而是以同等价款的货物相互结算，实现货物购销的一种方式。以物易物双方都应作购销处理，以各自发出的货物核算销售额并计算销项税额，以各自收到的货物按规定核算购货额并计算进项税额。在以物易物活动中，应分别开具合法的票据，如收到的货物不能取得相应的增值税专用发票或其他合法票据，则不能抵扣进项税额。

5）包装物租金和押金。包装物是指纳税人包装本单位货物的各种物品。包装物租金和押金的税务处理如表 1－10 所示。

表 1－10　包装物租金和押金的税务处理

<table>
<tr><th colspan="3">类型</th><th colspan="2">税务处理</th></tr>
<tr><td colspan="3">包装物租金</td><td colspan="2">价外费用征税</td></tr>
<tr><td rowspan="5">包装物押金</td><td colspan="2" rowspan="2">一般物品（酒类以外）</td><td>没有逾期且没有超过 1 年的</td><td>不征税</td></tr>
<tr><td>逾期或超过 1 年</td><td>征税</td></tr>
<tr><td rowspan="3">酒类</td><td rowspan="2">啤酒、黄酒</td><td>没有逾期且没有超过 1 年的</td><td>不征税</td></tr>
<tr><td>逾期或超过 1 年</td><td>征税</td></tr>
<tr><td>其他酒</td><td>收取时</td><td>征税</td></tr>
</table>

6）视同发生应税销售行为的销售额。《增值税暂行条例实施细则》规定的视同销售货物行为一般不以资金的形式反映出来，因而会出现无销售额的情况。在此情况

下，税务机关有权按照下列顺序核定其销售额：按照纳税人最近时期同类应税货物、应税行为的平均销售价格确定；按照其他纳税人最近时期同类应税货物、应税行为的平均销售价格确定；按照组成计税价格确定。组成计税价格的计算公式有二：

组成计税价格 = 成本 ×（1+ 成本利润率）

组成计税价格 = 成本 ×（1+ 成本利润率）+ 消费税税额

公式中的成本分为两种情况：一是销售自产货物的，为实际生产成本；二是销售外购货物的，为实际采购成本。公式中的成本利润率为 10%。但属于应从价定率征收消费税的货物，其组成计税价格公式中的成本利润率，为《消费税若干具体问题的规定》中规定的成本利润率。

纳税人销售货物或者劳务的价格明显偏低并无正当理由的，由税务机关按照上述方法核定其销售额。

根据《营业税改征增值税试点实施办法》的规定，纳税人销售服务、无形资产或者不动产价格明显偏低或者偏高且不具有合理商业目的的，或者无销售额的，税务机关有权按照下列顺序确定销售额：

第一，按照纳税人最近时期销售同类服务、无形资产或者不动产的平均价格确定。

第二，按照其他纳税人最近时期销售同类服务、无形资产或者不动产的平均价格确定。

第三，按照组成计税价格确定。成本利润率由国家税务总局确定。

不具有合理商业目的，是指以谋取税收利益为主要目的，通过人为安排，减少、免除、推迟缴纳增值税税款，或者增加退还增值税税款。

7）“营改增”行业销售额确定的特殊规定。

按照销售额全额征税的行为及销售额的规定如表 1－11 所示。

表 1－11　按照销售额全额征税的行为及销售额的规定

行为	销售额
贷款服务	以提供贷款服务取得的全部利息及利息性质的收入为销售额
直接收费金融服务	以提供直接收费金融服务收取的手续费、佣金、酬金、管理费、服务费、经手费、开户费、过户费、结算费、转托管费等各类费用为销售额

按照差额征税的行为及销售额的规定如表 1－12 所示。

表 1－12　按照差额征税的行为及销售额的规定

行为	销售额	备注
金融商品转让	销售额 = 卖出价 － 买入价	（1）转让金融商品发生的正负差，将盈亏相抵后的余额作为销售额。负差不得转入下一个纳税年度，但可以在本年度不同纳税期结转。 （2）金融商品的买入价，可以选择按照加权平均法或者移动加权平均法进行核算，选择后 36 个月内不得变更。 （3）金融商品转让，不得开具增值税专用发票。

续表

行为	销售额	备注
经纪代理服务	销售额＝取得的全部价款和价外费用－向委托方收取并代为支付的政府性基金或者行政事业性收费	向委托方收取的政府性基金或行政事业性收费，不得开具增值税专用发票
航空运输企业	销售额＝取得的全部价款和价外费用－代收的机场建设费－代售其他航空运输企业客票而代收转付的价款	
提供客运场站服务	销售额＝取得的全部价款和价外费用－支付给承运方的运费	
提供旅游服务	销售额＝取得的全部价款和价外费用－支付给其他单位或者个人的住宿费、餐饮费、交通费、签证费、门票费和支付给其他接团旅游企业的旅游费用	选择差额计税的纳税人，向旅游服务购买方收取并支付的上述费用，不得开具增值税专用发票
提供建筑服务适用简易计税方法的	销售额＝取得的全部价款和价外费用－支付的分包款	
房地产开发企业中的一般纳税人销售其开发的房地产项目（选择简易计税方法的房地产老项目除外）	销售额＝取得的全部价款和价外费用－受让土地时向政府部门支付的土地价款	

8）纳税人兼营免税、减税项目的，应当分别核算免税、减税项目的销售额；未分别核算的，不得免税、减税。

1.6.1.2 销项税额的计算

销项税额是指纳税人发生应税销售行为时，按照销售额与规定税率计算并向购买方收取的增值税税额。纳税人因销货退回或折让而退还给购货方的增值税税额，应从发生销售退回或折让当期的销项税额中冲减。

1.6.1.3 准予从销项税额中抵扣的进项税额

进项税额，是指纳税人购进货物、劳务、服务、无形资产或者不动产，支付或者负担的增值税额。

（1）从销售方取得的增值税专用发票（含税控机动车销售统一发票）上注明的增值税额。

（2）从海关取得的海关进口增值税专用缴款书上注明的增值税额。

（3）纳税人购进农产品，准予从销项税额中抵扣进项税额的方法如表 1－13 所示。

表 1－13 购进农产品准予抵扣进项税额的方法

抵扣凭证来源	可抵扣进项税额
取得一般纳税人开具的增值税专用发票或海关进口增值税专用缴款书	专用发票或专用缴款书上注明的增值税额

续表

<table>
<tr><th colspan="2">抵扣凭证来源</th><th>可抵扣进项税额</th></tr>
<tr><td colspan="2">从按照简易计税方法依照 3% 征收率计算缴纳增值税的小规模纳税人取得增值税专用发票</td><td>进项税额 = 专用发票上注明金额 ×9%</td></tr>
<tr><td rowspan="2">取得（开具）的农产品销售发票或收购发票</td><td>购进用于生产或委托加工 13% 税率的货物</td><td>进项税额 = 买价 ×10%</td></tr>
<tr><td>购进用于生产或委托加工 9% 税率的货物或者 6% 税率的服务</td><td>进项税额 = 买价 ×9%</td></tr>
</table>

（4）纳税人购进国内旅客运输服务未取得增值税专用发票的，准予从销项税额中抵扣进项税额的方法如表 1 - 14 所示。

表 1 - 14　购进国内旅客运输服务未取得增值税专用发票准予抵扣进项税额的方法

抵扣凭证来源	可抵扣进项税额
增值税电子普通发票	发票上注明的税额
取得注明旅客身份信息的航空运输电子客票行程单	航空旅客运输进项税额 =（票价 + 燃油附加费）÷（1+9%）×9%
取得注明旅客身份信息的铁路车票	铁路旅客运输进项税额 = 票面金额 ÷（1+9%）×9%
取得注明旅客身份信息的公路、水路等其他客票	公路、水路等其他旅客运输进项税额 = 票面金额 ÷（1+3%）×3%

（5）从境外单位或者个人购进劳务、服务、无形资产或者境内的不动产，从税务机关或者扣缴义务人取得的代扣代缴税款的完税凭证上注明的增值税额。

纳税人凭完税凭证抵扣进项税额的，应当具备书面合同、付款证明和境外单位的对账单或者发票。资料不全的，其进项税额不得从销项税额中抵扣。

（6）原增值税一般纳税人自用的应征消费税的摩托车、汽车、游艇，其进项税额准予从销项税额中抵扣。

1.6.1.4　生产、生活性服务业加计抵扣进项税额

自 2023 年 1 月 1 日至 2023 年 12 月 31 日，增值税加计抵减政策按照以下规定执行：

（1）允许生产性服务业纳税人按照当期可抵扣进项税额加计 5% 抵减应纳税额。生产性服务业纳税人，是指提供邮政服务、电信服务、现代服务、生活服务取得的销售额占全部销售额的比重超过 50% 的纳税人。

（2）允许生活性服务业纳税人按照当期可抵扣进项税额加计 10% 抵减应纳税额。生活性服务业纳税人，是指提供生活服务取得的销售额占全部销售额的比重超过 50% 的纳税人。

依据设立时间确认生产、生活性服务业纳税人的方法如表 1 - 15 所示。

表 1－15 确认生产、生活性服务业纳税人的方法

类型	确认方法
2019 年 3 月 31 日前设立的	自 2018 年 4 月至 2019 年 3 月期间的销售额（经营期不满 12 个月的，按照实际经营期的销售额）符合规定条件的，自 2019 年 4 月 1 日起适用
2019 年 4 月 1 日后设立的	自设立之日起 3 个月的销售额符合规定条件的，自登记为一般纳税人之日起适用

生产、生活性服务业加计抵扣进项税额的税务处理方法如表 1－16 所示。

表 1－16 加计抵扣进项税额的税务处理方法

<table>
<tr><th>类型</th><th colspan="2">税务处理方法</th></tr>
<tr><td rowspan="5">纳税人应按照当期可抵扣进项税额的 5%（或 10%）计提当期加计抵减额</td><td rowspan="2">不得抵扣的进项税额，不得计提加计抵减额；已计提加计抵减额的，又转出的进项税额，应在转出当期，相应调减加计抵减额</td><td>当期计提加计抵减额 = 当期可抵扣进项税额 × 10%</td></tr>
<tr><td>当期可抵减加计抵减额 = 上期末加计抵减额余额 + 当期计提加计抵减额 − 当期调减加计抵减额</td></tr>
<tr><td>抵减前的应纳税额 =0</td><td>当期可抵减加计抵减额全部结转下期抵减</td></tr>
<tr><td>抵减前的应纳税额 >0 且 > 当期可抵减加计抵减额的</td><td>当期可抵减加计抵减额全额从抵减前的应纳税额中抵减</td></tr>
<tr><td>抵减前的应纳税额 >0 且 ≤ 当期可抵减加计抵减额的</td><td>以当期可抵减加计抵减额抵减应纳税额至零。未抵减完的当期可抵减加计抵减额，结转下期继续抵减</td></tr>
<tr><td>纳税人出口货物和劳务、发生跨境应税行为不适用加计抵减政策，其对应的进项税额不得计提加计抵减额</td><td>兼营出口货物和劳务、发生跨境应税行为且无法划分，不得计提加计抵减额的进项税额</td><td>不得计提加计抵减额的进项税额 = 当期无法划分的全部进项税额 ×（当期出口货物和劳务、发生跨境应税行为的销售额 ÷ 当期全部销售额）</td></tr>
</table>

1.6.1.5 增值税期末留抵退税

自 2019 年 4 月 1 日起，试行增值税期末留抵税额退税制度。增量留抵税额，是指与 2019 年 3 月底相比新增加的期末留抵税额。

（1）同时符合以下条件的纳税人，可以向主管税务机关申请退还增量留抵税额：

1）自 2019 年 4 月税款所属期起，连续 6 个月（按季纳税的，连续两个季度）增量留抵税额均大于零，且第 6 个月增量留抵税额不低于 50 万元；

2）纳税信用等级为 A 级或者 B 级；

3）申请退税前 36 个月未发生骗取留抵退税、出口退税或虚开增值税专用发票情形；

4）申请退税前 36 个月未因偷税被税务机关处罚两次及以上的；

5）自 2019 年 4 月 1 日起未享受即征即退、先征后返（退）政策的。

（2）纳税人当期允许退还的增量留抵税额，按照以下公式计算：

$$\text{允许退还的增量留抵税额} = \text{增量留抵税额} \times \text{进项构成比例} \times 60\%$$

$$\text{进项构成比例} = \text{当期专用发票注明的（进项）税额} \div \text{当期抵扣的全部（进项）税额} \times 100\%$$

1.6.1.6 不得从销项税额中抵扣的进项税额

（1）用于简易计税方法计税项目、免征增值税项目、集体福利或者个人消费的购进货物、劳务、服务、无形资产和不动产。其中涉及的固定资产、无形资产、不动产，仅指专用于上述项目的固定资产、无形资产（不包括其他权益性无形资产）、不动产。

如果是既用于不允许抵扣项目又用于抵扣项目的，该进项税额准予全部抵扣。自 2018 年 1 月 1 日起，纳税人租入固定资产、不动产，既用于一般计税方法计税项目，又用于简易计税方法计税项目、免征增值税项目、集体福利或者个人消费的，其进项税额准予从销项税额中全额抵扣。

（2）非正常损失的购进货物，以及相关的劳务和交通运输服务。

（3）非正常损失的在产品、产成品所耗用的购进货物（不包括固定资产）、劳务和交通运输服务。

（4）非正常损失的不动产，以及该不动产所耗用的购进货物、设计服务和建筑服务。

（5）非正常损失的不动产在建工程所耗用的购进货物、设计服务和建筑服务。纳税人新建、改建、扩建、修缮、装饰不动产，均属于不动产在建工程。

（6）购进的贷款服务、餐饮服务、居民日常服务和娱乐服务。

（7）纳税人接受贷款服务向贷款方支付的与该笔贷款直接相关的投融资顾问费、手续费、咨询费等费用。

1.6.2 简易计税方法应纳税额的计算

小规模纳税人发生应税销售行为采用简易计税方法计税；一般纳税人发生财政部和国家税务总局规定的特定应税行为，可以选择适用简易计税方法计税。采用简易计税方法计税的纳税人，不得抵扣进项税额。其应纳税额的计算公式为：

$$\text{应纳税额} = \text{销售额} \times \text{征收率}$$

采用简易计税方法计税的销售额不包括应纳税额，纳税人采用销售额和应纳税额合并定价方法的，按照下列公式计算销售额：

$$\text{销售额} = \text{含税销售额} \div (1+\text{征收率})$$

纳税人适用简易计税方法计税的，因销售折让、中止或者退回而退还给购买方的销售额，应当从当期销售额中扣减。

扣减当期销售额后仍有余额造成多缴的税款，可以从以后的应纳税额中扣减。

一般纳税人发生财政部和国家税务总局规定的特定应税行为，可以选择适用简易计税方法计税，但一经选择，36 个月内不得变更。

1.6.3 进口货物应纳税额的计算

纳税人进口货物，无论是一般纳税人还是小规模纳税人，均应按照组成计税价格和规定的税率计算应纳税额，不允许抵扣发生在境外的任何税金。其计算公式为：

应纳税额＝组成计税价格 × 税率

组成计税价格的构成分为两种情况：

（1）如果进口货物不征收消费税，则组成计税价格的计算公式为：

组成计税价格＝关税完税价格＋关税

（2）如果进口货物征收消费税，则组成计税价格的计算公式为：

组成计税价格＝关税完税价格＋关税＋消费税

1.6.4 扣缴计税方法

境外单位或者个人在境内发生应税销售行为，在境内未设有经营机构的，扣缴义务人按照下列公式计算应扣缴税额：

应扣缴税额＝购买方支付的价款 ÷（1+ 税率）× 税率

1.7 纳税地点

增值税纳税地点如表 1－17 所示。

表 1－17 增值税纳税地点

类别		纳税地点
固定业户	一般规定	应当向其机构所在地的主管税务机关申报纳税。
	总分机构不在同一县（市）	（1）总机构和分支机构不在同一县（市）的，应当分别向各自所在地的主管税务机关申报纳税； （2）经批准，可以由总机构汇总向总机构所在地的主管税务机关申报纳税。
	到外县（市）销售货物或者应税劳务	（1）应当向机构所在地的主管税务机关报告外出经营事项，并向机构所在地的主管税务机关申报纳税； （2）未报告的，应当向销售地或者劳务发生地的主管税务机关申报纳税； （3）未向销售地或者劳务发生地的主管税务机关申报纳税的，由机构所在地的主管税务机关补征税款。
非固定业户		应当向销售地或者劳务发生地的主管税务机关申报纳税；未向销售地或者劳务发生地的主管税务机关申报纳税的，由机构所在地或者居住地的主管税务机关补征税款。
进口货物		应当向报关地海关申报纳税。
其他个人		提供建筑服务、销售或者租赁不动产、转让自然资源使用权，应向建筑劳务发生地、不动产所在地、自然资源所在地主管税务机关申报纳税。
扣缴义务人		应向其机构所在地或者居住地的主管税务机关申报缴纳扣缴的税款。

1.8 纳税期限

增值税的纳税期限分别为1日、3日、5日、10日、15日、1个月或者1个季度。

纳税人的具体纳税期限，由税务机关根据纳税人应纳税额的大小分别核定；不能按照固定期限纳税的，可以按次纳税。以1个季度为纳税期限的规定适用于小规模纳税人、银行、财务公司、信托投资公司、信用社，以及财政部和国家税务总局规定的其他纳税人。

纳税人以1个月或者1个季度为1个纳税期的，自期满之日起15日内申报纳税；以1日、3日、5日、10日、15日为1个纳税期的，自期满之日起5日内预缴税款，于次月1日起15日内申报纳税并结清上月应纳税款。扣缴义务人解缴税款的期限，依照上述规定执行。

纳税人进口货物，应当自海关填发进口增值税专用缴款书之日起15日内缴纳税款。

1.9 纳税申报

1.9.1 一般纳税人纳税申报表填写步骤

（1）销售情况的填写。

第一步：所有一般纳税人填写《增值税及附加税费申报表附列资料（一）》（本期销售情况明细）第1至11列。

第二步：有扣除项目的一般纳税人填写《增值税及附加税费申报表附列资料（三）》（服务、不动产和无形资产扣除项目明细）。

第三步：有扣除项目的一般纳税人填写《增值税及附加税费申报表附列资料（一）》（本期销售情况明细）第12至14列。

（2）进项税额的填写。

第四步：所有一般纳税人填写《增值税及附加税费申报表附列资料（二）》（本期进项税额明细）。

（3）税收优惠的填写。

第五步：有减免税业务的一般纳税人填写《增值税减免税申报明细表》。

（4）预缴税款的填写。

第六步：预缴税款的一般纳税人填写《增值税及附加税费预缴表附列资料》。

（5）税额抵减的填写。

第七步：有税额抵减业务的一般纳税人填写《增值税及附加税费申报表附列资料（四）》（税额抵减情况表）。

（6）主表的填写。

第八步：根据上述附表数据，所有一般纳税人填写《增值税及附加税费申报表（一般纳税人适用）》（主表）。

1.9.2 小规模纳税人纳税申报表填写步骤

第一步：有扣除业务的小规模纳税人填写《增值税及附加税费申报表（小规模纳税人适用）附列资料（一）》(服务、不动产和无形资产扣除项目明细)。

第二步：有税收优惠业务的小规模纳税人填写《增值税减免税申报明细表》。

第三步：所有小规模纳税人填写《增值税及附加税费申报表（小规模纳税人适用）》(主表)。

即测即评

智慧星扫描操作

2

学习任务二

消费税纳税实务

学习任务描述

根据2008年11月5日国务院第34次常务会议修订通过的《中华人民共和国消费税暂行条例》、2008年12月15日财政部和国家税务总局发布的《中华人民共和国消费税暂行条例实施细则》以及此后陆续颁发的关于消费税的各种规章制度，进行消费税的计算与纳税申报。

教学目标

能力目标

1. 能正确判断消费税的征收范围；
2. 能进行消费税应纳税额的计算；
3. 能进行消费税的纳税申报。

知识目标

1. 掌握消费税纳税人的定义；
2. 掌握消费税的税目；
3. 掌握消费税的计税依据；
4. 掌握消费税的税率；
5. 掌握消费税应纳税额的计算；
6. 熟悉消费税的征收管理；
7. 掌握消费税的纳税申报。

素养目标

培养学生爱护环境、节能环保意识。

思政园地

我国成品油消费税适度调整　节能减排打出“组合拳”

2014 年 11 月 28 日，经国务院常务会议研究批准，我国自 11 月 29 日起调整成品油等部分产品消费税，其中，汽油消费税单位税额提高 0.12 元 / 升，柴油消费税提高 0.14 元 / 升。这是自 2009 年成品油税费改革后首度调整成品油消费税。

此次消费税调整是一套“组合拳”，除适度提高汽油、柴油以及石脑油、溶剂油、润滑油、燃料油、航空煤油等成品油消费税，还包括取消汽缸容量在 250 毫升（不含）以下的小排量摩托车、汽车轮胎、酒精消费税；取消车用含铅汽油消费税，统一按无铅汽油税率征收消费税；停止征收成品油价格调节基金等，自 2014 年 12 月 1 日起实施。

消费税是国家引导生产和消费、促进节能环保、调节收入分配的重要税收工具，我国消费税改革的基本思路是“调整消费税征收范围、环节、税率，把高耗能、高污染产品及部分高档消费品纳入征收范围”。此次消费税政策调整将有助于更好地调整消费者的消费习惯，通过大排量车多交税、小排量车少交税，更好地发挥消费税引导消费、促进节能减排和调节收入分配的作用，进一步推动我国经济迈向健康可持续的增长模式。

任务书

1. 请分析判断消费税的纳税人、计税依据、税率，计算消费税应纳税额。
2. 请进行消费税的纳税申报。

任务分组

请登录 http://cssx.rdlearning.cn 下载学生任务分配表，进行任务分组。

准备工作

微课视频
扫一扫

1. 阅读任务书。
2. 收集《中华人民共和国消费税暂行条例》和《中华人民共和国消费税暂行条例实施细则》中的有关知识点，观看微课视频。
3. 结合任务书分析消费税纳税申报的难点和常见问题。

思维导图

- 消费税纳税实务
  - 纳税人
    - 生产者
    - 委托加工者
    - 进口者
  - 税目
    - 15种应税消费品
  - 税率
    - 从价定率计征　除卷烟、白酒、黄酒、啤酒、成品油外其余应税消费品
    - 从量定额计征　黄酒、啤酒、成品油
    - 复合计征　卷烟、白酒
  - 纳税环节
    - 生产环节　除金银首饰、铂金首饰、钻石及钻石饰品以外的其他应税消费品
    - 委托加工环节　适用范围同生产环节
    - 进口环节　适用范围同生产环节
    - 批发环节　卷烟、电子烟
    - 零售环节　金银首饰、铂金首饰、钻石及钻石饰品、超豪华小汽车
  - 纳税义务发生时间
    - 销售应税消费品　按不同的结算方式确定
    - 自产自用应税消费品　移送使用的当天
    - 委托加工应税消费品　纳税人提货的当天
    - 进口应税消费品　报关进口的当天
  - 计税依据
    - 销售额　向购买方收取的全部价款和价外费用，不含增值税，含酒类产品（啤酒、黄酒除外）包装物押金
    - 销售数量　销售的数量，委托加工收回的数量，海关核定的进口数量
  - 生产环节应纳税额计算
    - 直接对外销售应税消费品应纳税额计算
    - 自产自用应税消费品应纳税额计算
    - 已纳消费税扣除的计算
  - 委托加工环节应纳税额计算
    - 一般情况下应纳税额计算
    - 已纳消费税扣除的计算
  - 进口环节应纳税额计算
    - 从价定率计征　应纳税额=组成计税价格×消费税比例税率
    - 从量定额计征　应纳税额=应税消费品数量×消费税定额税率
    - 复合计征　应纳税额=组成计税价格×消费税比例税率+应税消费税数量×消费税定额税率
  - 特殊环节应纳税额计算
    - 卷烟批发环节
    - 超豪华小汽车零售环节
    - 金银首饰、铂金首饰、钻石及钻石饰品零售环节
  - 纳税地点
    - 销售及自产自用应税消费品：纳税人核算地
    - 委托加工应税消费品：受托方所在地
    - 进口应税消费品：报关地海关
  - 纳税期限
    - 以1个月或1个季度为一期纳税的，自期满之日起15日内申报纳税
    - 以1日、3日、5日、10日、15日为一期纳税的，自期满之日起5日内预缴税款，于次月1日起至15日内申报纳税
    - 进口应税消费品，自海关填发缴款书之日起15日内缴纳税款
  - 纳税申报

任务实施

一般纳税人工作任务：消费税纳税实务

情境导航：

根据一般纳税人综合案例B中的“二、2023年1—11月相关涉税信息”和“三、2023年12月具体业务情况”，筛选出与消费税相关的情境。

（1）辨析纳税人。

引导问题1：根据2.1，阳光公司是否是消费税的纳税人？ □是 □否

（2）识别征税范围。

引导问题2：根据2.2和2.3，阳光公司批发销售卷烟是否属于消费税的征税范围？

□是 □否

（3）确定纳税义务发生时间。

引导问题3：根据2.4，阳光公司消费税的纳税义务发生时间为________。

（4）确定税率。

引导问题4：根据2.5，阳光公司批发销售卷烟适用的消费税税率是________。

小提示：

1标准箱卷烟=250标准条；1标准条=200支；1标准箱=50 000支。

（5）确定计税依据。

引导问题5：根据2.6，阳光公司12月消费税的计税依据是______。

（6）计算应纳税额。

引导问题6：根据2.7.4.1，阳光公司12月应缴纳的消费税为________。

（7）确定纳税地点。

引导问题7：根据2.8，阳光公司消费税的纳税地点是________。

（8）纳税申报。

引导问题8：请登录电子税务局完成阳光公司12月消费税及附加税费的电子申报。

纳税申报

项目实训评价

请登录 http://cssx.rdlearning.cn 下载评价表，进行项目实训评价。

学习任务的相关知识点

消费税，是对在中华人民共和国境内生产、委托加工和进口应税消费品的单位和个人，按其销售额、销售数量或组成计税价格征收的一种税。

微课学习：消费税

2.1 纳税人

在中华人民共和国境内生产、委托加工和进口《消费税暂行条例》规定的应税消费品的单位和个人，以及国务院确定的销售《消费税暂行条例》规定的应税消费品的其他单位和个人，为消费税的纳税人。

2.2 征税范围

消费税税目共有 15 个，具体内容如表 2－1 所示。

表 2－1　消费税税目税率表

税目	税率
一、烟	
1. 卷烟	
（1）工业	
① 甲类卷烟	56% 加 0.003 元 / 支
② 乙类卷烟	36% 加 0.003 元 / 支
（2）商业批发环节	11% 加 0.005 元 / 支
2. 雪茄烟	36%
3. 烟丝	30%
4. 电子烟	
（1）工业	36%
（2）商业批发	11%
二、酒	
1. 白酒	20% 加 0.5 元 /500 克（或者 500 毫升）
2. 黄酒	240 元 / 吨
3. 啤酒	
（1）甲类啤酒	250 元 / 吨
（2）乙类啤酒	220 元 / 吨
4. 其他酒	10%
三、高档化妆品	15%
四、贵重首饰及珠宝玉石	
1. 金银首饰、铂金首饰和钻石及钻石饰品	5%（零售环节）
2. 其他贵重首饰和珠宝玉石	10%
五、鞭炮、焰火	15%
六、成品油	
1. 汽油	1.52 元 / 升
2. 柴油	1.20 元 / 升
3. 石脑油	1.52 元 / 升
4. 溶剂油	1.52 元 / 升
5. 润滑油	1.52 元 / 升
6. 燃料油	1.20 元 / 升
7. 航空煤油	1.20 元 / 升（继续暂缓征收）

续表

税目	税率
七、摩托车 1. 气缸容量（排气量，下同）为 250 毫升的 2. 气缸容量在 250 毫升以上的	 3% 10%
八、小汽车 1. 乘用车 （1）气缸容量在 1.0 升（含 1.0 升）以下的 （2）气缸容量在 1.0 升以上至 1.5 升（含 1.5 升）的 （3）气缸容量在 1.5 升以上至 2.0 升（含 2.0 升）的 （4）气缸容量在 2.0 升以上至 2.5 升（含 2.5 升）的 （5）气缸容量在 2.5 升以上至 3.0 升（含 3.0 升）的 （6）气缸容量在 3.0 升以上至 4.0 升（含 4.0 升）的 （7）气缸容量在 4.0 升以上的 2. 中轻型商用客车 3. 超豪华小汽车	 1% 3% 5% 9% 12% 25% 40% 5% 10%
九、高尔夫球及球具	10%
十、高档手表	20%
十一、游艇	10%
十二、木制一次性筷子	5%
十三、实木地板	5%
十四、电池	4%
十五、涂料	4%

消费税税目的具体解释说明如表 2－2 所示。

表 2－2　消费税税目具体说明

税目	说明	
烟	凡是以烟叶为原料加工生产的产品，不论使用何种辅料，均属于本税目的征收范围，但不包括烟叶。	
	甲类卷烟	每标准条（200 支）不含增值税的调拨价格在 70 元（含）以上。
	乙类卷烟	每标准条（200 支）不含增值税的调拨价格在 70 元以下。
	烟丝	以烟叶为原料加工生产的不经卷制的散装烟。
	电子烟	用于产生气溶胶供人抽吸等的电子传输系统，包括烟弹、烟具以及烟弹与烟具组合销售的电子烟产品。
酒	酒精度在 1 度以上的各种酒类饮料，不包括调味料酒。包括饮食业、商业、娱乐业举办的啤酒屋（啤酒坊）生产的啤酒。	
	甲类啤酒	每吨不含增值税的出厂价（包括包装物和包装物押金）在 3 000 元（含）以上。
	乙类啤酒	每吨不含增值税的出厂价（包括包装物和包装物押金）在 3 000 元以下。
高档化妆品	包括高档美容、修饰类化妆品、高档护肤类化妆品［不含增值税价格在 10 元 / 毫升（克）或 15 元 / 片（张）及以上］和成套化妆品。	
	不包括	演员用的油彩、上妆油、卸妆油

续表

税目	说明	
贵重首饰及珠宝玉石	包括	(1)金银首饰、铂金首饰和钻石及钻石饰品； (2)其他贵重首饰和珠宝玉石； (3)宝石坯。
鞭炮和焰火	各种鞭炮、焰火。不包括体育上用的发令纸、鞭炮药引线。	
成品油	包括	(1)汽油、柴油、石脑油、溶剂油、航空煤油、润滑油、燃料油； (2)甲醇汽油、乙醇汽油、生物柴油、矿物性润滑油、植物性润滑油、动物性润滑油、化工原料合成润滑油、催化料、焦化料。
小汽车	包括	乘用车、中轻型商用客车、乘用车和中轻型商用客车的改装车
	超豪华小汽车	每辆不含增值税的零售价格在 130 万元（含）以上的乘用车和中轻型商用客车
	不包括	(1)大客车、大货车、厢式货车； (2)电动汽车； (3)沙滩车、雪地车、卡丁车、高尔夫车； (4)企业购进货车或厢式货车改装生产的商务车、卫星通信车等“专用汽车”。
高档手表	不含增值税的销售价格在 10 000 元（含）以上的各类手表。	
电池	免征	无汞原电池、金属氢化物镍蓄电池、锂原电池、锂离子蓄电池、太阳能电池、燃料电池和全钒液流电池。
涂料	免征	施工状态下挥发性有机物含量低于 420 克 / 升（含）的涂料。

2.3 纳税环节

目前，对消费税的征收分布于以下环节，如表 2-3 所示。

表 2-3 消费税的征税环节

经营范围	适用的应税消费品	纳税环节	是否单一环节纳税
生产应税消费品	除金银首饰、铂金首饰、钻石及钻石饰品以外的其他应税消费品	于生产环节纳税；自产自用的应税消费品于移送使用环节纳税	是
委托加工应税消费品		于委托方提货时由受托方代收代缴消费税	是
进口应税消费品		于报关进口环节由海关征收消费税	是
零售应税消费品	金银首饰、铂金首饰、钻石及钻石饰品	于零售环节纳税	是
	超豪华小汽车		否
批发应税消费品	卷烟、电子烟	于批发销售环节纳税	否

其中，自产自用的应税消费品，用于连续生产应税消费品的，不纳税；用于其他方面的，于移送使用时纳税。

自 1995 年 1 月 1 日起，金银首饰的纳税环节改为零售环节。金银首饰指的是金基、银基合金首饰以及金、银合金基、银基合金的镶嵌首饰。

烟草批发企业将卷烟销售给其他烟草批发企业的，不缴纳消费税。

自 2022 年 11 月 1 日起，对电子烟在生产（进口）环节和批发环节开征消费税。

2.4 纳税义务发生时间

消费税纳税义务发生时间，根据货款结算方式或应税行为发生时间分别确定，具体如表 2-4 所示。

表 2-4 消费税纳税义务发生时间

应税行为		纳税义务发生时间
销售应税消费品	采取赊销和分期收款结算方式的	书面合同约定的收款日期的当天，无书面合同或书面合同未约定收款日期的，为发出应税消费品的当天
	采取预收货款结算方式的	发出应税消费品的当天
	采取托收承付和委托银行收款方式的	发出应税消费品并办妥托收手续的当天
	采取其他结算方式的	收讫销售款或取得索取销售款凭据的当天
自产自用应税消费品		移送使用的当天
委托加工应税消费品		纳税人提货的当天
进口应税消费品		报关进口的当天

2.5 税率

消费税的税率有比例税率和定额税率，另外，对卷烟和白酒实行复合计征，具体规定如表 2-1 所示。

纳税人兼营不同税率的应税消费品的，应当分别核算不同税率应税消费品的销售额、销售数量。纳税人未分别核算销售额、销售数量或者将不同税率的应税消费品组成成套消费品销售的，从高适用税率。

2.6 计税依据

消费税的计税依据为应税消费品的销售额、销售数量。

2.6.1 销售额的确定

2.6.1.1 销售额的一般规定

销售额为纳税人销售应税消费品向购买方收取的全部价款和价外费用，但不包括向购买方收取的增值税。

纳税人销售应税消费品，以人民币以外的货币结算销售额的，可选择销售额发生当天或当月 1 日的人民币汇率中间价折合成人民币销售额。纳税人应事先确定采取何种折合率，确定后 1 年内不得变更。

2.6.1.2 销售额的特殊规定

（1）纳税人销售应税消费品的销售额明显偏低又无正当理由的，由税务机关核定其销售额。其中卷烟、白酒和小汽车的销售额由国家税务总局核定，并报财政部备案。其他消费品的销售额由省、自治区和直辖市税务局核定。

（2）纳税人通过自设非独立核算门市部销售的自产应税消费品，应按照门市部对外销售额或销售数量征收消费税。

（3）纳税人用于换取生产资料和消费资料、投资入股和抵偿债务等方面的应税消费品，应以纳税人同类应税消费品的最高销售价格作为计税依据计算消费税。

（4）纳税人采用以旧换新（含翻新改制）方式销售的金银首饰，应将实际收取的不含增值税的全部价款作为计税依据计算消费税。

（5）从 1995 年 6 月 1 日起，对销售酒类产品（啤酒、黄酒除外）收取的包装物押金，无论是否返回以及会计上如何核算，均应计入当期销售额征收消费税。

2.6.2 销售数量的确定

（1）纳税人生产销售应税消费品的，为应税消费品的销售数量。

（2）纳税人自产自用应税消费品的，为移送使用数量。

（3）纳税人委托加工应税消费品的，为纳税人收回的应税消费品数量。

（4）纳税人进口应税消费品的，为海关核定的应税消费品进口数量。

计量单位换算标准如表 2－5 所示。

表 2－5 计量单位换算标准

编号	应税消费品	计量单位换算标准
1	黄酒	1 吨 =962 升
2	啤酒	1 吨 =988 升
3	汽油	1 吨 = 1 388 升
4	柴油	1 吨 = 1 176 升
5	航空煤油	1 吨 = 1 246 升
6	石脑油	1 吨 = 1 385 升
7	溶剂油	1 吨 =1 282 升
8	润滑油	1 吨 =1 126 升
9	燃料油	1 吨 = 1 015 升

2.7 应纳税额的计算

2.7.1 生产环节应纳税额计算

生产环节消费税的计算包括纳税人直接对外销售和纳税人自产自用应税消费品的消费税计算。

2.7.1.1 直接对外销售应税消费品应纳消费税的计算

采用从价定率计征的，其计算公式为：

应纳税额 = 销售额 × 比例税率

采用从量定额计征的，其计算公式为：

应纳税额 = 销售数量 × 定额税率

采用复合计征的，其计算公式为：

应纳税额 = 销售额 × 比例税率 + 销售数量 × 定额税率

2.7.1.2 自产自用应税消费品应纳消费税的计算

（1）自产自用应税消费品应纳消费税的情形。

纳税人自产自用的应税消费品，用于连续生产其他应税消费品的，移送使用的应税消费品不缴纳消费税；用于其他方面的，于移送使用时纳税。

用于其他方面是指纳税人用于生产非应税消费品、在建工程、管理部门、非生产机构、提供劳务，以及用于馈赠、赞助、集资、广告、样品、职工福利、奖励等方面。

（2）计税依据确定及应纳税额计算。

纳税人自产自用的应税消费品，凡用于其他方面的，应当缴纳消费税。按照纳税人生产的同类消费品的加权平均价格计算纳税，无同类消费品销售价格的，按照组成计税价格计算纳税。组成计税价格和应纳税额的计算如表 2－6 所示。

表 2－6 组成计税价格和应纳税额的计算

方式	组成计税价格	应纳税额
从价计征	组成计税价格 =（成本 + 利润）÷（1－比例税率）	应纳税额 = 组成计税价格 × 比例税率
复合计征	组成计税价格 =（成本 + 利润 + 自产自用数量 × 定额税率）÷（1－比例税率）	应纳税额 = 组成计税价格 × 比例税率 + 自产自用数量 × 定额税率

表 2－6 中组成计税价格公式中的“成本”为纳税人的生产成本，“利润”是根据应税消费品的全国平均成本利润率计算的利润。全国平均成本利润率由国家税务总局确定，如表 2－7 所示。

表 2－7 平均成本利润率

消费品	成本利润率	消费品	成本利润率
甲类卷烟	10%	贵重首饰及珠宝玉石	6%
乙类卷烟	5%	摩托车	6%
雪茄烟	5%	高尔夫球及球具	10%
烟丝	5%	高档手表	20%
电子烟	10%	游艇	10%
粮食白酒	10%	木制一次性筷子	5%
薯类白酒	5%	实木地板	5%
其他酒	5%	乘用车	8%
高档化妆品	5%	中轻型商用客车	5%
鞭炮、焰火	5%	涂料	7%
电池	4%		

2.7.1.3 已纳消费税扣除的计算

为避免重复征税，对外购应税消费品连续用于生产应税消费品销售的，允许扣除外购已税消费品已缴纳的消费税。实际计算时，按照当期生产领用数量计算准予扣除外购的应税消费品已纳税款。扣除范围包括：

（1）外购已税烟丝生产的卷烟。

（2）外购已税高档化妆品生产的高档化妆品。

（3）外购已税珠宝玉石生产的贵重首饰及珠宝玉石。

（4）外购已税鞭炮、焰火生产的鞭炮、焰火。

（5）以外购已税杆头、杆身和握把为原料生产的高尔夫球杆。

（6）以外购已税木制一次性筷子为原料生产的木制一次性筷子。

（7）以外购已税实木地板为原料生产的实木地板。

（8）外购汽油、柴油、石脑油、燃料油、润滑油用于连续生产的应税成品油。

（9）从葡萄酒生产企业购进、进口葡萄酒连续生产应税葡萄酒的，准予从葡萄酒消费税应纳税额中扣除所耗用应税葡萄酒已纳消费税税款。

当期准予扣除外购应税消费品已纳消费税税款的计算公式为：

$$\text{当期准予扣除的外购应税消费品已纳税款}=\text{当期准予扣除的外购应税消费品买价}\times\text{应税消费品的适用税率}$$

$$\text{当期准予扣除的外购应税消费品买价}=\text{期初库存外购应税消费品买价}+\text{当期购进应税消费品买价}-\text{期末库存外购应税消费品买价}$$

纳税人用外购的已税珠宝玉石原料生产的改在零售环节征收消费税的金银首饰（镶嵌首饰），在计税时一律不得扣除外购珠宝玉石原料的已纳消费税税款。

允许扣除已纳税款的应税消费品只限于从工业企业购进的应税消费品和进口环节已缴纳消费税的应税消费品，从境内商业企业购进应税消费品的已纳税款一律不得扣除。

2.7.2 委托加工环节应纳税额计算

委托加工应税消费品是指由委托方提供原料和主要材料，受托方收取加工费、代垫辅助材料进行应税消费品加工，加工好的应税消费品由委托方收回。

2.7.2.1 一般情况下应纳税额计算

委托加工的应税消费品，由受托方在向委托方交货时代收代缴消费税。按照受托方同类消费品的加权平均销售价格计算纳税；受托方没有同类消费品销售价格的，按照组成计税价格计算纳税。组成计税价格的计算公式为：

（1）从价计征的：

$$\text{组成计税价格}=(\text{材料成本}+\text{加工费})\div(1-\text{比例税率})$$

（2）复合计征的：

$$\text{组成计税价格}=\left(\text{材料成本}+\text{加工费}+\text{委托加工数量}\times\text{定额税率}\right)\div(1-\text{比例税率})$$

其中：材料成本是指委托方提供的材料成本；加工费是指受托方加工应税消费品向委托方收取的全部费用，包括代垫辅助材料的实际成本，不包括增值税税款。

2.7.2.2 已纳消费税扣除的计算

委托加工的应税消费品因为受托方已代收代缴消费税，因此，委托方收回后用于连续生产应税消费品的，其已纳税款准予从连续生产的应税消费品应纳税额中抵扣。下列连续生产的应税消费品准予从应纳税额中按照当期生产领用数量计算扣除委托加工收回的应税消费品已纳消费税税款：

（1）以委托加工收回的已税烟丝生产的卷烟。

（2）以委托加工收回的已税高档化妆品生产的高档化妆品。

（3）以委托加工收回的已税珠宝玉石生产的贵重首饰及珠宝玉石。

（4）以委托加工收回的已税鞭炮、焰火生产的鞭炮、焰火。

（5）以委托加工收回的已税杆头、杆身和握把为原料生产的高尔夫球杆。

（6）以委托加工收回的已税木制一次性筷子为原料生产的木制一次性筷子。

（7）以委托加工收回的已税实木地板为原料生产的实木地板。

（8）以委托加工收回的汽油、柴油、石脑油、燃料油、润滑油用于连续生产应税成品油。

当期准予扣除委托加工收回的应税消费品已纳消费税税款的计算公式为：

$$\text{当期准予扣除的委托加工收回的应税消费品已纳税款}=\text{期初库存委托加工应税消费品已纳税款}+\text{当期收回委托加工应税消费品已纳税款}-\text{期末库存委托加工应税消费品已纳税款}$$

纳税人用委托加工收回的已税珠宝玉石原料生产的改在零售环节征收消费税的金银首饰，在计税时一律不得扣除委托加工收回的珠宝玉石原料的已纳消费税税款。

2.7.3 进口环节应纳税额计算

进口的应税消费品，按照组成计税价格和规定税率计算应纳税额，于报关进口时由海关代征消费税。

（1）从价定率计征应纳税额的计算：

$$\text{组成计税价格}=(\text{关税完税价格}+\text{关税})\div(1-\text{消费税比例税率})$$

$$\text{应纳税额}=\text{组成计税价格}\times\text{消费税比例税率}$$

（2）从量定额计征应纳税额的计算：

$$\text{应纳税额}=\text{应税消费品数量}\times\text{消费税定额税率}$$

（3）复合计征应纳税额的计算：

$$\text{组成计税价格}=\left(\text{关税完税价格}+\text{关税}+\text{应税消费品进口数量}\times\text{消费税定额税率}\right)\div\left(1-\text{消费税比例税率}\right)$$

$$\text{应纳税额}=\text{组成计税价格}\times\text{消费税比例税率}+\text{应税消费品数量}\times\text{消费税定额税率}$$

2.7.4 特殊环节应纳税额计算

2.7.4.1 卷烟批发环节计征消费税的计算

卷烟批发环节计征消费税的计算如表 2－8 所示。

表 2－8　卷烟批发环节应纳税款的计算

要素	税法规定
纳税人	在中华人民共和国境内从事卷烟批发业务的单位和个人。 说明： （1）纳税人销售给纳税人以外的单位和个人的卷烟于销售时纳税。 （2）纳税人之间销售的卷烟不缴纳消费税。
税率	批发环节税率：11%+0.005 元 / 支。
计税依据	不含税销售额和销售数量。
税额计算	应纳消费税 = 不含税销售额 ×11%+ 销售数量 ×0.005 元 / 支 说明： （1）纳税人应将卷烟销售额与其他商品销售额分开核算，未分开核算的，一并征收消费税。 （2）卷烟消费税在生产和批发两个环节征收后，批发企业在计算纳税时不得扣除已含的生产环节的消费税税款。

2.7.4.2　超豪华小汽车零售环节计征消费税的计算

超豪华小汽车零售环节计征消费税的计算如表 2－9 所示。

表 2－9　超豪华小汽车零售环节应纳税款的计算

要素	税法规定
征税范围	每辆零售价格 130 万元（不含增值税）及以上的乘用车和中轻型商用客车
纳税人	将超豪华小汽车销售给消费者的单位和个人
税率	零售环节税率：10%
计税依据	不含税销售额
税额计算	应纳税额 = 不含税零售环节销售额 ×10%

2.7.4.3　金银首饰、铂金首饰、钻石及钻石饰品零售环节计征消费税的计算

金银首饰、铂金首饰、钻石及钻石饰品零售环节计征消费税的计算如表 2－10 所示。

表 2－10　金银首饰、铂金首饰、钻石及钻石饰品零售环节应纳消费税的计算

要素	税法规定
征税范围	仅限于金基、银基合金首饰以及金、银和金基、银基合金的镶嵌首饰；铂金首饰；钻石及钻石饰品
税率	零售环节税率：5%
计税依据	不含税零售环节销售额
税额计算	应纳税额 = 不含税零售环节销售额 ×5%

2.8 纳税地点

纳税人销售的应税消费品，以及自产自用的应税消费品，除国务院另有规定外，应当向纳税人核算地主管税务机关申报纳税。

委托加工的应税消费品，除委托个人加工以外，由受托方向所在地主管税务机关代收代缴消费税税款。委托个人加工的应税消费品，由委托方向其机构所在地或

者居住地主管税务机关申报纳税。

进口的应税消费品，由进口人或者其代理人向报关地海关申报纳税。

纳税人到外县（市）销售或者委托外县（市）代销自产应税消费品的，于应税消费品销售后，向机构所在地或者居住地主管税务机关申报纳税。

纳税人的总机构与分支机构不在同一县（市）的，应当分别向各自机构所在地的主管税务机关申报纳税（卷烟批发除外）；经财政部、国家税务总局或者其授权的财政、税务机关批准，可以由总机构汇总向总机构所在地的主管税务机关申报纳税。

2.9 纳税期限

消费税的纳税期限分别为 1 日、3 日、5 日、10 日、15 日、1 个月或 1 个季度；纳税人的具体纳税期限，由税务机关根据纳税人的应纳税额的大小分别核定；不能按照固定期限纳税的，可以按次纳税。

纳税人以 1 个月或 1 个季度为一期纳税的，自期满之日起 15 日内申报纳税；以 1 日、3 日、5 日、10 日、15 日为一期纳税的，自期满之日起 5 日内预缴税款，于次月 1 日起至 15 日内申报纳税并结清上月应纳税款。

纳税人进口应税消费品，应当自海关填发海关进口消费税专用缴款书之日起 15 日内缴纳税款。

2.10 纳税申报

纳税人依照税收法律法规及相关规定确定的申报期限、申报内容，就其应税项目如实向税务机关申报缴纳消费税。

即测即评

智慧星扫描操作

3

学习任务三

城市维护建设税、教育费附加和地方教育附加纳税实务

学习任务描述

根据2020年8月11日第十三届全国人民代表大会常务委员会第二十一次会议表决通过的《中华人民共和国城市维护建设税法》中关于城市维护建设税的规定、1986年4月28日国务院发布的《征收教育费附加的暂行规定》(已历经三次修订)中关于教育费附加的规定和2010年财政部发布的《关于统一地方教育附加政策有关问题的通知》中关于地方教育附加的规定，进行城市维护建设税、教育费附加和地方教育附加的计算与纳税申报。

教学目标

能力目标

1. 能正确判断城市维护建设税、教育费附加和地方教育附加的征收范围；
2. 能进行城市维护建设税、教育费附加和地方教育附加税额的计算；
3. 能进行城市维护建设税、教育费附加和地方教育附加的纳税申报。

知识目标

1. 掌握城市维护建设税、教育费附加和地方教育附加纳税（费）人的定义；
2. 掌握城市维护建设税、教育费附加和地方教育附加的征税（费）范围；
3. 掌握城市维护建设税、教育费附加和地方教育附加的税（费）率；
4. 掌握城市维护建设税、教育费附加和地方教育附加的计税（费）依据；
5. 掌握城市维护建设税、教育费附加和地方教育附加的税（费）收优惠；
6. 掌握城市维护建设税、教育费附加和地方教育附加应纳税（费）额的计算；
7. 熟悉城市维护建设税、教育费附加和地方教育附加的纳税（费）地点；
8. 掌握城市维护建设税、教育费附加和地方教育附加的纳税（费）申报。

素养目标

培养学生爱国主义情怀。

思政园地

税费“瘦身”助小规模纳税人轻装前行

以习近平同志为核心的党中央始终坚持全心全意为人民服务的根本宗旨，贯彻以人民为中心的执政理念。近年来，中央持续释放减税“红包”，不仅为企业减负，也进一步吸收了资金流和人才流，提振实体经济，还可以增强民众收入，提高人民生活水平。减税一个点，企业和个人收益不仅一点点，人民群众切切实实得到了利益。

习近平总书记在2019年的新年贺词中强调，“减税降费政策措施要落地生根，让企业轻装上阵”。2019年1月，财政部和国家税务总局围绕减税降费出台《财政部 税务总局关于实施小微企业普惠性税收减免政策的通知》(财税〔2019〕13号)，向全社会释放税务部门坚决贯彻落实党中央、国务院决策部署的政治担当和决心、毅力。财税〔2019〕13号文规定了采取多项优惠政策支持增值税小规模纳税人发展，例如，小规模纳税人按50%的税额幅度减征城市维护建设税、教育费附加、地方教育附加、房产税、城镇土地使用税、印花税、耕地占用税和资源税。

这项减税降费“红包”，派发的都是实实在在的“真金白银”，让企业和民众的获得感更为明显，让企业对未来发展更有信心。该普惠性的减税降费政策不但能够降低小规模纳税人的负担，而且有助于小规模纳税人有更多的资金去创新、去发展，激发了它们的活力，进而逐步释放更多的现实利好，对企业的发展有着深远的影响。

随着中国经济的发展，更大规模的减税已经在路上，这将让中国的企业轻装上阵，在竞争中有更加稳固的优势，让企业和民众有更多的获得感，也让世界对中国的未来有更加坚定的信心。

任务书

1. 请分析判断城市维护建设税、教育费附加和地方教育附加的纳税（费）人、计税（费）依据、税（费）率、税（费）收优惠，计算应纳税（费）额。

2. 请进行城市维护建设税、教育费附加和地方教育附加的纳税（费）申报。

任务分组

请登录 http://cssx.rdlearning.cn 下载学生任务分配表，进行任务分组。

准备工作

微课视频
扫一扫

1. 阅读任务书。

2. 收集《中华人民共和国城市维护建设税法》、《征收教育费附加的暂行规定》和《关于统一地方教育附加政策有关问题的通知》中的有关知识点，观看微课视频。

3. 结合任务书分析城市维护建设税、教育费附加和地方教育附加纳税申报的难点和常见问题。

思维导图

- 城市维护建设税、教育费附加和地方教育附加纳税实务
  - 纳税（费）人
    - 实际缴纳增值税和消费税的单位和个人
  - 征税（费）范围
    - 城市、县城、建制镇以及税法规定征税的其他地区
  - 纳税（费）义务发生时间
    - 与增值税、消费税一致
  - 税（费）率
    - 城市维护建设税：市区为7%；县城、镇为5%；其他地区为1%
    - 教育费附加：3%
    - 地方教育附加：2%
  - 计税（费）依据
    - 实际缴纳的增值税和消费税
  - 税（费）优惠
    - 出口不退
    - 进口不征
    - 对增值税小规模纳税人，可以在50%的税额幅度内减征资源税、城市维护建设税、房产税、城镇土地使用税、印花税（不含证券交易印花税）、耕地占用税和教育费附加、地方教育附加
  - 应纳税（费）额的计算
    - （实际缴纳的增值税+实际缴纳的消费税）×适用税（费）率
  - 纳税（费）地点
    - 与增值税、消费税一致
  - 纳税（费）申报

任务实施

小规模纳税人工作任务：城市维护建设税、教育费附加和地方教育附加纳税实务

情境导航：

根据小规模纳税人综合案例 A 中的“二、2023 年第 1—3 季度相关涉税信息”和“三、2023 年第 4 季度具体业务情况”，筛选出与城市维护建设税、教育费附加和地方教育附加相关的情境。

（1）辨析纳税（费）人。

引导问题 1：根据 **3.1.1**，吉祥公司是否是城市维护建设税的纳税人？

□是 □否

引导问题 2：根据 **3.1.2**，吉祥公司是否是教育费附加和地方教育附加的纳费人？

□是 □否

（2）识别征税（费）范围。

引导问题 3：根据 **3.2.1**，吉祥公司是否属于城市维护建设税的征税范围？

□是 □否

引导问题 4：根据 **3.2.2**，吉祥公司是否属于教育费附加和地方教育附加的征费范围？ □是 □否

（3）确定纳税（费）义务发生时间。

引导问题 5：根据 **3.3**，吉祥公司的城市维护建设税、教育费附加和地方教育附加纳税（费）发生时间与________的纳税义务发生时间一致。

（4）确定税（费）率。

引导问题 6：根据 **3.4.1**，吉祥公司适用的城市维护建设税税率是________。

引导问题 7：根据 **3.4.2** 和 **3.4.3**，吉祥公司适用的教育费附加的费率是_______，吉祥公司适用的地方教育附加的费率是________。

（5）确定计税（费）依据。

引导问题 8：根据 **3.5.1**，吉祥公司第 4 季度城市维护建设税的计税依据是_______。

引导问题 9：根据 **3.5.2**，吉祥公司第 4 季度教育费附加和地方教育附加的计费依据是________。

（6）判断税（费）优惠。

引导问题 10：根据 **3.6**，吉祥公司是否享受城市维护建设税、教育费附加和地方教育附加的税（费）收优惠？ □是 □否

（7）计算应纳税（费）额。

引导问题 11：根据 **3.7.1**，吉祥公司第 4 季度应缴纳的城市维护建设税是________。

引导问题 12：根据 **3.7.2**，吉祥公司第 4 季度应缴纳的教育费附加是________。

引导问题 13：根据 **3.7.3**，吉祥公司第 4 季度应缴纳的地方教育附加是________。

（8）确定纳税（费）地点。

引导问题 14：根据 **3.8**，吉祥公司城市维护建设税、教育费附加和地方教育附加的纳税（费）地点是________。

（9）税费申报。

引导问题 15：请登录电子税务局完成吉祥公司第 4 季度增值税及附加税费的电子申报。

纳税申报

一般纳税人工作任务：城市维护建设税、教育费附加和地方教育附加纳税实务

情境导航：

根据一般纳税人综合案例B中的“二、2023年1—11月相关涉税信息”和“三、2023年12月具体业务情况”，筛选出与城市维护建设税、教育费附加和地方教育附加相关的情境。

（1）辨析纳税（费）人。

引导问题1：根据**3.1.1**，阳光公司是否是城市维护建设税的纳税人？

□是　□否

引导问题2：根据**3.1.2**，阳光公司是否是教育费附加和地方教育附加的纳费人？

□是　□否

（2）识别征税（费）范围。

引导问题3：根据**3.2.1**，阳光公司是否属于城市维护建设税的征税范围？

□是　□否

引导问题4：根据**3.2.2**，阳光公司是否属于教育费附加和地方教育附加的征费范围？　□是　□否

（3）确定纳税（费）义务发生时间。

引导问题5：根据**3.3**，阳光公司的城市维护建设税、教育费附加和地方教育附加纳税（费）发生时间与________的纳税义务发生时间一致。

（4）确定税（费）率。

引导问题6：根据**3.4.1**，阳光公司适用的城市维护建设税税率是________。

引导问题7：根据**3.4.2**，阳光公司适用的教育费附加的费率是________；根据**3.4.3**，阳光公司适用的地方教育附加的费率是________。

（5）确定计税（费）依据。

引导问题8：根据**3.5.1**，阳光公司城市维护建设税的计税依据是________。

引导问题9：根据**3.5.2**，阳光公司教育费附加和地方教育附加的计费依据是____。

（6）判断税（费）优惠。

引导问题10：根据**3.6**，阳光公司是否享受城市维护建设税、教育费附加和地方教育附加的税（费）收优惠？　□是　□否

（7）计算应纳税（费）额。

引导问题11：根据**3.7.1**，阳光公司12月应缴纳的城市维护建设税为________。

引导问题12：根据**3.7.2**，阳光公司12月应缴纳的教育费附加为________。

引导问题13：根据**3.7.3**，阳光公司12月应缴纳的地方教育附加为________。

（8）确定纳税（费）地点。

引导问题14：根据**3.8**，阳光公司城市维护建设税、教育费附加和地方教育附加的纳税（费）地点是________。

（9）税费申报。

引导问题15：请登录电子税务局完成阳光公司12月城市维护建设税、教育费附加和地方教育附加的电子申报。

纳税申报

项目实训评价

请登录 http://cssx.rdlearning.cn 下载评价表，进行项目实训评价。

学习任务的相关知识点

城市维护建设税，又称城建税，是以纳税人实际缴纳的增值税、消费税税额为计税依据征收的一种税，主要目的是筹集城市建设和维护资金。

教育费附加和地方教育附加是以纳税人实际缴纳的增值税、消费税税额为计税依据征收的一种附加费用，主要目的是加快教育事业发展，扩大教育经费资金来源。

微课学习：城市维护建设税、教育费附加和地方教育附加

3.1 纳税（费）人

3.1.1 城市维护建设税的纳税人

城市维护建设税的纳税人是在征税范围内从事工商经营，缴纳增值税和消费税的单位和个人。自 2010 年 12 月 1 日起，对外商投资企业、外国企业及外籍个人征收城市维护建设税和教育费附加。

3.1.2 教育费附加和地方教育附加的纳费人

教育费附加和地方教育附加的纳费义务人（简称纳费人）是在征税范围内从事工商经营，缴纳增值税和消费税的单位和个人。

3.2 征税（费）范围

3.2.1 城市维护建设税的征税范围

城市维护建设税的征税范围包括城市、县城、建制镇以及税法规定征税的其他地区。

3.2.2 教育费附加和地方教育附加的征费范围

教育费附加和地方教育附加的征费范围与增值税、消费税的征收范围相同。

3.3 纳税（费）义务发生时间

城市维护建设税、教育费附加和地方教育附加的纳税（费）义务发生时间与增值税、消费税的纳税义务发生时间一致，分别与增值税、消费税同时缴纳。

3.4 税（费）率

3.4.1 城市维护建设税的税率

城市维护建设税的税率如表 3－1 所示。

表 3-1　城市维护建设税税率表

地区	税率
市区	7%
县城、镇	5%
不在市区、县城或者镇	1%

3.4.2　教育费附加的费率

教育费附加的费率是 3%。

3.4.3　地方教育附加的费率

地方教育附加的费率是 2%。

3.5　计税（费）依据

3.5.1　城市维护建设税

城市维护建设税的计税依据是纳税人实际缴纳的增值税和消费税税额。

3.5.2　教育费附加和地方教育附加计费依据

教育费附加和地方教育附加计费依据是纳税人实际缴纳的增值税和消费税税额。

3.6　税（费）优惠

（1）对出口产品退还增值税和消费税的，不退还已缴纳的城市维护建设税和教育费附加。

（2）海关对进口产品代征的增值税和消费税，不征收城市维护建设税和教育费附加。

（3）对增值税和消费税实行先征后返、先征后退、即征即退办法的，除另有规定外，对随增值税和消费税附征的城市维护建设税和教育费附加，一律不予退（返）还。

（4）自 2019 年 1 月 1 日至 2027 年 12 月 31 日，增值税小规模纳税人可以在 50% 的税额幅度内减征资源税、城市维护建设税、房产税、城镇土地使用税、印花税（不含证券交易印花税）、耕地占用税和教育费附加、地方教育附加。

3.7　应纳税（费）额的计算

3.7.1　城市维护建设税应纳税额的计算

城市维护建设税应纳税额的计算公式为：

应纳税额 =（实际缴纳的增值税 + 实际缴纳的消费税）× 适用税率

3.7.2 教育费附加应纳费额的计算

教育费附加应纳费额的计算公式为：

应纳费额 =（实际缴纳的增值税 + 实际缴纳的消费税）×3%

3.7.3 地方教育附加应纳费额的计算

地方教育附加应纳费额的计算公式为：

应纳费额 =（实际缴纳的增值税 + 实际缴纳的消费税）×2%

3.8 纳税（费）地点

城市维护建设税、教育费附加和地方教育附加的纳税（费）地点为实际缴纳增值税和消费税的地点。

3.9 纳税（费）申报

企业应当于月度终了后进行增值税和消费税申报的同时，进行城市维护建设税、教育费附加和地方教育附加的纳税申报。

即测即评

智慧星扫描操作

4

学习任务四

房产税纳税实务

学习任务描述

根据1986年9月15日国务院发布的《中华人民共和国房产税暂行条例》(于2011年1月修订)中关于房产税的规定，进行房产税的计算与纳税申报。

教学目标

能力目标

1. 能正确判断房产税的征收范围；
2. 能进行房产税应纳税额的计算；
3. 能进行房产税的纳税申报。

知识目标

1. 掌握房产税纳税人的定义；
2. 掌握房产税的征税范围；
3. 掌握房产税的计税依据；
4. 掌握房产税的税率；
5. 掌握房产税的税收优惠；
6. 掌握房产税应纳税额的计算；
7. 熟悉房产税的征收管理；
8. 掌握房产税的纳税申报。

素养目标

培养学生坚定的爱党爱国和家国情怀。

思政园地

多措并举，打造幸福安居工程

住房一直是关系到百姓安居乐业的一项大事，而居高不下的房价与炒房集团的存在也一直是百姓通往幸福生活道路上的一个障碍。2016 年中央经济工作会议中提出“房子是用来住的，不是用来炒的”，要求回归住房的居住属性。一系列的举措应运而生。

中央政府层面：2021 年政府工作报告指出，保障好群众住房需求。坚持“房子是用来住的，不是用来炒的”定位，稳地价、稳房价、稳预期。

税收层面：推进房地产税立法，坚持先立法后改革，逐步推进。将“房子是用来住的，不是用来炒的”作为房地产税立法原则确立下来，并据此作为房地产税要素设计的重要前提，从而使房地产税立法取得广泛的社会共识。

金融层面：中国特色社会主义制度优越性的发挥、国家治理体系和治理能力的现代化，需要金融提供助力、主动作为。中国建设银行以新金融探索实践努力提供更有针对性的金融解决方案，推出住房租赁战略，建设开放共享的住房租赁服务平台，已覆盖 94% 的地级以上城市，上线房源超过 1 800 万套；协助住建部搭建全国房地产监测系统，支持房产交易实时动态监管；创新推出“存房业务”，激活存量房源，开放打造租赁产业联盟，合作机构达 1.17 万家。

从保障房供给到购租并举，从税收立法到金融助力，各方面积极采取措施，共同培养住房新生态，更多的百姓实现“广厦千万间，人人俱欢颜”的安居梦已近在眼前。

任务书

1. 请分析判断房产税的纳税人、计税依据、税率以及税收优惠，计算房产税的应纳税额。

2. 请进行房产税的纳税申报。

任务分组

请登录 http://cssx.rdlearning.cn 下载学生任务分配表，进行任务分组。

准备工作

微课视频
扫一扫

1. 阅读任务书。

2. 收集《中华人民共和国房产税暂行条例》以及财政部、国家税务总局等颁布的有关房产税的规章制度等知识，观看微课视频。

3. 结合任务书分析房产税纳税申报的难点和常见问题。

思维导图

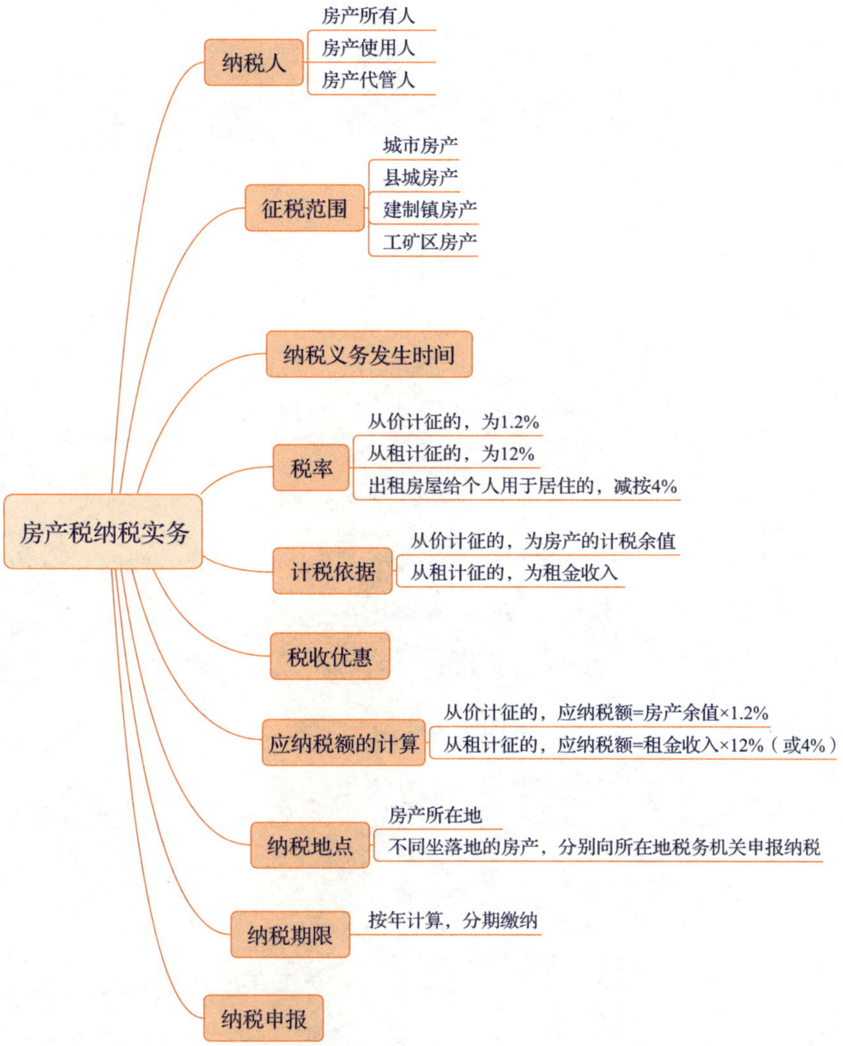
房产税纳税实务
纳税人
房产所有人
房产使用人
房产代管人
征税范围
城市房产
县城房产
建制镇房产
工矿区房产
纳税义务发生时间
税率
从价计征的，为1.2%
从租计征的，为12%
出租房屋给个人用于居住的，减按4%
计税依据
从价计征的，为房产的计税余值
从租计征的，为租金收入
税收优惠
应纳税额的计算
从价计征的，应纳税额=房产余值×1.2%
从租计征的，应纳税额=租金收入×12%（或4%）
纳税地点
房产所在地
不同坐落地的房产，分别向所在地税务机关申报纳税
纳税期限
按年计算，分期缴纳
纳税申报

任务实施

小规模纳税人工作任务：房产税纳税实务

情境导航：

根据小规模纳税人综合案例 A 中的“二、2023 年第 1—3 季度相关涉税信息”和“三、2023 年第 4 季度具体业务情况”，筛选出与房产税相关的情境。

（1）辨析纳税人。

引导问题 1：根据 **4.1**，吉祥公司是否是房产税的纳税人？ □是 □否

（2）识别征税范围。

引导问题 2：根据 **4.2**，吉祥公司的自有房产是否属于房产税的征税范围？

□是 □否

（3）确定纳税义务发生时间。

引导问题 3：根据 **4.3**，吉祥公司房产税的纳税义务发生时间为________。

（4）确定税率。

引导问题 4：根据 **4.4**，吉祥公司适用的房产税税率是________。

（5）确定计税依据。

引导问题 5：根据 **4.5.1**，吉祥公司房产税的计税依据是________。

（6）判断税收优惠。

引导问题 6：根据 **4.6**，吉祥公司是否享受房产税的税收优惠？ □是 □否

（7）计算应纳税额。

引导问题 7：根据 **4.7.1**，吉祥公司下半年应缴纳的房产税为______。

（8）确定纳税地点。

引导问题 8：根据 **4.8**，吉祥公司房产税的纳税地点是________。

（9）纳税申报。

引导问题 9：请登录电子税务局完成吉祥公司第 4 季度财产和行为税的电子申报。

纳税申报

一般纳税人工作任务：房产税纳税实务

情境导航：

根据一般纳税人综合案例B中的“二、2023年1—11月相关涉税信息”和“三、2023年12月具体业务情况”，筛选出与房产税相关的情境。

（1）辨析纳税人。

引导问题1：根据**4.1**，阳光公司是否是房产税的纳税人？　□是　□否

（2）识别征税范围。

引导问题2：根据**4.2**，阳光公司的自有房产是否属于房产税的征税范围？

□是　□否

（3）确定纳税义务发生时间。

引导问题3：根据**4.3**，阳光公司12月新购置房屋房产税的纳税义务发生时间为________。

引导问题4：根据**4.3**，阳光公司原购置房屋房产税的纳税义务发生时间为______。

（4）确定税率。

引导问题5：根据**4.4**，阳光公司适用的房产税税率是________。

（5）确定计税依据。

引导问题6：根据**4.5.1**，阳光公司从价计征房产税的计税依据是________。

小提示：

阳光公司虽有地下仓库，但地下仓库为与地上房屋相连的地下建筑，按照地上房屋建筑的有关规定计算缴纳房产税。

引导问题7：根据**4.5.2**，阳光公司从租计征房产税的计税依据是________。

（6）判断税收优惠。

引导问题8：根据**4.6**，阳光公司是否享受房产税的税收优惠？

□是　□否

（7）计算应纳税额。

引导问题9：根据**4.7**，阳光公司下半年应缴纳的房产税为______。

（8）确定纳税地点。

引导问题10：根据**4.8**，阳光公司房产税的纳税地点是________。

（9）纳税申报。

引导问题11：请登录电子税务局完成阳光公司12月财产和行为税的电子申报。

纳税申报

小提示：

先填报《财产和行为税税源明细表》,《财产和行为税税源明细表》相关数据会被自动提取到《财产和行为税纳税申报表》。如果税源有变化，需要先更新《财产和行为税税源明细表》。

项目实训评价

请登录 http://cssx.rdlearning.cn 下载评价表，进行项目实训评价。

学习任务的相关知识点

房产税，是以房产为征税对象，按照房产的计税余值或房产租金收入向产权所有人征收的一种税。

微课学习：
房产税

4.1 纳税人

房产税的纳税人，是指在我国城市、县城、建制镇和工矿区拥有房屋产权的单位和个人。房产税的纳税人具体规定如表 4－1 所示。

表 4－1　房产税的纳税人具体规定

产权归属	纳税人
产权属于国家所有的	房产的经营管理单位
产权属于集体（个人）所有的	集体单位和个人
产权出典的	承典人
产权未确定或租典纠纷未解决的	房产代管人（或使用人）
产权所有人、承典人均不在房产所在地的	房产代管人（或使用人）
单位和个人无租使用房产的	使用人代为缴纳房产税

房屋是指有屋面和围护结构（有墙或两边有柱），能够遮风避雨，可供人们在其中生产、工作、学习、娱乐、居住或储藏物资的场所。

4.2 征税范围

房产税的征收范围为城市、县城、建制镇和工矿区的房屋。

独立于房屋之外的建筑物，如围墙、烟囱、水塔、菜窖、室外游泳池等不属于房产税的征税范围。

房地产开发企业建造的商品房，在出售前，不征收房产税，但对出售前房地产开发企业已使用或出租、出借的商品房应按规定征收房产税。

4.3 纳税义务发生时间

（1）纳税人将原有房产用于生产经营，从生产经营之月起，缴纳房产税。

（2）纳税人自行新建房屋用于生产经营，从建成之次月起，缴纳房产税。

（3）纳税人委托施工企业建设的房屋，从办理验收手续之次月起，缴纳房产税。

（4）纳税人购置新建商品房，自房屋交付使用之次月起，缴纳房产税。

（5）纳税人购置存量房，自办理房屋权属转移、变更登记手续，房地产权属登记机关签发房屋权属证书之次月起，缴纳房产税。

（6）纳税人出租、出借房产，自交付出租、出借本企业房产之次月起，缴纳房产税。

（7）房地产开发企业自用、出租、出借本企业建造的商品房，自房屋使用或交付之次月起，缴纳房产税。

（8）纳税人因房产的实物或权利状态发生变化而依法终止房产税纳税义务的，

其应纳税款的计算截止到房产的实物或权利状态发生变化的当月末。

4.4 税率

我国现行房产税采用的是比例税率，按照房屋的使用状态分别采用不同的税率。

（1）房产自用的，从价计征，税率为 1.2%。

（2）房产出租的，从租计征，税率为 12%。其中个人出租房屋的，不区分用途，一律减按 4% 征收房产税；企事业单位、社会团体以及其他组织按市场价格出租给个人用于居住的房屋，减按 4% 征收房产税。

4.5 计税依据

房产自用的，从价计征，房产税的计税依据为房产的计税余值；房产出租的，从租计征，房产税的计税依据为租金收入。

4.5.1 从价计征的房产税的计税依据

从价计征的房产税，计税依据为房产的计税余值。房产税依照房产原值一次减除 10% ～ 30% 后的余值计算缴纳。具体扣减比例由省、自治区、直辖市人民政府确定。

4.5.1.1 房产原值

房产原值应根据国家有关会计制度的规定进行核算；房产原值应包括与房屋不可分割的各种附属设备和一般不单独计算价值的配套设施，如：暖气、卫生、通风、照明、煤气等设备；各种管线（如蒸汽、压缩空气、石油、给排水管道）及电力、电信、电缆导线；电梯、升降机、过道、晒台等。

凡以房屋为载体，不可随意移动的附属设备和配套设施，如给排水、采暖、消防、中央空调、电气及智能化楼宇设备等，都应计入房产原值，计征房产税。

具体的房屋使用情况和计税依据如表 4－2 所示。

表 4－2　房产原值的具体规定

使用情况	税务处理
以房屋为载体，不可随意移动的附属设备和配套设施	并入房产原值
对房屋进行改建、扩建的	增加房屋原值
更换房屋附属设备和配套设施的	新设备和设施的价值计入房产原值，同时扣减原相应设备和设施的价值
易损坏、需经常更换的设备和设施的零配件	不计入房产原值

4.5.1.2 自用的地下建筑

（1）工业用途房产，以房屋原价的 50% ～ 60% 作为应税房产原值。

（2）商业和其他用途房产，以房屋原价的 70% ～ 80% 作为应税房产原值。

房屋原价折算为应税房产原值的具体比例，由各省、自治区、直辖市和计划单列市财政和地方税务部门在上述幅度内自行确定。

对于与地上房屋相连的地下建筑，如房屋的地下室、地下停车场、商场的地下部分等，应将地下部分与地上房屋视为一个整体，按照地上房屋建筑的有关规定计算征收房产税。

4.5.1.3 投资联营的房产

以房产对外投资的，其房产税计税依据的规定如表 4－3 所示。

表 4－3 投资房产的房产税计税依据

类别	计税依据
以房产投资收取固定收入、不承担经营风险的	从租计征，将收取的固定分红作为计税依据
以房产投资联营、参与利润分红、共担风险的	从价计征，将房产余值作为计税依据

4.5.2 从租计征的房产税的计税依据

房产出租的，以房屋出租取得的租金收入为计税依据，计算缴纳房产税。其中租金收入为不含增值税的租金收入。租金收入的确认如表 4－4 所示。

表 4－4 租金收入的确认

租金形式	税务处理
劳务或其他形式的房租收入	根据当地同类房产的租金水平，确定一个标准租金额
租金收入申报不实的	税务部门按照《税收征收管理法》的规定，采取科学合理的方法核定其应纳税额
租金收入明显不合理的	

4.6 税收优惠

（1）国家机关、人民团体、军队自用的房产免征房产税。

（2）由国家财政部门拨付事业经费的单位所有的、本身业务范围内使用的房产免征房产税。

（3）宗教寺庙、公园、名胜古迹自用的房产免征房产税。

宗教寺庙自用的房产，是指举行宗教仪式等的房屋和宗教人员使用的生活用房屋；公园、名胜古迹自用的房产，是指供公共参观游览的房屋及其管理单位的办公用房屋。

（4）个人所有非营业用的房产免征房产税。

（5）经财政部批准免税的其他房产：

1）毁损不堪居住的房屋和危险房屋免征房产税；

2）大修停用半年以上的房屋，在房屋大修期间免征房产税；

3）高校学生公寓免征房产税；

4）非营利性医疗机构、疾病控制机构和妇幼保健机构等卫生机构自用的房产免征房产税；

5）老年服务机构自用的房产免征房产税；

6）国家机关、军队、人民团体、体育基金会、体育类民办非企业单位拥有并运营管理的体育场馆，符合相关条件的，其用于体育活动的房产免征房产税；企业拥有并运营管理的大型体育场馆，其用于体育活动的房产减半征收房产税。

（6）自2022年1月1日起至2027年12月31日，增值税小规模纳税人、小型微利企业和个体工商户可以在50%的税额幅度内减征资源税、城市维护建设税、房产税、城镇土地使用税、印花税（不含证券交易印花税、耕地占用税和教育费附加、地方教育费附加。

4.7 应纳税额的计算

4.7.1 从价计征的房产税应纳税额

从价计征的房产税应纳税额的计算公式为：

应纳税额 = 应税房产原值 ×（1 − 扣除比例）×1.2%

具体扣除比例由当地省、自治区、直辖市人民政府确定。

4.7.2 从租计征的房产税应纳税额

从租计征的房产税应纳税额的计算公式为：

应纳税额 = 租金收入 ×12%（或4%）

4.8 纳税地点

房产税在房产所在地缴纳。房产不在同一地方的纳税人，应按房产的坐落地点分别向房产所在地的税务机关申报纳税。

4.9 纳税期限

房产税实行按年计算、分期缴纳的征收方法，具体纳税期限由省、自治区、直辖市人民政府确定。

4.10 纳税申报

纳税人依照税收法律法规及相关规定确定的申报期限、申报内容，就其应税项目如实向税务机关申报缴纳房产税，填报《财产和行为税纳税申报表》。

首次申报或房产、土地信息发生变更时，应报送《财产和行为税税源明细表》及相关材料。

即测即评

智慧星扫描操作

5 学习任务五

城镇土地使用税纳税实务

学习任务描述

根据1988年9月27日国务院发布的《中华人民共和国城镇土地使用税暂行条例》（历经四次修订，最新修订时间为2019年3月）以及财政部、国家税务总局陆续发布的关于城镇土地使用税的规定、办法，进行城镇土地使用税的计算与纳税申报。

教学目标

能力目标

1. 能正确判断城镇土地使用税的征收范围；
2. 能进行城镇土地使用税应纳税额的计算；
3. 能进行城镇土地使用税的纳税申报。

知识目标

1. 掌握城镇土地使用税纳税人的定义；
2. 掌握城镇土地使用税的征税范围；
3. 掌握城镇土地使用税的计税依据；
4. 掌握城镇土地使用税的税率；
5. 掌握城镇土地使用税的税收优惠；
6. 掌握城镇土地使用税应纳税额的计算；
7. 熟悉城镇土地使用税的征收管理；
8. 掌握城镇土地使用税的纳税申报。

素养目标

培养学生税务风险意识和爱岗敬业的职业道德。

思政园地

小税种可能引发大风险

目前，我国共有18个税种，除了涉及税款较大的增值税、消费税、企业所得税和个人所得税外，其余税款金额相对较小的税种，比如房产税、城镇土地使用税、耕地占用税、资源税和印花税等，均可以称为“小税种”。近年来，我国税收立法步伐在不断加快的同时，还出台了一系列减税降费政策，部分小税种的具体规定发生了变化。实务中，一些上市公司由于不重视小税种的管理，没有及时关注最新税收政策并据其调整税务处理，引发税务风险。

比如某拟上市公司在其《申请首次公开发行A股并上市之补充法律意见书》中披露，经稽查局稽查发现，公司未按照该省《城镇土地使用税实施办法》以及《关于调整市城区城镇土地使用税地段等级税额标准的通知》的最新规定申报缴纳城镇土地使用税，少申报税款76余万元。因为偷税，该公司的上市计划被迫停止，严重影响了公司的战略规划。

这个现象并非个案。在“同花顺”软件上梳理2020年以来上市公司发布的补税公告，经企业自查或主管税务机关检查，有数十家上市公司需要补缴税款并缴纳滞纳金。值得注意的是，这些上市公司需要补缴的税款，基本不涉及增值税、所得税等大税种，只涉及房产税、城镇土地使用税、耕地占用税、资源税和印花税等小税种。公司除缴纳罚款与滞纳金外，还面临着信誉下降导致的股价下跌风险。

所以，小税种也会影响企业形象，带来一系列的税务风险，需要财税人员严肃认真对待。小税种涉及的地方性规定较多，建议企业及时关注当地最新政策，确保准确申报缴纳税款。

任务书

1. 请分析判断城镇土地使用税的纳税人、计税依据、税率以及税收优惠，计算城镇土地使用税的应纳税额。

2. 请进行城镇土地使用税的纳税申报。

任务分组

请登录http://cssx.rdlearning.cn下载学生任务分配表，进行任务分组。

准备工作

微课视频
扫一扫

1. 阅读任务书。

2. 收集《中华人民共和国城镇土地使用税暂行条例》以及相关规章制度等知识点，观看微课视频。

3. 结合任务书分析城镇土地使用税纳税申报的难点和常见问题。

思维导图

- 城镇土地使用税纳税实务
  - 纳税人
  - 征税范围
    - 城市土地
    - 县城土地
    - 建制镇土地
    - 工矿区土地
  - 纳税义务发生时间
  - 税率
    - 定额税率
  - 计税依据
    - 测定的土地面积
    - 土地使用证书确定的土地面积
  - 税收优惠
  - 应纳税额的计算
    - 应纳税额=实际占用的应税土地面积（平方米）×适用税额
  - 纳税地点
    - 土地所在地
    - 分属不同省（自治区、直辖市）的，分别向土地所在地申报
  - 纳税期限
    - 按年计算，分期缴纳
  - 纳税申报

任务实施

小规模纳税人工作任务：城镇土地使用税纳税实务

情境导航：

根据小规模纳税人综合案例 A 中的“二、2023 年第 1—3 季度相关涉税信息”和“三、2023 年第 4 季度具体业务情况”，筛选出与城镇土地使用税相关的情境。

（1）辨析纳税人。

引导问题 1：根据 **5.1**，吉祥公司是否是城镇土地使用税的纳税人？

□是　□否

（2）识别征税范围。

引导问题 2：根据 **5.2**，吉祥公司拥有的土地使用权是否属于城镇土地使用税的征税范围？　□是　□否

（3）确定纳税义务发生时间。

引导问题 3：根据 **5.3**，吉祥公司城镇土地使用税的纳税义务发生时间为______。

（4）确定税率。

引导问题 4：根据 **5.4**，吉祥公司适用的城镇土地使用税定额税率是________元/平方米。

（5）确定计税依据。

引导问题 5：根据 **5.5**，吉祥公司城镇土地使用税的计税依据是________。

（6）判断税收优惠。

引导问题 6：根据 **5.6**，吉祥公司是否享受城镇土地使用税的税收优惠？

□是　□否

（7）计算应纳税额。

引导问题 7：根据 **5.7**，吉祥公司下半年应缴纳的城镇土地使用税为________。

（8）确定纳税地点。

引导问题 8：根据 **5.8**，吉祥公司城镇土地使用税的纳税地点是________。

（9）纳税申报。

引导问题 9：请登录电子税务局完成吉祥公司第 4 季度财产和行为税的电子申报。

纳税申报

一般纳税人工作任务：城镇土地使用税纳税实务

情境导航：

根据一般纳税人综合案例B中的“二、2023年1—11月相关涉税信息”和“三、2023年12月具体业务情况”，筛选出与城镇土地使用税相关的情境。

（1）辨析纳税人。

引导问题1：根据**5.1**，阳光公司是否是城镇土地使用税的纳税人？

□是　□否

（2）识别征税范围。

引导问题2：根据**5.2**，阳光公司拥有的土地使用权是否属于城镇土地使用税的征税范围？　□是　□否

（3）确定纳税义务发生时间。

引导问题3：根据**5.3**，阳光公司12月新购置房屋城镇土地使用税的纳税义务发生时间为________。

引导问题4：根据**5.3**，阳光公司原购置房屋城镇土地使用税的纳税义务发生时间为________。

（4）确定税率。

引导问题5：根据**5.4**，阳光公司适用的城镇土地使用税定额税率是________元/平方米。

（5）确定计税依据。

引导问题6：根据**5.5**，阳光公司城镇土地使用税的计税依据是________。

（6）判断税收优惠。

引导问题7：根据**5.6**，阳光公司是否享受城镇土地使用税的税收优惠？

□是　□否

（7）计算应纳税额。

引导问题8：根据**5.7**，阳光公司下半年应缴纳的城镇土地使用税为________。

（8）确定纳税地点。

引导问题9：根据**5.8**，阳光公司城镇土地使用税的纳税地点是________。

（9）纳税申报。

引导问题10：请登录电子税务局完成阳光公司12月财产和行为税的电子申报。

纳税申报

项目实训评价

请登录 http://cssx.rdlearning.cn 下载评价表，进行项目实训评价。

城镇土地使用税，是国家在城市、县城、建制镇和工矿区范围内，对使用土地的单位和个人，以其实际占用的土地面积为计税依据，按照规定的税额计算征税的一种税。

微课学习：
城镇土地
使用税

5.1 纳税人

城镇土地使用税的纳税人，是指在税法规定的范围内使用土地的单位和个人。城镇土地使用税纳税人的具体规定如表 5-1 所示。

表 5-1 城镇土地使用税纳税人的具体规定

土地使用者情况	纳税人
一般情况	拥有土地使用权的单位和个人
土地使用权拥有者不在土地所在地的	代管人或实际使用人
土地使用权未确定或权属有纠纷的	实际使用人
土地使用权共有的	共有各方

5.2 征税范围

城镇土地使用税的征收范围是税法规定的纳税区域内的土地。凡在城市、县城、建制镇和工矿区范围内的土地，无论是国家所有还是集体所有，都属于城镇土地使用税的征税范围。

城市、县城、建制镇和工矿区虽然有行政区域和城建区域之分，但区域中的不同地方，其自然条件和经济繁荣程度各不相同，各省级人民政府可根据税法的规定，具体划定本地城市、县城、建制镇和工矿区的具体征税范围。

5.3 纳税义务发生时间

（1）纳税人购置新建商品房，自房屋交付使用之次月起，缴纳城镇土地使用税。

（2）纳税人购置存量房，自办理房屋权属转移、变更登记手续，房地产权属登记机关签发房屋权属证书之次月起，缴纳城镇土地使用税。

（3）纳税人出租、出借房产，自交付出租、出借房产之次月起，缴纳城镇土地使用税。

（4）以出让或转让方式有偿取得土地使用权的，应由受让方从合同约定交付土地时间之次月起缴纳城镇土地使用税；合同未约定交付土地时间的，由受让方从合同签订之次月起缴纳城镇土地使用税。

（5）纳税人新征用的耕地，自批准征用之日起满 1 年时开始缴纳城镇土地使用税。

（6）纳税人新征用的非耕地，自批准征用次月起缴纳城镇土地使用税。

5.4 税率

城镇土地使用税采用定额税率，按大、中、小城市和县城、建制镇、工矿区分别规定每平方米城镇土地使用税年应纳税额。其中，城市按照市区和郊区的非农业人口总数划分为三级，具体税额如表 5－2 所示。

表 5－2　城镇土地使用税税额表

土地所在地	定额税率（元 / 平方米）
大城市	1.5 ～ 30
中等城市	1.2 ～ 24
小城市	0.9 ～ 18
县城、建制镇、工矿区	0.6 ～ 12

5.5 计税依据

城镇土地使用税的计税依据是纳税人实际占用的土地面积。土地面积以平方米为计量标准，具体依照表 5－3 确定。

表 5－3　城镇土地使用税计税依据的确定

具体情况	计税依据
由省级人民政府确定的单位组织测定土地面积的	以测定的土地面积为计税依据
由政府部门颁发土地使用证书（不动产证书）的	以证书确定的土地面积为计税依据
尚未核发土地使用证书（不动产证书）的	纳税人据实申报，核发土地使用证书（不动产证书）后调整

5.6 税收优惠

5.6.1　免税项目

下列用地免征城镇土地使用税：

（1）国家机关、人民团体、军队自用的土地。

（2）由国家财政部门拨付事业经费的单位自用的土地。

（3）宗教寺庙、公园、名胜古迹自用的土地。

（4）市政街道、广场、绿化地带等公用土地。

（5）直接用于农、林、牧、渔业的生产用地。

（6）经批准开山填海整治的土地和改造的废弃土地，从使用的月份起免税 5 ～ 10 年。

5.6.2　税收优惠的特殊规定

（1）凡是缴纳了耕地占用税的，从批准征用之日起满 1 年后征收城镇土地使用税。

（2）免税单位无偿使用纳税单位的土地，免征城镇土地使用税；纳税单位无偿使用免税单位的土地，纳税单位应照章缴纳城镇土地使用税。

（3）对于各类危险品仓库、厂房所需的防火、防爆、防毒等安全防范用地，可由各省、自治区、直辖市税务局确定，暂免征收城镇土地使用税。

（4）搬迁企业搬迁后原场地不使用的、企业范围内荒山等尚未利用的土地，免征城镇土地使用税。纳税人应事先向土地所在地的主管税务机关提交相关证明材料，以备税务机关查验。

（5）企业的铁路专用线、公路等用地，除另有规定外，如在厂区以外，与社会公用地段未加隔离的，暂免征收城镇土地使用税。

（6）老年服务机构自用的土地免征城镇土地使用税。

（7）国家机关、军队、人民团体、财政补助事业单位、居民委员会、村民委员会拥有的体育场馆，用于体育活动的土地，免征城镇土地使用税。

（8）自 2022 年 1 月 1 日至 2027 年 12 月 31 日，增值税小规模纳税人、小型微利企业和个体工商户可以在 50% 的税额幅度内减征资源税、城市维护建设税、房产税、城镇土地使用税、印花税（不含证券交易印花税）、耕地占用税和教育费附加、地方教育附加。

（9）对在城镇土地使用税征税范围内单独建造的地下建筑用地，按规定征收城镇土地使用税。其中，已取得地下土地使用权证的，按土地使用权证确认的土地面积计算应征税款；未取得地下土地使用权证或地下土地使用权证上未标明土地面积的，按地下建筑垂直投影面积计算应征税款。对上述地下建筑用地暂按应征税款的 50% 征收城镇土地使用税。

5.7 应纳税额的计算

城镇土地使用税是以纳税人实际占用的土地面积为计税依据，按照规定的适用税额计算征收。应纳税额的计算公式为：

应纳税额 = 实际占用的应税土地面积（平方米）× 适用税额

5.8 纳税地点

城镇土地使用税在土地所在地缴纳。

纳税人使用的土地分属不同省、自治区、直辖市管辖的，由纳税人分别向土地所在地税务机关缴纳；在同一省、自治区、直辖市管辖范围内，纳税人跨地区使用的土地，其纳税地点由各省、自治区、直辖市税务局确定。

5.9 纳税期限

城镇土地使用税按年计算、分期缴纳，具体纳税期限由省、自治区、直辖市人民政府确定。

5.10 纳税申报

纳税人依照税收法律法规及相关规定确定的申报期限、申报内容，就其应税项目如实向税务机关申报缴纳城镇土地使用税，填报《财产和行为税纳税申报表》。

首次申报或房产、土地信息发生变更的，应报送《财产和行为税税源明细表》及相关材料。

即测即评

智慧星扫描操作

6

学习任务六

印花税纳税实务

学习任务描述

根据第十三届全国人民代表大会常务委员会第二十九次会议表决通过的《中华人民共和国印花税法》中关于印花税的相关法律规定，进行印花税的计算与纳税申报。

教学目标

能力目标

1. 能正确判断印花税的征收范围；
2. 能进行印花税应纳税额的计算；
3. 能进行印花税的纳税申报。

知识目标

1. 掌握印花税纳税人的定义；
2. 掌握印花税的征税范围；
3. 掌握印花税的计税依据；
4. 掌握印花税的税率；
5. 掌握印花税的税收优惠；
6. 掌握印花税应纳税额的计算；
7. 熟悉印花税的征收管理；
8. 掌握印花税的纳税申报。

素养目标

培养学生文化自信。

思政园地

方寸之间尽显大国文化

大家对邮票都不陌生，但是你知道还有一种可用于交税的“邮票”吗？这就是印花税票。

印花税是一个古老的税种，最早出现在荷兰。1624 年，荷兰政府在广泛征询民众建议的基础上，实施了一种以商事产权凭证为征收对象的税，由于缴税时是在凭证上用刻花滚筒推出“印花”戳记，以示完税，因此被命名为“印花税”。1854 年，奥地利政府印制发售了形似邮票的印花税票，由纳税人自行购买粘贴在应税凭证上，并规定完成纳税义务是以在票上盖戳注销为标准，世界上由此诞生了印花税票。

印花税票不仅是缴税的凭证，国家还可以赋予其丰富的内涵，使其成为一种文化的载体。中华人民共和国成立以来，已经发行了三套多版印花税票，从初期的“旗球图”到改革开放后的“建设图”，见证了国家几十年的光辉发展历程。

印花税票不仅外表精美，而且具有丰富的历史文化内涵，折射出不同时代的政治、经济、税收制度状况和社会演进。印花税的发展史体现了一个国家的经济社会发展历程。祖国日新月异的发展，赋予了印花税票丰富的内容，小小的印花税票，见证了中国发展的巨变，方寸之间，体现了我国的民族自信、文化自信。

任务书

1. 请分析判断印花税的纳税人、税率、计税依据、税收优惠，计算印花税的应纳税额。

2. 请进行印花税的纳税申报。

任务分组

请登录 http://cssx.rdlearning.cn 下载学生任务分配表，进行任务分组。

准备工作

微课视频
扫一扫

1. 阅读任务书。

2. 收集《中华人民共和国印花税法》中的有关知识点，观看微课视频。

3. 结合任务书提出印花税纳税申报的难点和常见问题。

思维导图

- 印花税纳税实务
  - 纳税人
    - 境内书立应税凭证、进行证券交易的单位和个人
    - 境外书立、境内使用的应税凭证的单位和个人
  - 征税范围
    - 合同
    - 产权转移书据
    - 营业账簿
    - 证券交易
  - 纳税义务发生时间
    - 书立应税凭证或者完成证券交易的当日
    - 扣缴义务发生时间为证券交易完成的当日
  - 税率
    - 0.5‰、2.5‰、3‰、5‰、1‰
  - 计税依据
    - 合同（产权转移书据）列明的金额
    - 实收资本（股本）与资本公积合计金额
    - 证券成交金额
  - 税收优惠
  - 应纳税额的计算
    - 合同（产权转移书据）所列金额×适用税率
    - 营业账簿的实收资本与资本公积之和×适用税率
    - 证券成交金额×适用税率
  - 纳税地点
    - 单位：机构所在地
    - 个人：凭证书立地或居住地
    - 不动产所在地
    - 扣缴义务人的机构所在地
  - 纳税期限
    - 按季、按年、按次计征：15日
    - 按周计征：5日
  - 纳税申报

任务实施

小规模纳税人工作任务：印花税纳税实务

情境导航：

根据小规模纳税人综合案例 A 中的“二、2023 年第 1—3 季度相关涉税信息”和“三、2023 年第 4 季度具体业务情况”，筛选出与印花税相关的情境。

（1）辨析纳税人。

引导问题 1：根据 6.1，吉祥公司是否是印花税的纳税人？ □是 □否

（2）识别征税范围。

引导问题 2：根据 6.2，吉祥公司订立的合同是否属于印花税的征税范围？

□是 □否

（3）确定纳税义务发生时间。

引导问题 3：根据 6.3，吉祥公司印花税的纳税义务发生时间为________。

（4）确定税率。

引导问题 4：根据 6.4，吉祥公司适用的印花税税率是________。

（5）确定计税依据。

引导问题 5：根据 6.5，吉祥公司印花税的计税依据是________。

（6）判断税收优惠。

引导问题 6：根据 6.6，吉祥公司是否享受印花税的税收优惠？

□是 □否

（7）计算应纳税额。

引导问题 7：根据 6.7，吉祥公司第 4 季度应缴纳的印花税为______。

（8）确定纳税地点。

引导问题 8：根据 6.8，吉祥公司印花税的纳税地点是________。

（9）纳税申报。

引导问题 9：请登录电子税务局完成吉祥公司第 4 季度财产和行为税的电子申报。

纳税申报

一般纳税人工作任务：印花税纳税实务

情境导航：

根据一般纳税人综合案例B中的“二、2023年1—11月相关涉税信息”和“三、2023年12月具体业务情况”，筛选出与印花税相关的情境。

（1）辨析纳税人。

引导问题1：根据6.1，阳光公司是否是印花税的纳税人？ □是 □否

（2）识别征税范围。

引导问题2：根据6.2，阳光公司订立的合同是否属于印花税的征税范围？

□是 □否

（3）确定纳税义务发生时间。

引导问题3：根据6.3，阳光公司印花税的纳税义务发生时间为________。

（4）确定税率。

引导问题4：根据6.4，阳光公司适用的印花税税率是________。

（5）确定计税依据。

引导问题5：根据6.5，阳光公司印花税的计税依据是________。

（6）判断税收优惠。

引导问题6：根据6.6，阳光公司是否享受印花税的税收优惠？

□是 □否

（7）计算应纳税额。

引导问题7：根据6.7，阳光公司12月应缴纳的印花税为______。

（8）确定纳税地点。

引导问题8：根据6.8，阳光公司印花税的纳税地点是________。

（9）纳税申报。

引导问题9：请登录电子税务局完成阳光公司12月财产和行为税的电子申报。

纳税申报

项目实训评价

请登录 http://cssx.rdlearning.cn 下载评价表，进行项目实训评价。

印花税是对经济活动和经济交往中书立、领受、使用的应税凭证征收的一种税。因纳税人主要是通过在应税凭证上粘贴印花税票来完成纳税义务，故名印花税。

微课学习：印花税

6.1 纳税人

印花税的纳税人是指在中华人民共和国境内书立应税凭证、进行证券交易的单位和个人。

在中华人民共和国境外书立在境内使用的应税凭证的单位和个人，也是印花税的纳税人。

单位是指企业、行政单位、事业单位、军事单位、社会团体及其他单位；个人是指个体工商户和其他个人。

如果一份合同或应税凭证由两方或两方以上当事人共同签订，签订合同或应税凭证的各方都是纳税人（证券交易除外），应各就其所持合同或应税凭证的计税金额履行纳税义务。

印花税纳税人的具体划分如表 6－1 所示。

表 6－1　印花税纳税人

纳税人	具体含义	备注
立合同人	是指合同的当事人，即对凭证有直接权利义务关系的单位和个人	不包括合同的担保人、证人、鉴定人
立账簿人	是指开立并使用营业账簿的单位和个人	
立据人	是指书立产权转移书据的单位和个人	
使用人	是指在国外书立，但在国内使用应税凭证的单位和个人	

证券登记结算机构为证券交易印花税的扣缴义务人。

6.2 征税范围

印花税的征税范围包括四类凭证，即合同（指书面合同）类、产权转移书据类、营业账簿类和证券交易类，如表 6－2 所示。

6.3 纳税义务发生时间

（1）印花税纳税义务发生时间为纳税人书立应税凭证或者完成证券交易的当日。

（2）证券交易印花税扣缴义务发生时间为证券交易完成的当日。

6.4 税率

印花税的税率为比例税率，如表 6－2 所示。

表 6-2　印花税税目税率表

税目			税率	备注
合同（指书面合同）	买卖合同	包括供应、预购、采购、购销结合及协作、调剂、补偿、易货等合同，还包括各出版单位与发行单位之间订立的图书、报刊、音像征订凭证	价款的 3‱	指动产买卖合同（不包括个人书立的买卖合同）
	借款合同	指银行业金融机构、经国务院银行业监督管理机构批准设立的其他金融组织与借款人所签订的借款合同	借款金额的 0.5‱	不包括银行间同业拆借
	融资租赁合同		租金的 0.5‱	
	租赁合同	包括租赁房屋、船舶、飞机、机动车辆、机器、器具、设备等合同；还包括企业、个人出租门店、柜台等所签订的合同	租金的 1‰	
	承揽合同	包括加工、定做、修缮、修理、印刷、广告、测绘、测试等合同	报酬的 3‱	
	建筑工程合同	包括勘察、设计、建筑、安装工程合同的总包合同、分包合同和转包合同	价款的 3‱	
	运输合同	指货运合同和多式联运合同	运费的 3‱	不包括管道运输合同
	技术合同	包括技术开发、转让、咨询、服务等合同	价款、报酬或使用费的 3‱	不包括专利权、专有技术使用权转让书据
	保管合同	包括保管合同或作为合同使用的仓单、栈单等	保管费的 1‰	
	仓储合同		仓储费的 1‰	
	财产保险合同	包括财产、责任、保证、信用等保险合同	保险费的 1‰	不包括再保险合同
产权转移书据		包括土地使用权出让和转让（不包括土地承包经营权和土地经营权转移）书据；房屋等建筑物和构筑物所有权、股权（不包括应缴纳证券交易印花税的）转让书据	价款的 5‱	转让包括买卖（出售）、继承、赠予、互换、分割
		商标专用权、著作权、专利权、专有技术使用权转让书据	价款的 3‱	
营业账簿			实收资本（股本）、资本公积合计金额的 2.5‱	
证券交易		是指转让在依法设立的证券交易所、国务院批准的其他全国性证券交易场所交易的股票和以股票为基础发行的存托凭证	成交金额的 1‰	仅对证券交易的出让方征收，不对受让方征收

6.5 计税依据

印花税计税依据的确定如表 6-3 所示。

表 6－3 印花税计税依据

应税项目	计税依据	备注
合同	合同列明的金额（价款或报酬），不包括列明的增值税税款	应税合同、产权转移书据未列明金额的，按实际结算的金额确定，按实际结算的金额仍不能确定的，按照书立合同、产权转移书据时的市场价格确定；依法应当执行政府定价或者政府指导价的，按照国家有关规定确定
产权转移书据	产权转移书据列明的金额，不包括列明的增值税税款	
营业账簿	营业账簿记载的实收资本（股本）、资本公积合计金额	
证券交易	证券成交金额	证券交易无转让价格的，按照办理过户登记手续时该证券前一个交易日收盘价计算确定计税依据；无收盘价的，按照证券面值计算确定计税依据

6.6 税收优惠

（1）应税凭证的副本或抄本免征印花税。

（2）农民、家庭农场、农民专业合作社、农村集体经济组织、村民委员会购买农业生产资料或者销售自产农产品书立的买卖合同和农业保险合同，免征印花税。

（3）对无息和贴息借款合同、国际金融组织向我国提供优惠贷款书立的借款合同免征印花税。

（4）财产所有人将财产赠予政府、社会福利机构、学校、慈善组织书立的产权转移书据，免征印花税。

（5）中国人民解放军、中国人民警察部队书立的应税凭证，免征印花税。

（6）依照法律规定应当予以免税的外国驻华使馆、领事馆和国际组织驻华代表机构为获得馆舍书立的应税凭证，免征印花税。

（7）非营利性医疗卫生机构采购药品或者卫生材料书立的买卖合同，免征印花税。

（8）个人与电子商务经营者订立的电子订单，免征印花税。

根据国民经济和社会发展的需要，国务院对居民住房需求保障、企业改制重组、破产、支持小型微型企业发展等情形可以规定减征或者免征印花税，报全国人民代表大会常务委员会备案。

（9）自 2023 年 1 月 1 日至 2027 年 12 月 31 日，对增值税小规模纳税人、小型微利企业和个体工商户减半征收印花税（不含证券交易印花税）。

6.7 应纳税额的计算

印花税应纳税额的计算如表 6－4 所示。

表 6－4 印花税应纳税额的计算

应税项目	应纳税额
合同	合同所列金额 × 适用税率
产权转移书据	产权转移书据所列金额 × 适用税率
营业账簿	实收资本（股本）、资本公积合计金额 × 适用税率
证券交易	成交金额 × 适用税率

同一应税凭证载有两个以上税目事项并分别列明金额的，按照各自适用的税目税率分别计算应纳税额；未分别列明金额的，从高适用税率。

同一应税凭证由两方以上当事人书立的，按照各自涉及的金额分别计算应纳税额。

已缴纳印花税的营业账簿，以后年度记载的实收资本（股本）、资本公积合计金额与已缴纳印花税的实收资本（股本）、资本公积合计金额相比增加的，按照增加部分计算应纳税额。

应纳税额不足一角的，免纳印花税。应纳税额在一角以上的，其税额尾数不满五分的不计缴；满五分的，按一角计算缴纳。

6.8 纳税地点

（1）单位纳税人应当向其机构所在地的主管税务机关申报缴纳印花税。

（2）个人纳税人应当向应税凭证书立地或者居住地的主管税务机关申报缴纳印花税。

（3）纳税人出让或者转让不动产产权的，应当向不动产所在地的主管税务机关申报缴纳印花税。

（4）证券交易印花税的扣缴义务人应当向其机构所在地的主管税务机关申报解缴税款以及银行结算的利息。

（5）纳税人为境外单位或者个人，在境内有代理人的，以其境内代理人为扣缴义务人；在境内没有代理人的，由纳税人自行申报缴纳印花税，具体办法由国务院税务主管部门规定。

6.9 纳税期限

印花税按季、按年、按周或者按次计征。

（1）实行按季、按年计征的，纳税人应当于季度、年度终了之日起 15 日内申报缴纳税款。

（2）证券交易印花税按周解缴。证券交易印花税的扣缴义务人应当自每周终了之日起 5 日内申报解缴税款以及银行结算的利息。

（3）实行按次计征的，纳税人应当于纳税义务发生之日起 15 日内申报缴纳税款。

6.10 纳税申报

纳税人依照税收法律法规及相关规定确定的申报期限、申报内容，就其应税项目如实向税务机关申报缴纳印花税，并填报《财产和行为税纳税申报表》。

纳税人新增印花税时，需先填报《财产和行为税税源明细表》。

印花税可以采用粘贴印花税票或者由税务机关依法开具其他完税凭证的方式缴纳。

印花税票粘贴在应税凭证上的，由纳税人在每枚税票的骑缝处盖戳注销或者划销。

即测即评

智慧星扫描操作

7
学习任务七

车船税纳税实务

学习任务描述

根据2011年2月25日第十一届全国人民代表大会常务委员会第十九次会议通过、2019年4月23日第十三届全国人民代表大会常务委员会第十次会议修订的《中华人民共和国车船税法》，以及2011年12月5日国务院发布、2019年3月2日修订的《中华人民共和国车船税法实施条例》中关于车船税的相关法律规定，进行车船税的计算与纳税申报。

教学目标

能力目标

1. 能正确判断车船税的征收范围；
2. 能进行车船税应纳税额的计算；
3. 能进行车船税的纳税申报。

知识目标

1. 掌握车船税纳税人的定义；
2. 掌握车船税的征税范围；
3. 掌握车船税的计税依据；
4. 掌握车船税的税率；
5. 掌握车船税的税收优惠；
6. 掌握车船税应纳税额的计算；
7. 熟悉车船税的征收管理；
8. 掌握车船税的纳税申报。

素养目标

培养学生公平分配、共同富裕的家国情怀。

思政园地

小税种里的大文章

2010年10月，《中华人民共和国车船税法（草案）》全文公布，向社会广泛征求意见。一时间，可以说是一石激起千层浪，引发了众多网友的热烈讨论，短短一个月的时间内就收到了八万多条意见。可能你会感到好奇：车船税是个很小的税种，为什么一次改革能引发这么多人的关注呢？

顾名思义，车船税是针对纳税人所拥有的车辆、船舶所征收的一种税，它是一种财产税。随着人民生活水平的提高，小汽车已经走进了千家万户，越来越多的人成为有车一族，车船税的调整会关乎这些人的利益，引发关注也是自然的了。

我国在2007年7月颁布了《中华人民共和国车船税暂行条例》，开征车船税以取代原车船使用牌照税和车船使用税。现行的《车船税法》是2012年1月开始实施的，其中对于载客少于9人的乘用车按照排气量大小分档设置税率，排气量越大，税率越高。一般来说，汽车排气量大小与其价格是正相关的，即排气量越大的汽车价格越高。按排气量分档计征，基本上可以体现车船税的财产税性质和调节收入分配的功能，这样才更加公平合理。

实行车船税法后，会增加大排气量车主的税负，这是税制改革的题中应有之义，从目前来说，有汽车的家庭尤其是拥有高档轿车的家庭在社会上还是少数，他们的财产收入要比低收入阶层高出很多，适当增加这些人的税负，有利于缩小收入差距。

消除贫富差距、实现共同富裕是我们为之奋斗的理想和目标，在走向共同富裕的道路上，一个都不能少。这样看来，车船税这个小小的税种也同样肩负着重大的历史使命。

任务书

1. 请分析判断车船税的纳税人、税率、计税依据、税收优惠，计算车船税的应纳税额。
2. 请进行车船税的纳税申报。

任务分组

请登录 http://cssx.rdlearning.cn 下载学生任务分配表，进行任务分组。

准备工作

微课视频
扫一扫

1. 阅读任务书。
2. 收集《中华人民共和国车船税法》中有关的知识点，观看微课视频。
3. 结合任务书提出车船税纳税申报的难点和常见问题。

思维导图

- 车船税纳税实务
  - 纳税人
    - 车辆、船舶的所有人或管理人
  - 征税范围
    - 乘用车
    - 商用车
    - 挂车
    - 其他车辆
    - 摩托车
    - 船舶
  - 纳税义务发生时间
    - 取得车船所有权或管理权的当月
  - 税率
    - 定额税率
  - 计税依据
    - 乘用车、商用客车、摩托车：辆数
    - 商用货车、挂车、专用作业车、轮式专用机械车：整备质量吨位数
    - 机动船舶：净吨位数
    - 游艇：艇身长度
  - 税收优惠
    - 免税车船
    - 其他优惠
  - 应纳税额的计算
    - 已有车船
      - 乘用车、客车、摩托车：辆数×适用年基准税额
      - 货车、挂车、专用作业车和轮式专用机械车：整备质量吨位数×适用年基准税额
      - 机动船舶：净吨位数×适用年基准税额
      - 游艇：艇身长度×适用年基准税额
    - 新购置车船
      - 适用年基准税额÷12×应纳税月份数
  - 纳税地点
    - 自行申报：车船登记地
    - 代扣代缴：扣缴义务人所在地
    - 不需要登记车船：所有人或管理人所在地
  - 纳税期限
    - 按年申报、分月计算、一次性缴纳
  - 纳税申报

任务实施

一般纳税人工作任务：车船税纳税实务

情境导航：

根据一般纳税人综合案例B中的“二、2023年1—11月相关涉税信息”和“三、2023年12月具体业务情况”，筛选出与车船税相关的情境。

（1）辨析纳税人。

引导问题1：根据7.1，阳光公司是否是车船税的纳税人？ □是 □否

（2）识别征税范围。

引导问题2：根据7.2，阳光公司的车辆是否属于车船税的征税范围？

□是 □否

（3）确定纳税义务发生时间。

引导问题3：根据7.3，阳光公司车船税的纳税义务发生时间为________。

（4）确定税率。

引导问题4：根据7.4，阳光公司适用的车船税定额税率是________。

（5）确定计税依据。

引导问题5：根据7.5，阳光公司车船税的计税依据是________。

（6）判断税收优惠。

引导问题6：根据7.6，阳光公司是否享受车船税的税收优惠？

□是 □否

（7）计算应纳税额。

引导问题7：根据7.7，阳光公司应缴纳的车船税为________。

（8）确定纳税地点。

引导问题8：根据7.8，阳光公司车船税的纳税地点是________。

（9）纳税申报。

引导问题9：请登录电子税务局完成阳光公司12月财产和行为税的电子申报。

纳税申报

项目实训评价

请登录 http://cssx.rdlearning.cn 下载评价表，进行项目实训评价。

学习任务的相关知识点

车船税是依照法律规定对在中华人民共和国境内的车辆、船舶，按照规定税目和税额计算征收的一种税。

微课学习：车船税

7.1 纳税人

车船税的纳税人是指在中华人民共和国境内属于《车船税法》所附《车船税税目税额表》规定的车辆、船舶（以下简称“车船”）的所有人或者管理人。

从事机动车第三者责任强制保险业务的保险机构为机动车车船税的扣缴义务人。

7.2 征税范围

车船税的征税范围是指在中华人民共和国境内属于《车船税法》所规定的应税车辆和船舶。具体包括：

（1）依法应当在车船登记管理部门登记的机动车辆和船舶。

（2）依法不需要在车船登记管理部门登记的在单位内部场所行驶或者作业的机动车辆和船舶。

属于《车船税法》所规定的应税车辆和船舶分为 6 大类，包括乘用车、商用车、挂车、其他车辆、摩托车和船舶。

车船税的征税范围如表 7－1 所示。

表 7－1　车船税的征税范围

<table>
<tr><th>税目</th><th>含义</th><th colspan="2">分类</th></tr>
<tr><td>乘用车</td><td>指在设计和技术特性上主要用于载运乘客及随身行李，核定载客人数不超过 9 人（包括驾驶员在内）的汽车</td><td colspan="2"></td></tr>
<tr><td rowspan="4">商用车</td><td rowspan="4">指除乘用车外，在设计和技术特性上用于载运乘客、货物的汽车</td><td>客车</td><td>核定载客人数 9 人以上的汽车，包括电车</td></tr>
<tr><td rowspan="3">货车</td><td>半挂牵引车</td></tr>
<tr><td>三轮汽车（车速小于等于 50 千米 / 小时）</td></tr>
<tr><td>低速载货汽车（车速小于等于 70 千米 / 小时）</td></tr>
<tr><td>挂车</td><td>指就其设计和技术特性需由汽车或者拖拉机牵引，才能正常使用的无动力道路车辆</td><td colspan="2"></td></tr>
<tr><td rowspan="2">其他车辆</td><td rowspan="2">乘用车、商用车、挂车之外的车辆</td><td>专用作业车</td><td>用于特殊工作的车辆</td></tr>
<tr><td>轮式专用机械车</td><td>有特殊结构和专门功能，装有橡胶车轮自行行驶，车速大于 20 千米 / 小时的车辆</td></tr>
<tr><td>摩托车</td><td>最高设计车速大于 50 千米 / 小时，或者使用内燃机，排量大于 50 毫升的两轮或者三轮车辆</td><td colspan="2"></td></tr>
</table>

续表

税目	含义	分类	
船舶	指各类机动、非机动船舶以及其他水上移动装置	机动船舶	有机动船舶、拖船、非机动驳船
		游艇	具备内置机械推进动力装置，长度为90米以下，用于游览观光、休闲娱乐、水上体育运动等活动，具有船舶检验证书和适航证书的船舶

7.3 纳税义务发生时间

车船税纳税义务发生时间为取得车船所有权或者管理权的当月。以购买车船的发票或其他证明文件所载日期的当月为准。

7.4 税率

车船税采用定额税率，又称固定税额。根据《车船税法》的规定，对应税车船实行有幅度的定额税率，车船的适用税额依照《车船税税目税额表》(如表 7－2 所示）执行。

表 7－2　车船税税目税额表

税目		计税单位	年基准税额（元）	备注
乘用车［按发动机气缸容量（排气量）分档］	1.0 升（含）以下的	每辆	60 ～ 360	核定载客人数 9 人（含）以下
	1.0 升以上至 1.6 升（含）的		300 ～ 540	
	1.6 升以上至 2.0 升（含）的		360 ～ 660	
	2.0 升以上至 2.5 升（含）的		660 ～ 1 200	
	2.5 升以上至 3.0 升（含）的		1 200 ～ 2 400	
	3.0 升以上至 4.0 升（含）的		2 400 ～ 3 600	
	4.0 升以上的		3 600 ～ 5 400	
商用车	客车	每辆	480 ～ 1 440	核定载客人数 9 人以上，包括电车
	货车	整备质量每吨	16 ～ 120	包括半挂牵引车、三轮汽车和低速载货车
挂车		整备质量每吨	按照货车税额的 50% 计算	
其他车辆	专用作业车	整备质量每吨	16 ～ 120	不包括拖拉机
	轮式专用机械车	整备质量每吨	16 ～ 120	
摩托车		每辆	36 ～ 180	
船舶	机动船舶	净吨位每吨	3 ～ 6	拖船、非机动驳船分别按照机动船舶税额的 50% 计算
	游艇	艇身长度每米	600 ～ 2 000	

车辆、船舶的具体适用税额由省、自治区、直辖市人民政府依照《车船税法》所附《车船税税目税率表》规定的税额幅度和国务院的规定确定并报国务院备案。

（1）机动船舶具体适用税额为：

1）净吨位不超过 200 吨的，每吨 3 元；

2）净吨位超过 200 吨但不超过 2 000 吨的，每吨 4 元；

3）净吨位超过 2 000 吨但不超过 10 000 吨的，每吨 5 元；
4）净吨位超过 10 000 吨的，每吨 6 元；
5）拖船按照发动机功率每 1 千瓦折合净吨位 0.67 吨计算征收车船税。

（2）游艇具体适用税额为：
1）艇身长度不超过 10 米的，每米 600 元；
2）艇身长度超过 10 米但不超过 18 米的，每米 900 元；
3）艇身长度超过 18 米但不超过 30 米的，每米 1 300 元；
4）艇身长度超过 30 米的，每米 2 000 元；
5）辅助动力帆艇，每米 600 元。

7.5 计税依据

车船税以车船的计税单位数量为计税依据。《车船税法》按照车船的种类和性能，分别确定每辆、整备质量每吨、净吨位每吨和艇身长度每米为计税单位。具体如下：

（1）乘用车、商用客车和摩托车，以辆数为计税依据。

（2）商用货车、挂车、专用作业车和轮式专用机械车，以整备质量吨位数为计税依据。

（3）机动船舶，以净吨位数为计税依据。

（4）游艇以艇身长度为计税依据。

7.6 税收优惠

7.6.1 免税项目

下列车辆、船舶免征车船税：

（1）捕捞、养殖渔船。

（2）军队、武装警察部队专用的车辆。

（3）警用车船。

（4）悬挂应急救援专用号牌的国家综合性消防救援车辆和国家综合性消防救援船舶。

（5）依照法律规定应当予以免税的外国驻华使领馆、国际组织驻华代表机构及其有关人员的车船。

7.6.2 其他税收优惠

（1）对节约能源、使用新能源的车船可以减征或者免征车船税。

（2）对受地震、洪涝等严重自然灾害影响纳税困难以及其他特殊原因确需减免税的车辆，可以在一定期限内减征或者免征车船税。具体办法由国务院规定并报全国人大常委会备案。

（3）省、自治区、直辖市人民政府根据当地实际情况，可以对公共交通车船，农村居民拥有并主要在农村地区使用的摩托车、三轮汽车和低速载货汽车定期减征或者免征车船税。

7.7 应纳税额的计算

（1）车船税各税目应纳税额的计算公式为：

乘用车、客车和摩托车的应纳税额 = 辆数 × 适用年基准税额

货车、挂车、专用作业车和轮式专用机械车的应纳税额 = 整备质量吨位数 × 适用年基准税额

机动船舶的应纳税额 = 净吨位数 × 适用年基准税额

游艇的应纳税额 = 艇身长度 × 适用年基准税额

（2）购置的新车船，购置当年的应纳税额自纳税义务发生的当月起按月计算。计算公式为：

应纳税额 = 适用年基准税额 ÷ 12 × 应纳税月份数

7.8 纳税地点

车船税的纳税地点为车船的登记地或者车船税扣缴义务人所在地。

扣缴义务人代扣代缴车船税的，纳税地点为扣缴义务人所在地。

纳税人自行申报缴纳车船税的，纳税地点为车船登记地的主管税务机关所在地。

依法不需要办理登记的车船，其车船税的纳税地点为车船的所有人或管理人所在地。

7.9 纳税期限

车船税按年申报，分月计算，一次性缴纳。纳税年度为 1 月 1 日至 12 月 31 日。具体纳税申报期限由省、自治区、直辖市人民政府规定。

已缴纳车船税的车船在同一纳税年度内办理转让过户的，不另纳税，也不退税。

7.10 纳税申报

纳税人依照税收法律法规及相关规定确定的申报期限、申报内容，就其应税项目如实向税务机关申报缴纳车船税，并填报《财产和行为税纳税申报表》。

纳税人新增车船时，需先填报《财产和行为税税源明细表》。

即测即评

智慧星扫描操作

8 学习任务八

契税纳税实务

学习任务描述

根据中华人民共和国第十三届全国人民代表大会常务委员会第二十一次会议于2020年8月11日通过，自2021年9月1日起施行的《中华人民共和国契税法》的规定，进行契税的计算与纳税申报。

教学目标

能力目标

1. 能正确判断契税的征收范围；
2. 能进行契税应纳税额的计算；
3. 能进行契税的纳税申报。

知识目标

1. 掌握契税纳税人的定义；
2. 掌握契税的征税范围；
3. 掌握契税的计税依据；
4. 掌握契税的税率；
5. 掌握契税的税收优惠；
6. 掌握契税应纳税额的计算；
7. 熟悉契税的征收管理；
8. 掌握契税的纳税申报。

素养目标

培养学生法治意识。

思政园地

提高依法治税水平

党的二十大报告指出，从十八大召开至今的十年里，社会主义法治国家建设深入推进，全面依法治国总体格局基本形成，中国特色社会主义法治体系加快建设，司法体制改革取得重大进展，社会公平正义保障更为坚实，法治中国建设开创新局面。

近年来，税收法律制度体系不断健全，税收执法行为逐步规范，税收管理方式日趋科学，法治从治税手段发展成为税收治理的基本方式。2020年8月11日，第十三届全国人民代表大会常务委员会第二十一次会议通过了《中华人民共和国城市维护建设税法》《中华人民共和国契税法》（以下简称《契税法》），于2021年9月1日正式实施。这是落实税收法定原则，健全税收法律体系，推进依法治国的重要体现。

现行18个税种中，已对12个税种制定了法律。契税是我国的一个重要税种，《契税法》的实施标志着我国推进税收法定原则迈出重要一步，成为税制改革的亮点。税收和经济发展、百姓生活的关系越来越密切。相信通过科学立法、民主立法，现代税收法律制度体系有望早日形成，税收在国家治理中的基础性、支柱性、保障性作用也将进一步充分发挥。

任务书

1. 请分析判断契税的纳税人、征税范围、计税依据、税率、税收优惠，计算契税的应纳税额。

2. 请进行契税的纳税申报。

任务分组

请登录 http://cssx.rdlearning.cn 下载学生任务分配表，进行任务分组。

准备工作

微课视频
扫一扫

1. 阅读任务书。
2. 收集《中华人民共和国契税法》等相关法规，观看微课视频。
3. 结合任务书分析契税纳税申报的难点和常见问题。

思维导图

- 契税纳税实务
  - 纳税人
  - 征税范围
    - 土地使用权出让
    - 土地使用权转让
    - 房屋买卖、赠予、互换
    - 其他土地、房屋权属转移
  - 纳税义务发生时间
  - 税率
    - 差别比例税率，幅度范围3%～5%
  - 计税依据
    - 成交价格
    - 差额
    - 核定价格
  - 税收优惠
    - 一般免征范围
    - 省、自治区、直辖市可以决定免征或者减征的契税优惠政策
    - 企业、事业单位改制重组等有关契税优惠政策
    - 其他契税优惠政策
  - 应纳税额的计算
    - 应纳税额=计税依据×适用税率
  - 纳税地点
    - 土地、房屋所在地
  - 纳税申报
    - 依法办理土地、房屋权属登记手续前申报

任务实施

一般纳税人工作任务：契税纳税实务

情境导航：

根据一般纳税人综合案例B中的“二、2023年1—11月相关涉税信息”和“三、2023年12月具体业务情况”，筛选出与契税相关的情境。

（1）辨析纳税人。

引导问题1：根据**8.1**，阳光公司是否是契税的纳税人？ □是 □否

（2）识别征税范围。

引导问题2：根据**8.2**，阳光公司购置商品房是否属于契税的征税范围？

□是 □否

（3）确定纳税义务发生时间。

引导问题3：根据**8.3**，阳光公司契税的纳税义务发生时间为________。

（4）确定税率。

引导问题4：根据**8.4**，阳光公司适用的契税税率是________（法定最低档）。

（5）确定计税依据。

引导问题5：根据**8.5**，阳光公司契税的计税依据是________。

（6）判断税收优惠。

引导问题6：根据**8.6**，阳光公司是否享受契税的税收优惠？

□是 □否

（7）计算应纳税额。

引导问题7：根据**8.7**，阳光公司应缴纳的契税为________。

（8）确定纳税地点。

引导问题8：根据**8.8**，阳光公司契税的纳税地点是________。

（9）纳税申报。

引导问题9：请登录电子税务局完成阳光公司12月财产和行为税的电子申报。

纳税申报

项目实训评价

请登录 http://cssx.rdlearning.cn 下载评价表，进行项目实训评价。

学习任务的相关知识点

契税是指以中国境内土地、房屋权属转移为征税对象，向权属承受人征收的一种税。

微课学习：契税

8.1 纳税人

在中华人民共和国境内转移土地、房屋权属，承受的单位和个人为契税的纳税人。

8.2 征税范围

在中华人民共和国境内转移土地、房屋权属属于契税征税范围，具体包括：

（1）土地使用权出让，但不包括土地承包经营权和土地经营权的转移。

（2）土地使用权转让，包括出售、赠予、互换。

（3）房屋买卖、赠予、互换。

（4）其他土地、房屋权属转移，如以作价投资（入股）、偿还债务、划转、奖励等方式转移土地、房屋权属。

8.3 纳税义务发生时间

（1）纳税人签订土地、房屋权属转移合同的当日。

（2）纳税人取得其他具有土地、房屋权属转移合同性质凭证的当日。

1）因人民法院、仲裁委员会的生效法律文书或者监察机关出具的监察文书等发生土地、房屋权属转移的，纳税义务发生时间为法律文书等生效当日。

2）因改变土地、房屋用途等情形应当缴纳已经减征、免征契税的，纳税义务发生时间为改变有关土地、房屋用途等情形的当日。

3）因改变土地性质、容积率等土地使用条件需补缴土地出让价款，应当缴纳契税的，纳税义务发生时间为改变土地使用条件当日。

发生上述1）～3）情形，按规定不再需要办理土地、房屋权属登记的，纳税人应自纳税义务发生之日起90日内申报缴纳契税。

注意：土地使用者转让、抵押或置换土地，无论其是否取得了该土地的使用权属证书，无论其在转让、抵押或置换土地过程中是否与对方当事人办理了土地使用权属证书变更登记手续，只要土地使用者享有占有、使用、收益或处分该土地的权利，且有合同等证据表明其实质转让、抵押或置换了土地并取得了相应的经济利益，土地使用者及其对方当事人就应当依照税法的规定缴纳契税。

8.4 税率

契税税率为差别比例税率，其幅度范围是3%～5%。

（1）各省、自治区、直辖市人民政府可在规定的税率幅度内提出适用水平，报同级人民代表大会常务委员会决定，并报全国人民代表大会常务委员会和国务院备案。

（2）省、自治区、直辖市可以依照上述程序对不同主体、不同地区、不同类型的住房权属转移确定差别税率。

8.5 计税依据

8.5.1 成交价格

土地使用权出让、出售，房屋买卖，计税依据为土地、房屋权属转移合同确定的成交价格，包括应交付的货币以及实物、其他经济利益对应的价款。

（1）先以划拨方式取得土地使用权，后经批准转让房地产，划拨土地性质未发生改变的，承受方应以房地产权属转移合同确定的成交价格为计税依据缴纳契税。

（2）土地使用权及所附建筑物、构筑物等（包括在建的房屋、其他建筑物、构筑物和其他附着物）转让的，计税依据为承受方应交付的总价款。

（3）土地使用权出让的，计税依据包括土地出让金、土地补偿费、安置补助费、地上附着物和青苗补偿费、征收补偿费、城市基础设施配套费、实物配建房屋等应交付的货币以及实物、其他经济利益对应的价款。

（4）房屋附属设施（包括停车位、机动车库、非机动车库、顶层阁楼、储藏室及其他房屋附属设施）与房屋为同一不动产单元的，计税依据为承受方应交付的总价款，并适用与房屋相同的税率；房屋附属设施与房屋为不同不动产单元的，计税依据为转移合同确定的成交价格，并按当地确定的适用税率计税。

（5）承受已装修房屋的，应将包括装修费用在内的费用计入承受方应交付的总价款。

8.5.2 差额

土地使用权互换、房屋互换，计税依据为所互换的土地使用权、房屋价格的差额。

（1）以划拨方式取得的土地使用权，经批准改为出让方式重新取得该土地使用权的，应由该土地使用权人以补缴的土地出让价款为计税依据缴纳契税。

（2）先以划拨方式取得土地使用权，后经批准转让房地产，划拨土地性质改为出让的，承受方应分别以补缴的土地出让价款和房地产权属转移合同确定的成交价格为计税依据缴纳契税。

（3）土地使用权互换、房屋互换，互换价格相等的，互换双方计税依据为零；互换价格不相等的，以其差额为计税依据，由支付差额的一方缴纳契税。

8.5.3 核定价格

纳税人申报的成交价格、互换价格差额明显偏低且无正当理由的，由税务机关依照《中华人民共和国税收征收管理法》的规定核定。

土地使用权赠予、房屋赠予以及其他没有价格的转移土地、房屋权属行为，计税依据为税务机关参照土地使用权出售、房屋买卖的市场价格依法核定的价格。

注意：上述契税计税依据不包括增值税。

8.6 税收优惠

8.6.1 一般免征范围

（1）国家机关、事业单位、社会团体、军事单位承受土地、房屋权属用于办公、教学、医疗、科研、军事设施。

（2）非营利性的学校、医疗机构、社会福利机构承受土地、房屋权属用于办公、教学、医疗、科研、养老、救助。

（3）承受荒山、荒地、荒滩土地使用权用于农、林、牧、渔业生产。

（4）婚姻关系存续期间夫妻之间变更土地、房屋权属。

（5）法定继承人通过继承承受土地、房屋权属。

（6）依照法律规定应当予以免税的外国驻华使馆、领事馆和国际组织驻华代表机构承受土地、房屋权属。

（7）根据国民经济和社会发展的需要，国务院对居民住房需求保障、企业改制重组、灾后重建等情形可以规定免征或者减征契税，报全国人民代表大会常务委员会备案。

8.6.2　免征或者减征契税

省、自治区、直辖市可以决定对下列情形免征或者减征契税：

（1）因土地、房屋被县级以上人民政府征收、征用，重新承受土地、房屋权属。

（2）因不可抗力灭失住房，重新承受住房权属。

8.6.3　企业、事业单位改制重组等有关契税优惠政策

8.6.3.1　企业改制

企业按照《中华人民共和国公司法》的有关规定整体改制，包括非公司制企业改制为有限责任公司或股份有限公司，有限责任公司变更为股份有限公司，股份有限公司变更为有限责任公司，原企业投资主体存续并在改制（变更）后的公司中所持股权（股份）比例超过75%，且改制（变更）后公司承继原企业权利、义务的，对改制（变更）后公司承受原企业土地、房屋权属，免征契税。

8.6.3.2　事业单位改制

事业单位按照国家有关规定改制为企业，原投资主体存续并在改制后企业中出资（股权、股份）比例超过50%的，对改制后企业承受原事业单位土地、房屋权属，免征契税。

8.6.3.3　公司合并

两个或两个以上的公司，依照法律规定、合同约定合并为一个公司，且原投资主体存续的，对合并后公司承受原合并各方土地、房屋权属，免征契税。

8.6.3.4　公司分立

公司依照法律规定、合同约定分立为两个或两个以上与原公司投资主体相同的公司，对分立后公司承受原公司土地、房屋权属，免征契税。

8.6.3.5　企业破产

承受破产企业土地、房屋权属契税优惠政策如表8－1所示。

表8－1　承受破产企业土地、房屋权属契税优惠政策

情形		契税政策
债权人（包括破产企业职工）承受破产企业土地、房屋权属以抵偿债务的		免征契税
对非债权人承受破产企业土地、房屋权属，依法妥善安置原企业全部职工	与原企业30%以上职工签订服务年限不少于三年的劳动用工合同的	减半征收契税
	与原企业全部职工签订服务年限不少于三年的劳动用工合同的	免征契税

8.6.3.6 资产划转

对承受县级以上人民政府或国有资产管理部门按规定进行行政性调整，划转国有土地、房屋权属的单位，免征契税。

同一投资主体内部所属企业之间土地、房屋权属的划转，包括母公司与其全资子公司之间，同一公司所属全资子公司之间，同一自然人与其设立的个人独资企业、一人有限公司之间土地、房屋权属的划转，免征契税。

母公司以土地、房屋权属向其全资子公司增资，视同划转，免征契税。

8.6.3.7 债权转股权

经国务院批准实施债权转股权的企业，对债权转股权后新设立的公司承受原企业的土地、房屋权属，免征契税。

8.6.3.8 划拨用地出让或作价出资

以出让方式或国家作价出资（入股）方式承受原改制重组企业、事业单位划拨用地的，不属于免税范围，对承受方应按规定征收契税。

8.6.3.9 公司股权（股份）转让

在股权（股份）转让中，单位、个人承受公司股权（股份），公司土地、房屋权属不发生转移，不征收契税。

8.6.4 其他契税优惠政策

（1）个人购买家庭住房。个人购买家庭住房契税优惠政策如表 8－2 所示。

表 8－2 个人购买家庭住房契税优惠政策

情形	住房面积	契税税率	备注
对个人购买家庭唯一住房（家庭成员范围包括购房人、配偶以及未成年子女）	面积≤ 90 平方米	减按 1% 税率	
	面积 >90 平方米	减按 1.5% 税率	
对个人购买家庭第二套改善性住房	面积≤ 90 平方米	减按 1% 税率	北京、上海、广州、深圳暂不实施此项契税优惠政策
	面积 >90 平方米	减按 2% 税率	

（2）在婚姻关系存续期间，房屋、土地权属原归夫妻一方所有，变更为夫妻双方共有或另一方所有的，或者房屋、土地权属原归夫妻双方共有，变更为其中一方所有的，或者房屋、土地权属原归夫妻双方共有，双方约定、变更共有份额的，免征契税。

（3）夫妻因离婚分割共同财产发生土地、房屋权属变更，免征契税。

8.7 应纳税额的计算

契税应纳税额的计算公式为：

应纳税额＝计税依据 × 适用税率

8.8 纳税地点

纳税人向土地、房屋所在地主管税务机关纳税申报。

8.9 纳税申报

纳税人应当在依法办理土地、房屋权属登记手续前申报缴纳契税。

（1）纳税人办理纳税事宜后，税务机关应当开具契税完税凭证。纳税人办理土地、房屋权属登记，不动产登记机构应当查验契税完税、减免税凭证或者有关信息。未按照规定缴纳契税的，不动产登记机构不予办理土地、房屋权属登记。

（2）在依法办理土地、房屋权属登记前，权属转移合同、权属转移合同性质凭证不生效、无效、被撤销或者被解除的，纳税人可以向税务机关申请退还已缴纳的税款，税务机关应当依法办理。

（3）根据人民法院、仲裁委员会的生效法律文书发生土地、房屋权属转移，纳税人不能取得销售不动产发票的，可持人民法院执行裁定书原件及相关材料办理契税纳税申报，税务机关应予以受理。

（4）购买新建商品房的纳税人在办理契税纳税申报时，由于销售新建商品房的房地产开发企业已办理注销税务登记或者被税务机关列为非正常户等原因，致使纳税人不能取得销售不动产发票的，税务机关在核实有关情况后应予以受理。

即测即评

智慧星扫描操作

9

学习任务九

土地增值税纳税实务

学习任务描述

根据《中华人民共和国土地增值税暂行条例》及《中华人民共和国土地增值税法(征求意见稿)》相关税法规定与导向，结合房地产开发企业和从事非房地产开发的纳税人情境资料，进行土地增值税的计算，并完成土地增值税预缴申报和清算申报。

教学目标

能力目标

1. 能正确判断土地增值税的征收范围；
2. 能进行土地增值税应纳税额的计算；
3. 能进行土地增值税的纳税申报。

知识目标

1. 掌握土地增值税纳税人的定义；
2. 掌握土地增值税的征税范围；
3. 掌握土地增值税的计税依据；
4. 掌握土地增值税的税率；
5. 掌握土地增值税的税收优惠；
6. 掌握土地增值税应纳税额的计算；
7. 熟悉土地增值税的征收管理；
8. 掌握土地增值税的纳税申报。

素养目标

教会学生认清税收法律级次，提升税收法治精神。

思政园地

土地增值税法[1]初现面容，税收法定逐步推进

根据《中华人民共和国立法法》的规定，税收基本制度只能由全国人民代表大会及其常务委员会制定。《个人所得税法》、《企业所得税法》和《车船税法》等就属于这个级次的法律制度，也是在税法体系中最高级次的法律制度。但我国仍有很多税收法律制度属于国务院制定的行政法规和规范性文件，其主要表现为某个税种法律实施条例或实施细则，如《中华人民共和国土地增值税暂行条例》。随着依法治税的逐步推进，财政部、税务总局联合发布了《中华人民共和国土地增值税法（征求意见稿）》，这是国家落实税收法定原则的重要举措。

根据《证券日报》刊文《土地增值税法征求意见促进房地产市场健康稳定发展》，2019 年 7 月 16 日，财政部、税务总局联合发布《中华人民共和国土地增值税法（征求意见稿）》，拟将出让、转让集体土地使用权、地上建筑物及其附着物（以下简称集体房地产）纳入征税范围。同时，拟将目前对集体房地产征收的土地增值收益调节金取消。

财政部有关负责人表示，土地增值税立法是贯彻落实税收法定原则的重要步骤，也是健全地方税体系改革的重要内容，有利于完善土地增值税制度，增强权威性和执法刚性，发挥土地增值税筹集财政收入、调节土地增值收益分配、促进房地产市场健康稳定发展的作用，有利于健全我国的房地产税收体系、推进国家治理体系和治理能力现代化。

财政部有关负责人还表示，《中华人民共和国土地增值税法（征求意见稿）》在延续《中华人民共和国土地增值税暂行条例》优惠规定的基础上，对个别政策做了适当调整，如增加授权省级人民政府对房地产市场较不发达、地价水平较低地区集体房地产减征或免征土地增值税的规定。其主要原因是出让集建地级差收益的地区差异巨大，为了建立兼顾国家、集体、个人土地收益分配机制，适当下放税政管理权限，有必要授权省级政府因地制宜制定集体房地产相关税收优惠政策。

任务书

1. 请分析判断土地增值税的纳税人、征税范围、计税依据、税率、税收优惠，计算土地增值税的应纳税额。

2. 请进行土地增值税的纳税申报。

任务分组

请登录 http://cssx.rdlearning.cn 下载学生任务分配表，进行任务分组。

准备工作

微课视频
扫一扫

1. 阅读任务书。

2. 收集《中华人民共和国土地增值税法（征收意见稿）》等相关法规，观看微课视频。

3. 结合任务书分析土地增值税纳税申报的难点和常见问题。

① 2019 年 7 月 16 日，财政部、税务总局联合发布《中华人民共和国土地增值税法（征求意见稿）》。

思维导图

- 土地增值税纳税实务
  - 纳税人
  - 征税范围
    - 一般征税范围
    - 特殊征税范围
      - 合作建房
      - 不动产赠予
      - 房地产评估增值
      - 土地使用者转让、抵押或置换土地
      - 企业改制重组土地增值税政策
  - 纳税义务发生时间
  - 税率
    - 四级超率累进税率
  - 计税依据
    - 增值额
      - 应税收入–扣除项目及金额
    - 应税收入的确定
    - 扣除项目及金额
      - 新建房地产项目扣除项目及金额
        - 取得土地使用权所支付的金额
        - 房地产开发成本
        - 房地产开发费用
        - 与转让房地产有关的税金
        - 加计扣除
      - 旧房及建筑物扣除项目及金额
        - 房屋及建筑物的评估价格
        - 取得土地使用权所支付的地价款和国家统一规定缴纳的有关费用
        - 转让环节的税金
  - 税收优惠
  - 应纳税额的计算
    - 应纳税额=增值额×适用税率–扣除项目×速算扣除系数
  - 土地增值税清算
    - 土地增值税的清算条件
    - 土地增值税清算中收入的确认
    - 土地增值税的扣除项目
    - 土地增值税清算应报送的资料
    - 土地增值税的核定征收
    - 清算后再转让房地产的处理
    - 清算环节补缴土地增值税相关滞纳金的税法规定
  - 纳税地点
    - 房地产所在地
  - 纳税申报

任务实施

一般纳税人工作任务：土地增值税纳税实务

情境导航：

根据一般纳税人综合案例B中的“二、2023年1—11月相关涉税信息”和“三、2023年12月具体业务情况”，筛选出与土地增值税相关的情境。

（1）辨析纳税人。

引导问题1：根据**9.1**，阳光公司是否是土地增值税的纳税人？ □是 □否

（2）识别征税范围。

引导问题2：根据**9.2**，阳光公司销售购置的商品房是否属于土地增值税的征税范围？ □是 □否

（3）确定纳税义务发生时间。

引导问题3：根据**9.3**，阳光公司土地增值税的纳税义务发生时间为________。

（4）确定计税依据。

引导问题4：根据**9.5**，阳光公司土地增值税的计税依据是________。

小提示：

根据《国家税务总局关于土地增值税清算有关问题的通知》（国税函〔2010〕220号）的规定，计算扣除项目时，“每年”按购房发票所载日期起至售房发票开具之日止，每满12个月计1年；超过1年，未满12个月但超过6个月的，可以视同为1年。

（5）确定税率。

引导问题5：根据**9.4**，阳光公司适用的土地增值税税率是______。

（6）判断税收优惠。

引导问题6：根据**9.6**，阳光公司是否享受土地增值税的税收优惠？

□是 □否

（7）计算应纳税额。

引导问题7：根据**9.7**，阳光公司应缴纳的土地增值税为________。

（8）确定纳税地点。

引导问题8：根据**9.9**，阳光公司土地增值税的纳税地点是______。

（9）纳税申报。

引导问题9：请登录电子税务局完成阳光公司12月财产和行为税的电子申报。

纳税申报

项目实训评价

请登录 http://cssx.rdlearning.cn 下载评价表，进行项目实训评价。

学习任务的相关知识点

土地增值税是对转让国有土地使用权、地上建筑物及其附着物并取得收入的单位和个人，就其转让房地产所取得的增值额征收的一种税。

微课学习：土地增值税

9.1 纳税人

在中华人民共和国境内转移房地产并取得收入的单位和个人，为土地增值税的纳税人。

9.2 征税范围

9.2.1 一般征税范围

在中华人民共和国境内转让房地产属于土地增值税征税范围，具体包括：

（1）转让土地使用权、地上的建筑物及其附着物。

（2）出让集体土地使用权、地上的建筑物及其附着物，或以集体土地使用权、地上的建筑物及其附着物作价出资、入股。

注意：土地承包经营权流转，不征收土地增值税。

9.2.2 特殊征税范围

（1）关于合作建房的征免税问题。对于一方出地，另一方出资，双方合作建房，建成后按比例分房自用的，暂免征收土地增值税；建成后转让的，应征收土地增值税。

（2）关于不动产赠予行为不征税问题。这里的“赠予”是指以下几种情况：

1）房产所有人、土地使用权所有人将房屋产权、土地使用权赠予直系亲属或承担直接赡养义务人的。

2）房产所有人、土地使用权所有人通过中国境内非营利的社会团体、国家机关将房屋产权、土地使用权赠予教育、民政和其他社会福利、公益事业的。

社会团体是指中国青少年发展基金会、希望工程基金会、宋庆龄基金会、减灾委员会、中国红十字会、中国残疾人联合会、全国老年基金会、老区促进会以及经民政部门批准成立的其他非营利的公益性组织。

3）关于个人互换住房的征免税问题。对个人之间互换自有居住用房地产的，经当地税务机关核实，可以免征土地增值税。

（3）房地产评估增值。房地产评估增值不属于征收土地增值税的范围，因为没有发生房地产权属的转让，评估增值的部分没有实现。

（4）土地使用者转让、抵押或置换土地，无论其是否取得了该土地的使用权属证书，无论其在转让、抵押或置换土地过程中是否与对方当事人办理了土地使用权属证书变更登记手续，只要土地使用者享有占有、使用、收益或处分该土地的权利，且有合同等证据表明其实质转让、抵押或置换了土地并取得了相应的经济利益，土地使用者及对方当事人应当依照税法的规定缴纳土地增值税等相关税收。

（5）企业改制重组土地增值税政策。

1）按照《中华人民共和国公司法》的规定，非公司制企业整体改建为有限责任公司或者股份有限公司，有限责任公司（股份有限公司）整体改建为股份有限公司（有限责任公司），对改建前的企业将国有土地使用权、地上建筑物及其附着物（以下称房地产）转移、变更到改建后的企业，暂不征收土地增值税。

上述所称整体改建是指不改变原企业的投资主体，并承继原企业权利、义务的行为。

2）按照法律规定或者合同约定，两个或两个以上企业合并为一个企业，且原企业投资主体存续的，对原企业将房地产转移、变更到合并后的企业，暂不征收土地增值税。

3）按照法律规定或者合同约定，企业分设为两个或两个以上与原企业投资主体相同的企业，对原企业将房地产转移、变更到分立后的企业，暂不征收土地增值税。

4）单位、个人在改制重组时以房地产作价入股进行投资，对其将房地产转移、变更到被投资的企业，暂不征收土地增值税。

注意：上述改制重组有关土地增值税的政策不适用于房地产开发企业；上述改制重组政策执行期限为 2021 年 1 月 1 日至 2023 年 12 月 31 日。

9.3 纳税义务发生时间

土地增值税纳税义务发生时间为房地产转移合同签订的当日。

9.4 税率

土地增值税实行四级超率累进税率，如表 9－1 所示。

表 9－1　土地增值税税率表

级次	增值额与扣除项目金额的比率	税率	速算扣除系数
1	不超过 50% 的部分	30%	0
2	超过 50% ～ 100% 的部分	40%	5%
3	超过 100% ～ 200% 的部分	50%	15%
4	超过 200% 的部分	60%	35%

9.5 计税依据

土地增值税的计税依据为纳税人转移房地产所取得的收入减除税法规定扣除项目金额后的余额，即增值额。

9.5.1 应税收入的确定

纳税人转移房地产所取得的收入，包括货币收入和非货币收入。

9.5.2 扣除项目及金额

9.5.2.1 新建房地产项目扣除项目及金额

新建房地产项目扣除项目及金额如表 9－2 所示。

表 9－2 新建房地产项目扣除项目及金额

<table>
<tr><th colspan="2">类别</th><th colspan="2">扣除标准</th></tr>
<tr><td rowspan="10">房地产开发企业</td><td rowspan="4">取得土地使用权所支付的金额</td><td rowspan="3">土地使用权支付的地价款</td><td>出让方式为土地出让金</td></tr>
<tr><td>行政划拨方式为补交的土地出让金</td></tr>
<tr><td>转让方式为实际支付的地价款</td></tr>
<tr><td colspan="2">交纳的有关税费，如契税、登记和过户手续费</td></tr>
<tr><td>房地产开发成本</td><td colspan="2">土地征用及拆迁补偿费（含耕地占用税）、前期工程费、建筑安装工程费、基础设施费、公共配套设施费、开发间接费用（含装修费）</td></tr>
<tr><td rowspan="3">房地产开发费用</td><td>能分摊利息支出，并提供金融机构证明</td><td>利息＋（取得土地使用权所支付的金额＋房地产开发成本）×5% 以内（省级政府确定的比例）</td></tr>
<tr><td>不能分摊利息支出或不能提供金融机构证明</td><td>（取得土地使用权所支付的金额＋房地产开发成本）×10% 以内（省级政府确定的比例）</td></tr>
<tr><td colspan="2">注意：
（1）超过上浮幅度的部分不允许扣除；
（2）超过贷款期限的利息部分和加罚的利息不允许扣除</td></tr>
<tr><td>与转让房地产有关的税金</td><td colspan="2">城市维护建设税和教育费附加（不包括印花税）
注意：土地增值税扣除项目涉及的增值税进项税额，允许在销项税额中计算抵扣的，不计入扣除项目；不允许在销项税额中计算抵扣的，可以计入扣除项目</td></tr>
<tr><td>加计扣除</td><td colspan="2">（取得土地使用权所支付的金额＋房地产开发成本）×20%</td></tr>
<tr><td rowspan="4">非房地产开发企业</td><td>取得土地使用权所支付的金额</td><td colspan="2">同房地产开发企业</td></tr>
<tr><td>房地产开发成本</td><td colspan="2">同房地产开发企业</td></tr>
<tr><td>房地产开发费用</td><td colspan="2">同房地产开发企业</td></tr>
<tr><td>与转让房地产有关的税金</td><td colspan="2">城市维护建设税、教育费附加、地方教育附加和印花税</td></tr>
</table>

9.5.2.2 旧房及建筑物扣除项目及金额

旧房及建筑物扣除项目及金额如表 9－3 所示。

表 9－3 旧房及建筑物扣除项目及金额

扣除项目	扣除金额	
房屋及建筑物的评估价格	有评估价格	评估价格＝重置成本价 × 成新度折扣率
	无评估价格，有发票	可按发票所载金额并从购买年度起至转让年度止每年加计 5% 计算 购房时能够提供契税完税凭证的，准予作为“与转让房地产有关的税金”予以扣除，但不作为加计 5% 的基数
取得土地使用权所支付的地价款和国家统一规定缴纳的有关费用	据实扣除	
转让环节的税金	据实扣除	

9.6 税收优惠

（1）下列情形，可减征或免征土地增值税：

1）纳税人建造保障性住房出售，增值额未超过扣除项目金额 20% 的，免征土地增值税；

2）因国家建设需要依法征收、收回的房地产，免征土地增值税；

3）自 2008 年 11 月 1 日起，对个人销售住房暂免征收土地增值税；

4）国务院可以根据国民经济和社会发展的需要规定其他减征或免征土地增值税情形，并报全国人民代表大会常务委员会备案。

（2）省、自治区、直辖市人民政府可以决定对下列情形减征或者免征土地增值税，并报同级人民代表大会常务委员会备案：

1）纳税人建造普通标准住宅出售，增值额未超过扣除项目金额 20% 的；

2）房地产市场较不发达、地价水平较低地区的纳税人出让集体土地使用权、地上的建筑物及其附着物，或以集体土地使用权、地上的建筑物及其附着物作价出资、入股的。

（3）对企事业单位、社会团体以及其他组织转让旧房作为公租房房源，且增值额未超过扣除项目金额 20% 的，免征土地增值税。

9.7 应纳税额的计算

土地增值税应纳税额的计算公式为：

应纳税额＝增值额 × 适用税率－扣除项目 × 速算扣除系数

9.7.1 纳税人既建造普通住宅又建造其他商品房的计税规定

纳税人既建造普通住宅又建造其他商品房的，应分别核算土地增值额。未分别核算增值额或不能准确核算增值额的，其建造的普通标准住宅不能适用免税规定。

9.7.2 房地产开发企业代收费用的计税规定

（1）对于县级及县级以上人民政府要求房地产开发企业在售房时代收的各项费用，如果代收费用是计入房价中向购买方一并收取的，可作为转让房地产所取得的收入计税；如果代收费用未计入房价中，而是在房价之外单独收取的，可以不作为转让房地产的收入。

（2）对于代收费用作为转让收入计税的，在计算扣除项目金额时，可予以扣除，但不允许作为加计 20% 扣除的基数；对于代收费用未作为转让房地产的收入计税的，在计算增值额时不允许扣除代收费用。

9.8 土地增值税清算

土地增值税清算，是指纳税人在符合土地增值税清算条件后，依照税收法律、法规及土地增值税有关政策的规定，计算房地产开发项目应缴纳的土地增值税税额，并填写《土地增值税清算申报表》，向主管税务机关提供有关资料，办理土地增值税清算手续，结清该房地产项目应缴纳土地增值税税款的行为。

9.8.1 土地增值税的清算条件

（1）纳税人符合下列条件之一的，应进行土地增值税的清算：

1）房地产开发项目全部竣工、完成销售的；

2）整体转让未竣工决算房地产开发项目的；

3）直接转让土地使用权的。

纳税人应当在满足条件之日起 90 日内到主管税务机关办理清算手续。

（2）对符合以下条件之一的，主管税务机关可要求纳税人进行土地增值税清算：

1）已竣工验收的房地产开发项目，已转让的房地产建筑面积占整个项目可售建筑面积的比例在 85% 以上，或该比例虽未超过 85%，但剩余的可售建筑面积已经出租或自用的；

2）取得销售（预售）许可证满三年仍未销售完毕的；

3）纳税人申请注销税务登记但未办理土地增值税清算手续的；

4）省税务机关规定的其他情况。

税务机关可要求纳税人进行土地增值税清算的项目，由主管税务机关确定是否进行清算；对于确定需要进行清算的项目，由主管税务机关下达清算通知，纳税人应当在收到清算通知之日起 90 日内办理清算手续。

9.8.2 土地增值税清算中收入的确认

9.8.2.1 直接销售的房地产收入确定

（1）土地增值税清算时，已全额开具商品房销售发票的，按照发票所载金额确认收入；未开具发票或未全额开具发票的，以交易双方签订的销售合同所载的售房金额及其他收益确认收入。

（2）销售合同所载商品房面积与有关部门实际测量面积不一致，在清算前已发生补、退房款的，应在计算土地增值税时予以调整。

9.8.2.2 非直接销售和自用房地产的收入确定

（1）房地产开发企业将开发产品用于职工福利、奖励、对外投资、分配给股东或投资人、抵偿债务、换取其他单位和个人的非货币性资产等，发生所有权转移时应视同销售房地产，其收入按下列方法和顺序确认：

1）按本企业在同一地区、同一年度销售的同类房地产的平均价格确定；

2）由主管税务机关参照当地当年、同类房地产的市场价格或评估价值确定。

（2）房地产开发企业将开发的部分房地产转为企业自用或用于出租等商业用途时，如果产权未发生转移，不征收土地增值税，在税款清算时不列入收入，不扣除相应的成本和费用。

9.8.3 土地增值税的扣除项目

（1）房地产开发企业办理土地增值税清算时计算与清算项目有关的扣除项目金额，应根据《土地增值税暂行条例》的相关规定执行。除另有规定外，扣除取得土地使用权所支付的金额、房地产开发成本、费用及与转让房地产有关税金，须提供合法有效凭证；不能提供合法有效凭证的，不予扣除。

（2）房地产开发企业办理土地增值税清算所附送的前期工程费、建筑安装工程费、基础设施费、开发间接费用的凭证或资料不符合清算要求或不实的，税务机关可参照当地建设工程造价管理部门公布的建安造价定额资料，结合房屋结构、用途、区位等因素，核定上述四项开发成本的单位面积金额标准，并据以计算扣除。具体核定方法由省税务机关确定。

（3）房地产开发企业开发建造的与清算项目配套的居委会和派出所用房、会所、停车场（库）、物业管理场所、变电站、热力站、水厂、文体场馆、学校、幼儿园、托儿所、医院、邮电通信等公共设施，按以下原则处理：

1）建成后产权属于全体业主所有的，其成本、费用可以扣除；

2）建成后无偿移交给政府、公用事业单位用于非营利性社会公共事业的，其成本、费用可以扣除；

3）建成后有偿转让的，应计算收入，并准予扣除成本、费用。

（4）房地产开发企业销售已装修的房屋，其装修费用可以计入房地产开发成本。房地产开发企业的预提费用，除另有规定外，不得扣除。

（5）属于多个房地产项目共同的成本费用，应按清算项目可售建筑面积占多个项目可售总建筑面积的比例或其他合理的方法，计算确定清算项目的扣除金额。

（6）房地产开发企业逾期开发缴纳的土地闲置费不得扣除。

（7）房地产开发企业未支付的质量保证金，其扣除项目金额的确定问题。房地产开发企业在工程竣工验收后，根据合同约定，扣留建筑安装施工企业一定比例的工程款，作为开发项目的质量保证金。在计算土地增值税时，建筑安装施工企业就质量保证金对房地产开发企业开具发票的，按发票所载金额予以扣除；未开具发票的，扣留的质量保证金不得计算扣除。

9.8.4 土地增值税清算应报送的资料

纳税人办理土地增值税清算应报送以下资料：

（1）房地产开发企业清算土地增值税书面申请、土地增值税纳税申报表。

（2）项目竣工决算报表、取得土地使用权所支付的地价款凭证、国有土地使用权出让合同、银行贷款利息结算通知单、项目工程合同结算单、商品房购销合同统计表等与转让房地产的收入、成本和费用有关的证明资料。

（3）主管税务机关要求报送的其他与土地增值税清算有关的证明资料等。

纳税人委托税务中介机构审核鉴证的清算项目，还应报送中介机构出具的《土地增值税清算税款鉴证报告》。

9.8.5 土地增值税的核定征收

房地产开发企业有下列情形之一的，税务机关可以参照与其开发规模和收入水平相近的当地企业的土地增值税税负情况，按不低于预征率的征收率核定征收土地增值税：

（1）依照法律、行政法规的规定应当设置但未设置账簿的。

（2）擅自销毁账簿或者拒不提供纳税资料的。

（3）虽设置账簿，但账目混乱或者成本资料、收入凭证、费用凭证残缺不全，难以确定转让收入或扣除项目金额的。

（4）符合土地增值税清算条件，未按照规定的期限办理清算手续，经税务机关责令限期清算，逾期仍不清算的。

（5）申报的计税依据明显偏低又无正当理由的。

9.8.6 清算后再转让房地产的处理

在土地增值税清算时未转让的房地产，清算后销售或有偿转让的，纳税人应按规定进行土地增值税的纳税申报，扣除项目金额按清算时的单位建筑面积成本费用乘以销售或转让面积计算。单位建筑面积成本费用的计算公式为：

单位建筑面积成本费用＝清算时扣除项目总金额 ÷ 清算的总建筑面积

9.8.7 清算环节补缴土地增值税相关滞纳金的税法规定

纳税人按规定预缴土地增值税后，清算补缴的土地增值税，在主管税务机关规定的期限内补缴的，不加收滞纳金。

9.9 纳税地点

纳税人向房地产所在地主管税务机关申报缴纳土地增值税。

9.10 纳税申报

9.10.1 从事房地产开发的纳税人

9.10.1.1 预缴环节

从事房地产开发的纳税人应当自纳税义务发生月份终了之日起 15 日内，向税务机关报送预缴土地增值税纳税申报表，预缴税款。

9.10.1.2 清算环节

从事房地产开发的纳税人应当自达到以下房地产清算条件起 90 日内，向税务机关报送土地增值税纳税申报表，自行完成清算，结清应缴税款或向税务机关申请退税：

（1）已竣工验收的房地产开发项目，已转让的房地产建筑面积占整个项目可售建筑面积的比例在 85% 以上，或该比例虽未超过 85%，但剩余的可售建筑面积已经出租或自用的。

（2）取得销售（预售）许可证满三年仍未销售完毕的。

（3）整体转让未竣工决算房地产开发项目的。

（4）直接转让土地使用权的。

（5）纳税人申请注销税务登记但未办理土地增值税清算手续的。

（6）国务院税务主管部门确定的其他情形。

9.10.2 非从事房地产开发的纳税人

非从事房地产开发的纳税人应当自房地产转移合同签订之日起 30 日内办理纳税申报并缴纳税款。

即测即评

智慧星扫描操作

10 学习任务十

车辆购置税纳税实务

学习任务描述

根据2018年12月29日第十三届全国人民代表大会常务委员会第七次会议通过，并于2019年7月1日起施行的《中华人民共和国车辆购置税法》中的相关法律规定，进行车辆购置税的计算与纳税申报。

教学目标

能力目标

1. 能正确判断车辆购置税的征收范围；
2. 能进行车辆购置税应纳税额的计算；
3. 能进行车辆购置税的纳税申报。

知识目标

1. 掌握车辆购置税纳税人的定义；
2. 掌握车辆购置税的征税范围；
3. 掌握车辆购置税的计税依据；
4. 掌握车辆购置税的税率；
5. 掌握车辆购置税的税收优惠；
6. 掌握车辆购置税应纳税额的计算；
7. 熟悉车辆购置税的征收管理；
8. 掌握车辆购置税的纳税申报。

素养目标

培养学生诚信纳税的品质。

思政园地

车辆购置税最低计税价格的取消与诚信体系的建设

近年来，我国税收领域的法制化进程明显加快，不断有新的税法出台，其中，《中华人民共和国车辆购置税法》已于2019年7月1日正式生效实施。相比以前的《中华人民共和国车辆购置税暂行条例》，《中华人民共和国车辆购置税法》最大的亮点是取消了最低计税价格，也就是说，税务机关在征收车辆购置税的时候，依照的是机动车统一销售发票上面注明的价格。那么，车辆购置税最低计税价格的取消是好事还是坏事呢？

无疑，对于广大购车族来说属于利好，因为能减轻纳税人负担。但同时又不免让人担心，依照机动车统一销售发票上的价格计征税款，发票上的价格会是真实的交易价格吗？从车主的角度来说，如果能少交车辆购置税，那当然是好的；从经销商的角度来说，如果能少交增值税，那更是求之不得，因为增值税的少交，意味着附加税、企业所得税等一系列的税费都会减少。我们可以来算一笔账：假设一辆交易价格为20万元的不含增值税汽车，如果按照18万元开具机动车统一销售发票，对于经销商来说，减少了2 600（20 000×13%）元的增值税，对于车主来说，减少了2 000（20 000×10%）元的车辆购置税，但是对于国家来说，就减少了4 600（2 600+2 000）元的财政收入，这还不算附加税、印花税等。买卖双方都获利了，受损失的是国家。

对于可能会出现的低开发票的情形，税务机关将利用车辆市场平均交易价格、机动车销售统一发票开具信息等数据，构建车辆购置税风险防控体系，并对车辆经销企业进行多税种联动评估，多部门协同合作以实现税源管控，防止车辆经销企业虚开、低开发票。对查实虚开、低开发票的车辆经销企业，将严格按照《税收征收管理法》及其实施细则的相关规定处理，并利用“黑名单”制度实施联合惩戒。

可见，全面取消最低计税价格，还有赖于整个社会诚信体系的建设，广大纳税人也应珍视自己的纳税信用，自觉树立诚信纳税意识，只有这样才能最终形成风清气正的社会氛围。

任务书

1. 请分析判断车辆购置税的纳税人、税率、计税依据、税收优惠，计算车辆购置税的应纳税额。

2. 请进行车辆购置税的纳税申报。

任务分组

请登录 http://cssx.rdlearning.cn 下载学生任务分配表，进行任务分组。

准备工作

微课视频

扫一扫

1. 阅读任务书。

2. 收集《中华人民共和国车辆购置税法》中的有关知识点，观看微课视频。

3. 结合任务书提出车辆购置税纳税申报的难点和常见问题。

思维导图

- 车辆购置税纳税实务
  - 纳税人
    - 中国境内购置应税车辆的单位和个人
  - 征税范围
    - 汽车
    - 有轨电车
    - 汽车挂车
    - 排气量超过150毫升的摩托车
  - 纳税义务发生时间
    - 购置应税车辆的当日
  - 税率
    - 比例税率：10%
  - 计税依据
    - 购买：实际支付的全部价款
    - 进口：关税完税价格+关税+消费税
    - 自产：纳税人生产的同类产品的销售价格
    - 受赠、获奖或其他方式取得：购置凭证载明的价格
  - 税收优惠
    - 五种情形车辆免税
  - 应纳税额的计算
    - 国产车辆：计税依据×10%
    - 进口车辆：（关税完税价格+关税+消费税）×10%
  - 纳税地点
    - 需要登记车辆：车辆登记地
    - 不需要登记车辆：纳税人所在地
  - 纳税期限
    - 购置车辆之日起60日内
  - 纳税申报

任务实施

一般纳税人工作任务：车辆购置税纳税实务

情境导航：

根据一般纳税人综合案例B中的“二、2023年1—11月相关涉税信息”和“三、2023年12月具体业务情况”，筛选出与车辆购置税相关的情境。

（1）辨析纳税人。

引导问题1：根据**10.1**，阳光公司是否是车辆购置税的纳税人？　□是　□否

（2）识别征税范围。

引导问题2：根据**10.2**，阳光公司购置的汽车是否属于车辆购置税的征税范围？

□是　□否

（3）确定纳税义务发生时间。

引导问题3：根据**10.3**，阳光公司12月车辆购置税的纳税义务发生时间为____。

（4）确定税率。

引导问题4：根据**10.4**，阳光公司适用的车辆购置税税率是________。

（5）确定计税依据。

引导问题5：根据**10.5**，阳光公司12月车辆购置税的计税依据是________。

（6）判断税收优惠。

引导问题6：根据**10.6**，阳光公司是否享受车辆购置税的税收优惠？

□是　□否

（7）计算应纳税额。

引导问题7：根据**10.7**，阳光公司12月应缴纳的车辆购置税为________。

（8）确定纳税地点。

引导问题8：根据**10.8**，阳光公司12月车辆购置税的纳税地点是________。

（9）纳税申报。

引导问题9：请登录电子税务局完成阳光公司12月车辆购置税的电子申报。

纳税申报

项目实训评价

请登录 http://cssx.rdlearning.cn 下载评价表，进行项目实训评价。

学习任务的相关知识点

车辆购置税是对在中国境内购置应税车辆的单位和个人征收的一种税。

微课学习：车辆购置税

10.1 纳税人

在中华人民共和国境内购置汽车、有轨电车、汽车挂车、排气量超过 150 毫升的摩托车（以下统称应税车辆）的单位和个人，为车辆购置税的纳税人。

购置，是指以购买、进口、自产、受赠、获奖或者其他方式取得并自用应税车辆的行为。

10.2 征税范围

车辆购置税的征税范围包括汽车、有轨电车、汽车挂车、排气量超过 150 毫升的摩托车。

10.3 纳税义务发生时间

车辆购置税的纳税义务发生时间为纳税人购置应税车辆的当日。

10.4 税率

车辆购置税采用比例税率为 10%。

10.5 计税依据

车辆购置税的计税依据为应税车辆的计税价格。根据不同情况，计税价格的确定方式有所不同，具体如表 10－1 所示。

表 10－1　车辆购置税计税依据

情形	计税依据	备注
购买应税车辆	实际支付的全部价款	不包括增值税
进口应税车辆	关税完税价格＋关税＋消费税	
自产应税车辆	纳税人生产的同类应税车辆的销售价格	不包括增值税
受赠、获奖或者其他方式取得应税车辆	购置凭证载明的价格	不包括增值税
申报价格明显偏低又无正当理由的	税务机关核定	

10.6 税收优惠

下列车辆免征车辆购置税：

（1）依照法律规定应当予以免税的外国驻华使馆、领事馆和国际组织驻华机构及其有关人员自用的车辆。

（2）中国人民解放军和中国人民警察部队列入装备订货计划的车辆。

（3）悬挂应急救援专用号牌的国家综合性消防救援车辆。

（4）设有固定装置的非运输专用作业车辆。

（5）城市公交企业购置的公共汽电车辆。

根据国民经济和社会发展的需要，国务院可以规定减征或者其他免征车辆购置税的情形，报全国人民代表大会常务委员会备案。

10.7 应纳税额的计算

车辆购置税应纳税额按照下列公式计算：

应纳税额 = 计税依据 × 税率

进口应税车辆应纳税额 =（关税完税价格 + 关税 + 消费税）× 税率

10.8 纳税地点

纳税人购置应税车辆，应当向车辆登记地的主管税务机关申报缴纳车辆购置税。

纳税人购置不需要办理车辆登记的应税车辆的，应当向纳税人所在地的主管税务机关申报缴纳车辆购置税。

10.9 纳税期限

纳税人应当自纳税义务发生之日起 60 日内申报缴纳车辆购置税。

10.10 纳税申报

纳税人依照税收法律法规及相关规定确定的申报期限、申报内容，就其应税项目如实向税务机关申报缴纳车辆购置税，并填报《财产和行为税纳税申报表》。

即测即评

智慧星扫描操作

11

学习任务十一

个人所得税纳税实务

学习任务描述

根据2018年8月31日第十三届全国人民代表大会常务委员会第五次会议《关于修改〈中华人民共和国个人所得税法〉的决定》(第七次修正)和国务院颁布的《中华人民共和国个人所得税法实施条例》(中华人民共和国国务院令第707号)的相关规定，进行个人所得税的计算与纳税申报。

教学目标

能力目标

1. 能准确核算不同所得类别的计税依据与应纳税额；
2. 能进行个人所得税的扣缴申报与自行纳税申报。

知识目标

1. 掌握个人所得税纳税人的定义；
2. 掌握个人所得税的征税范围；
3. 掌握个人所得税的计税依据；
4. 掌握个人所得税的税率；
5. 掌握个人所得税的税收优惠；
6. 掌握个人所得税应纳税额的计算；
7. 熟悉个人所得税的征收管理；
8. 掌握个人所得税的纳税申报。

素养目标

培养学生制度自信。

思政园地

个税新政助力减轻家庭养育负担

2022年3月28日，国务院发布通知，明确设立3岁以下婴幼儿照护个人所得税专项附加扣除。政策规定，自2022年1月1日起，纳税人照护3岁以下婴幼儿子女的相关支出，在计算缴纳个人所得税前按照每名婴幼儿每月1 000元的标准定额扣除。

“3岁以下婴幼儿照护个人所得税专项附加扣除政策作为优化生育政策的配套支持措施，体现了国家对人民群众生育养育的鼓励和照顾，有利于减轻父母抚养子女负担。”财政部税政司、税务总局所得税司有关负责人表示。

中国人民大学财政金融学院教授朱青认为，养育孩子费用是家庭的必要支出，应该在缴纳个人所得税前进行扣除，这也是不少国家采取的做法，体现了税制的公平性、合理性。

“增加3岁以下婴幼儿照护专项附加扣除，是一项普惠性的减税政策，能够惠及千家万户，由于费用进行税前扣除，有效降低了人民群众抚养子女的成本，有利于提升百姓的幸福感、获得感。”北京国家会计学院财税政策与应用研究所所长李旭红表示。

“3岁以下婴幼儿照护专项附加扣除政策，与现行六项专项附加扣除政策有效衔接，基本上覆盖纳税人全生命周期各个阶段。”北京大学经济学院教授刘怡表示。

为了让纳税人尽快享受减税红利，税务部门已全面做好各项准备工作。自2022年3月29日起，符合条件的纳税人即可通过手机个人所得税App填报3岁以下婴幼儿照护专项附加扣除，不方便自行填报的，也可以将有关信息提交给任职单位代为填报。

据悉，3岁以下婴幼儿照护专项附加扣除与其他六项专项附加扣除一样，实行“申报即可享受、资料留存备查”的服务管理模式。纳税人在申报时，可通过手机个人所得税App填报或向单位提供婴幼儿子女的姓名、证件类型及号码等信息，无须向税务机关报送证明资料。同时，纳税人需要将子女的出生医学证明等资料留存备查。

资料来源：曾金华．国务院发文设立3岁以下婴幼儿照护个税专项附加扣除——个税新政助力减轻家庭养育负担．经济日报，2022-03-29.

任务书

1. 请分析判断个人所得税的纳税人、征税范围、计税依据、税率、税收优惠，计算个人所得税的应纳税额。

2. 请进行个人所得的税纳税申报。

任务分组

请登录 http://cssx.rdlearning.cn 下载学生任务分配表，进行任务分组。

准备工作

微课视频
扫一扫

1. 阅读任务书。

2. 收集《中华人民共和国个人所得税法》《中华人民共和国个人所得税法实施条例》等相关法规，观看微课视频。

3. 结合任务书分析个人所得税扣缴申报与自行申报的难点和常见问题。

思维导图

- 个人所得税纳税实务
  - 纳税人
    - 居民个人
      - 住所标准
      - 居住时间标准
    - 非居民个人
      - 在中国境内无住所且在中国境内不居住或在一个纳税年度内累计居住不满183天
  - 征税范围
    - 综合所得
      - 工资、薪金所得
      - 劳务报酬所得
      - 稿酬所得
      - 特许权使用费所得
    - 经营所得
      - 个体工商户从事生产、经营活动取得的所得
      - 个人依法从事办学、医疗、咨询以及其他有偿服务活动取得的所得
      - 个人对企业、事业单位承包经营、承租经营以及转包、转租取得的所得
      - 个人从事其他生产、经营活动取得的所得
    - 分类所得
      - 财产租赁所得
      - 财产转让所得
      - 利息、股息、红利所得
      - 偶然所得
  - 纳税义务发生时间
  - 税率
    - 超额累进税率
    - 比例税率
  - 计税依据
    - 综合所得
      - 收入额
      - 减除费用
      - 专项扣除：社会保险费和住房公积金
      - 专项附加扣除
        - 子女教育支出
        - 继续教育支出
        - 大病医疗支出
        - 住房贷款利息支出
        - 住房租金支出
        - 赡养老人支出
        - 3岁以下婴幼儿照护
      - 其他扣除
    - 经营所得
    - 财产租赁所得
    - 财产转让所得
    - 利息、股息、红利所得
    - 偶然所得
  - 税收优惠
    - 免税项目
    - 减税项目
    - 其他免税和暂免征税项目
  - 应纳税额的计算
    - 综合所得应纳税额的计算
    - 经营所得应纳税额的计算
    - 利息、股息、红利所得应纳税额的计算
    - 财产租赁所得应纳税额的计算
    - 财产转让所得应纳税额的计算
    - 偶然所得应纳税额的计算
    - 应纳税额计算的其他规定
  - 纳税地点
  - 纳税期限
  - 纳税申报

任务实施

小规模纳税人工作任务：个人所得税纳税实务

情境导航：

根据小规模纳税人综合案例 A 中的“二、2023 年第 1—3 季度相关涉税信息”和“三、2023 年第 4 季度具体业务情况”，筛选出与个人所得税相关的情境。

（1）辨析纳税人。

引导问题 1：根据 **11.1**，吉祥公司的员工是否是个人所得税的纳税人？

□是　□否

（2）识别征税范围。

引导问题 2：根据 **11.2**，吉祥公司员工所得是否属于个人所得税的征税范围？

□是　□否

（3）确定纳税义务发生时间。

引导问题 3：根据 **11.3**，吉祥公司员工个人所得税的纳税义务发生时间为______。

（4）确定计税依据。

引导问题 4：根据 **11.5**，吉祥公司 2023 年度预扣预缴个人所得税的计税依据是________。

（5）确定税率。

引导问题 5：根据 **11.4**，吉祥公司预扣预缴员工个人所得税适用的税率是______。

（6）判断税收优惠。

引导问题 6：根据 **11.6**，吉祥公司员工是否享受个人所得税的税收优惠？

□是　□否

（7）计算 2023 年度预扣预缴个人所得税额。

引导问题 7：根据 **11.7**，吉祥公司 2023 年度预扣预缴员工全年的个人所得税为________，12 月应缴纳的个人所得税为________。

引导问题 8：根据 **11.7** 和 **11.10**，吉祥公司员工个人所得税汇算清缴时需补缴的个人所得税为________。

（8）确定纳税地点。

引导问题 9：根据 **11.8.1**，吉祥公司代扣代缴员工个人所得税的纳税地点是________。

（9）纳税申报。

引导问题 10：请登录自然人电子税务局完成吉祥公司 12 月个人所得税扣缴申报表的电子申报和张武个人所得税 2023 年度汇算清缴的电子申报。

纳税申报

一般纳税人工作任务：个人所得税纳税实务

情境导航：

根据一般纳税人综合案例B中的“二、2023年1—11月相关涉税信息”和“三、2023年12月具体业务情况”，筛选出与个人所得税相关的情境。

（1）辨析纳税人。

引导问题1：根据**11.1**，阳光公司的员工是否是个人所得税的纳税人？

□是　□否

（2）识别征税范围。

引导问题2：根据**11.2**，阳光公司员工所得是否属于个人所得税的征税范围？

□是　□否

（3）确定纳税义务发生时间。

引导问题3：根据**11.3**，阳光公司员工个人所得税的纳税义务发生时间为______。

（4）确定计税依据。

引导问题4：根据**11.5**，阳光公司2023年度预扣预缴个人所得税的计税依据是________。

（5）确定税率。

引导问题5：根据**11.4**，阳光公司预扣预缴员工个人所得税适用的税率是______。

（6）判断税收优惠。

引导问题6：根据**11.6**，阳光公司员工是否享受个人所得税的税收优惠？

□是　□否

（7）计算2023年度预扣预缴个人所得税额。

引导问题7：根据**11.7**，阳光公司2023年预扣预缴员工全年的个人所得税为________，12月应缴纳的个人所得税为________。

引导问题8：根据**11.7**和**11.10**，阳光公司员工是否需要办理个人所得税汇算清缴？

□是　□否

（8）确定纳税地点。

引导问题9：根据**11.8.1**，阳光公司代扣代缴员工个人所得税的纳税地点是______。

（9）填制申报表。

引导问题10：请完成阳光公司12月个人所得税扣缴申报表的填制。

项目实训评价

请登录 http://cssx.rdlearning.cn 下载评价表，进行项目实训评价。

学习任务的相关知识点

个人所得税是对个人（即自然人）取得的各项应税所得征收的一种所得税。

微课学习：个人所得税

11.1 纳税人

个人所得税纳税人是负有个人所得税纳税义务的自然人，包括个人独资企业和合伙企业。

11.1.1 居民个人和非居民个人

按住所标准和居住时间标准，个人所得税纳税人分为居民个人和非居民个人，具体判定标准如表 11－1 所示。

表 11－1 居民个人和非居民个人判定标准

纳税人类别	判定标准
居民个人	住所标准和居住时间标准只要符合一条就成为居民个人： （1）住所标准："在中国境内有住所"是指因户籍、家庭、经济利益关系而在中国境内习惯性居住； （2）居住时间标准："无住所而一个纳税年度内在中国境内居住累计满 183 天"是指在一个纳税年度（公历 1 月 1 日起至 12 月 31 日止，下同）内，在中国境内居住累计满 183 天。
非居民个人	在中国境内无住所又不居住或者无住所而一个纳税年度内在境内居住累计不满 183 天的个人。所以，非居民个人的判定标准是以下两条必须同时符合： （1）在中国境内无住所； （2）在中国境内不居住或在一个纳税年度内在境内居住累计不满 183 天。

无住所个人一个纳税年度内在中国境内累计居住天数，按照个人在中国境内累计停留的天数计算。在中国境内停留的当天满 24 小时的，计入中国境内居住天数，在中国境内停留的当天不足 24 小时的，不计入中国境内居住天数。

11.1.2 个人所得税纳税人的纳税义务

居民个人从中国境内和境外取得的所得，依照法律规定缴纳个人所得税。

非居民个人从中国境内取得的所得，依照法律规定缴纳个人所得税。

从中国境内和境外取得的所得，分别是指来源于中国境内的所得和来源于中国境外的所得。非居民个人来源于中国境内、境外所得的纳税义务判定方法如表 11－2 所示。

表 11－2 来源于中国境内、境外所得的纳税义务判定

居住时间	纳税人	境内所得		境外所得	
		境内支付	境外支付	境内支付	境外支付
小于等于 90 天	非居民个人	√	免税	×（不包括高管）	×
90 天～183 天	非居民个人	√	√	×（不包括高管）	×

续表

居住时间	纳税人	境内所得		境外所得	
		境内支付	境外支付	境内支付	境外支付
183 天～6 年（居住）	居民个人	√	√	√	免税
大于等于 6 年（居住）	居民个人	√	√	√	√

注："√"表示征税；"×"表示不征税。

11.1.3　所得来源的确定

除国务院财政、税务主管部门另有规定外，下列所得，不论支付地点是否在中国境内，均为来源于中国境内的所得：

（1）因任职、受雇、履约等在中国境内提供劳务取得的所得。

（2）将财产出租给承租人在中国境内使用而取得的所得。

（3）许可各种特许权在中国境内使用而取得的所得。

（4）转让中国境内的不动产等财产或者在中国境内转让其他财产取得的所得。

（5）从中国境内企业、事业单位、其他组织以及居民个人取得的利息、股息、红利所得。

11.2　征税范围

个人所得税征税范围如表 11－3 所示。

表 11－3　个人所得税征税范围

税目	非居民个人	居民个人
工资、薪金所得	按月分项计算	按纳税年度合并计算个人所得税——综合所得
劳务报酬所得	按次分项计算	
稿酬所得	按次分项计算	
特许权使用费所得	按次分项计算	
经营所得	按年分项计算	按年分项计算
财产租赁所得	按次分项计算	按次分项计算
财产转让所得	按次分项计算	按月分项计算
利息、股息、红利所得	按次分项计算	按次分项计算
偶然所得	按次分项计算	按次分项计算

11.2.1　工资、薪金所得

工资、薪金所得，是指个人因任职或者受雇而取得的工资、薪金、奖金、年终加薪、劳动分红、津贴、补贴以及与任职或者受雇有关的其他所得。

11.2.2　劳务报酬所得

劳务报酬所得，是指个人从事劳务取得的所得，包括从事设计、装潢、安装、制图、化验、测试、医疗、法律、会计、咨询、讲学、翻译、审稿、书画、雕刻、影视、录音、录像、演出、表演、广告、展览、技术服务、介绍服务、经纪服务、代办服务以及其他劳务取得的所得。

注意：个人兼职取得的收入应按照“劳务报酬所得”项目缴纳个人所得税。

11.2.3 稿酬所得

稿酬所得，是指个人因其作品以图书、报刊形式出版、发表而取得的所得。作品包括文学作品、书画作品、摄影作品以及其他作品。

11.2.4 特许权使用费所得

特许权使用费所得，是指个人提供专利权、商标权、著作权、非专利技术以及其他特许权的使用权取得的所得；提供著作权的使用权取得的所得，不包括稿酬所得。

（1）作者将自己的文字作品手稿原件或复印件拍卖取得的所得，按照“特许权使用费所得”项目缴纳个人所得税。

（2）个人取得专利赔偿所得，应按“特许权使用费所得”项目缴纳个人所得税。

（3）对于剧本作者从电影、电视剧的制作单位取得的剧本使用费，不再区分剧本的使用方是否为其任职单位，统一按“特许权使用费所得”项目计征个人所得税。

11.2.5 经营所得

（1）个体工商户从事生产、经营活动取得的所得，个人独资企业投资人、合伙企业的个人合伙人来源于境内注册的个人独资企业、合伙企业生产、经营的所得。

（2）个人对企业、事业单位承包经营、承租经营以及转包、转租取得的所得。

11.2.6 利息、股息、红利所得

利息、股息、红利所得，是指个人拥有债权、股权等而取得的利息、股息、红利所得。

11.2.7 财产租赁所得

财产租赁所得，是指个人出租不动产、机器设备、车船以及其他财产取得的所得。

11.2.8 财产转让所得

财产转让所得，是指个人转让有价证券、股权、合伙企业中的财产份额、不动产、机器设备、车船以及其他财产取得的所得。

个人将投资于在中国境内成立的企业或组织（不包括个人独资企业和合伙企业）的股权或股份，转让给其他个人或法人的行为，按照“财产转让所得”项目，依法计算缴纳个人所得税。

11.2.9 偶然所得

偶然所得，是指个人得奖、中奖、中彩以及其他偶然性质的所得。

（1）企业对累积消费达到一定额度的顾客，给予额外抽奖机会，个人的获奖所得，按照“偶然所得”项目，全额缴纳个人所得税。

（2）个人取得单张有奖发票奖金所得超过800元的，应全额按照“偶然所得”项目征收个人所得税。

（3）个人为单位或他人提供担保获得收入，按照“偶然所得”项目计算缴纳个人所得税。

（4）房屋产权所有人将房屋产权无偿赠予他人的，受赠人因无偿受赠房屋取得的受赠收入，按照“偶然所得”项目计算缴纳个人所得税。

（5）企业在业务宣传、广告等活动中，随机向本单位以外的个人赠送礼品（包括网络红包，下同），以及企业在年会、座谈会、庆典以及其他活动中向本单位以外的个人赠送礼品，个人取得的礼品收入，按照“偶然所得”项目计算缴纳个人所得税，但企业赠送的具有价格折扣或折让性质的消费券、代金券、抵用券、优惠券等礼品除外。

11.3 纳税义务发生时间

（1）居民个人取得综合所得，按年计算个人所得税；有扣缴义务人的，由扣缴义务人按月或者按次预扣预缴税款；需要办理汇算清缴的，应当在取得所得的次年3月1日至6月30日内办理汇算清缴。预扣预缴办法由国务院税务主管部门制定。

非居民个人取得工资、薪金所得，劳务报酬所得，稿酬所得和特许权使用费所得，有扣缴义务人的，由扣缴义务人按月或者按次代扣代缴税款，不办理汇算清缴。

（2）纳税人取得利息、股息、红利所得，财产租赁所得，财产转让所得和偶然所得，按月或者按次计算个人所得税，有扣缴义务人的，由扣缴义务人按月或者按次代扣代缴税款。

11.4 税率

11.4.1 居民个人工资、薪金所得预扣率

居民个人工资、薪金所得预扣率如表11－4所示。

表11－4 个人所得税预扣率表

（居民个人工资、薪金所得预扣预缴适用）

级数	累计预扣预缴应纳税所得额	预扣率（%）	速算扣除数
1	不超过36 000元的部分	3	0
2	超过36 000元至144 000元的部分	10	2 520
3	超过144 000元至300 000元的部分	20	16 920
4	超过300 000元至420 000元的部分	25	31 920
5	超过420 000元至660 000元的部分	30	52 920
6	超过660 000元至960 000元的部分	35	85 920
7	超过960 000元的部分	45	181 920

11.4.2 居民个人劳务报酬所得预扣率

居民个人劳务报酬所得预扣率如表 11－5 所示。

表 11－5 个人所得税预扣率表
（居民个人劳务报酬所得预扣预缴适用）

级数	预扣预缴应纳税所得额	预扣率（%）	速算扣除数
1	不超过 20 000 元的部分	20	0
2	超过 20 000 元至 50 000 元的部分	30	2 000
3	超过 50 000 元的部分	40	7 000

11.4.3 居民纳税人综合所得税率

居民纳税人综合所得税率如表 11－6 所示。

表 11－6 个人所得税税率表
（综合所得适用）

级数	全年应纳税所得额	税率（%）	速算扣除数
1	不超过 36 000 元的部分	3	0
2	超过 36 000 元至 144 000 元的部分	10	2 520
3	超过 144 000 元至 300 000 元的部分	20	16 920
4	超过 300 000 元至 420 000 元的部分	25	31 920
5	超过 420 000 元至 660 000 元的部分	30	52 920
6	超过 660 000 元至 960 000 元的部分	35	85 920
7	超过 960 000 元的部分	45	181 920

11.4.4 按月换算后的综合所得税率

全年一次性奖金等所得项目适用按月换算后的综合所得税率，如表 11－7 所示。

表 11－7 全年一次性奖金适用按月换算后的综合所得税率表

级数	全年应纳税所得额	税率（%）	速算扣除数
1	不超过 3 000 元的部分	3	0
2	超过 3 000 元至 12 000 元的部分	10	210
3	超过 12 000 元至 25 000 元的部分	20	1 410
4	超过 25 000 元至 35 000 元的部分	25	2 660
5	超过 35 000 元至 55 000 元的部分	30	4 410
6	超过 55 000 元至 80 000 元的部分	35	7 160
7	超过 80 000 元的部分	45	15 160

11.4.5 非居民纳税人工资、薪金所得，劳务报酬所得，稿酬所得和特许权使用费所得税率

非居民纳税人工资、薪金所得，劳务报酬所得，稿酬所得和特许权使用费所得

税率如表 11－8 所示。

表 11－8　个人所得税税率表

（非居民个人工资、薪金所得，劳务报酬所得，稿酬所得，特许权使用费所得适用）

级数	应纳税所得额	税率（%）	速算扣除数
1	不超过 3 000 元的部分	3	0
2	超过 3 000 元至 12 000 元的部分	10	210
3	超过 12 000 元至 25 000 元的部分	20	1 410
4	超过 25 000 元至 35 000 元的部分	25	2 660
5	超过 35 000 元至 55 000 元的部分	30	4 410
6	超过 55 000 元至 80 000 元的部分	35	7 160
7	超过 80 000 元的部分	45	15 160

11.4.6　经营所得税率

经营所得适用 5% ～ 35% 的超额累进税率，如表 11－9 所示。

表 11－9　个人所得税税率表

（经营所得适用）

级数	全年应纳税所得额	税率（%）	速算扣除数
1	不超过 30 000 元的部分	5	0
2	超过 30 000 元至 90 000 元的部分	10	1 500
3	超过 90 000 元至 300 000 元的部分	20	10 500
4	超过 300 000 元至 500 000 元的部分	30	40 500
5	超过 500 000 元的部分	35	65 500

11.4.7　其他所得税率

利息、股息、红利所得，财产租赁所得，财产转让所得和偶然所得适用比例税率，为 20%。

11.5 计税依据

个人所得税的计税依据是纳税人取得的应纳税所得额。应纳税所得额为个人取得的各项收入减去税法规定的费用扣除金额和减免税收入后的余额。不同所得类别费用扣除金额特点如表 11－10 所示。

表 11－10　不同所得类别费用扣除金额特点

所得类别	费用扣除金额
工资、薪金所得	定额扣除
劳务报酬所得	定额和定率扣除
稿酬所得	
特许权使用费所得	
财产租赁所得	

续表

所得类别	费用扣除金额
个体工商户生产经营所得	会计核算或凭证数据
对企事业单位的承包经营、承租经营所得	
财产转让所得	
利息、股息、红利所得	无扣除
偶然所得	

11.5.1 居民个人综合所得

居民个人综合所得以每一纳税年度的收入额减除费用6万元以及专项扣除、专项附加扣除和依法确定的其他扣除后的余额，为应纳税所得额。

注意：综合所得中的劳务报酬所得、稿酬所得、特许权使用费所得以收入减除20%的费用后的余额为收入额。稿酬所得的收入额减按70%计算。

11.5.2 综合所得扣除项目

综合所得扣除项目包括专项扣除、专项附加扣除和其他扣除。

11.5.2.1 专项扣除

专项扣除包括居民个人按照国家规定的范围和标准缴纳的基本养老保险、基本医疗保险、失业保险等社会保险费和住房公积金等。

11.5.2.2 专项附加扣除

专项附加扣除包括子女教育、继续教育、大病医疗、住房贷款利息或者住房租金、赡养老人、3岁以下婴幼儿照护等支出。

（1）子女教育。子女教育支出扣除规定如表11－11所示。

表11－11 子女教育支出扣除规定

扣除主体	法定监护人，包括生父母、继父母、养父母以及父母之外的担任未成年人法定监护人的其他人。
包含的支出范围	（1）年满3周岁的子女接受学前教育； （2）子女的境内和境外的全日制义务教育、高中阶段教育和高等教育（学历教育）； （3）拥有义务教育学籍的特殊教育。
不包含的支出范围	（1）不满3周岁子女的教育； （2）子女的境内外非学历教育； （3）在职研究生教育； （4）进入博士后工作站期间。
扣除标准	按照每个子女每月1 000元（每年12 000元）的标准定额扣除。
扣除方式	父母可以选择由其中一方按扣除标准的100%扣除，也可以选择由双方分别按扣除标准的50%扣除，具体扣除方式在一个纳税年度内不能变更。
资料留存	纳税人子女在中国境外接受教育的，纳税人应当留存境外学校录取通知书、留学签证等相关的教育证明资料备查。

（2）继续教育。继续教育支出扣除规定如表 11－12 所示。

表 11－12　继续教育支出扣除规定

扣除主体	可选择由其父母扣除，也可本人扣除。	
包含的支出范围	个人接受境内本科及以下学历（学位）继续教育（参加教育部认可学籍的夜大、函授、现代远程教育、广播电视大学等非全日制教育）。	（1）境内在职研究生教育。 （2）纳税人接受人社部发布的国家职业资格目录列明的技能人员职业资格继续教育。 （3）纳税人接受人社部发布的国家职业资格目录列明的专业技术人员职业资格继续教育。
不包含的支出范围	（1）境外继续教育。 （2）境外颁发的技能证书。 （3）境内人社部发布的国家职业资格目录之外的继续教育。 （4）同一学历（学位）超过 4 年（48 个月）扣除期限的继续教育支出。 （5）同一纳税人，在同一纳税年度可以同时享受一个学历（学位）继续教育和一个职业资格继续教育。不能同时享受多个学历（学位）继续教育或多个职业资格继续教育。	
扣除标准	纳税人在中国境内接受学历（学位）继续教育的支出，在学历（学位）教育期间按照每月 400 元（即每年 4 800 元）定额扣除。同一学历（学位）继续教育的扣除期限不能超过 48 个月（即 4 年）。	纳税人接受技能人员职业资格继续教育、专业技术人员职业资格继续教育支出，在取得相关证书的当年，按照 3 600 元定额扣除。
扣除方式	个人接受本科及以下学历（学位）继续教育，符合税法规定扣除条件的，可以选择由其父母扣除，也可以选择由本人扣除。	
资料留存	纳税人接受技能人员职业资格继续教育、专业技术人员职业资格继续教育的，应当留存相关证书等资料备查。	

（3）大病医疗。大病医疗支出扣除规定如表 11－13 所示。

表 11－13　大病医疗支出扣除规定

扣除主体	本人或配偶，未成年子女选择父母任一方。
包含的支出范围	纳税人或配偶、未成年子女分别在一个纳税年度内医保目录范围内的自付部分累计超过 15 000 元的部分（在 80 000 元限额内据实扣除）。
不包含的支出范围	（1）医保目录范围外的医药费支出。 （2）医保目录范围内未超过大病医疗支出 15 000 元的部分。 （3）纳税人父母的医药费支出。
扣除标准	在一个纳税年度内，纳税人发生的与基本医保相关的医药费用支出，扣除医保报销后个人负担（指医保目录范围内的自付部分）累计超过 15 000 元的部分，由纳税人在办理年度汇算清缴时，在 80 000 元限额内据实扣除。纳税人及其配偶、未成年子女发生的医药费用支出，应按前述规定分别计算扣除额。
扣除方式	纳税人发生的医药费用支出可以选择由本人或者其配偶扣除；未成年子女发生的医药费用支出可以选择由其父母一方扣除。
资料留存	留存医药服务收费及医保报销相关票据原件（或复印件）等资料备查。

（4）住房贷款利息。住房贷款利息支出扣除规定如表 11－14 所示。

表 11－14　住房贷款利息支出扣除规定

扣除主体	（1）经夫妻双方约定，可以选择由其中一方扣除，具体扣除方式在一个纳税年度内不得变更。 （2）夫妻双方婚前分别购买住房发生的首套住房贷款，其贷款利息支出，婚后可以选择其中一套购买的住房，由购买方按扣除标准的 100% 扣除，也可以双方对各自购买的住房分别按扣除标准的 50% 扣除，具体扣除方式在一个纳税年度内不得变更。
包含的支出范围	本人或者配偶购买中国境内住房，贷款来源于商业银行或者住房公积金的首套住房贷款利息支出。
不包含的支出范围	（1）购买中国境外住房。 （2）父母贷款但产权登记为子女的购房。 （3）商业银行或者住房公积金之外的贷款购房。 （4）与首套住房贷款利率水平不相符。 （5）享受首套住房贷款利息扣除后的再次购房。 （6）贷款购房当年已享受住房租金专项附加扣除。
扣除标准	发生的首套住房贷款利息支出，在实际发生贷款利息的年度，按照每月 1 000 元的标准定额扣除，扣除期限最长不超过 240 个月。纳税人只能享受一次首套住房贷款的利息扣除。
资料留存	纳税人应当留存住房贷款合同、贷款还款支出凭证备查。

（5）住房租金。住房租金支出扣除规定如表 11－15 所示。

表 11－15　住房租金支出扣除规定

<table>
<tr><td>扣除主体</td><td colspan="2">住房租赁合同的承租人，具体为：
（1）未婚的，由本人扣除。
（2）已婚且夫妻双方主要工作城市相同的，由承租人扣除。
（3）已婚且夫妻双方主要工作城市不同的，分别扣除。</td></tr>
<tr><td>包含的支出范围</td><td colspan="2">在主要工作城市没有自有住房但签订住房租赁合同租房的。</td></tr>
<tr><td>不包含的支出范围</td><td colspan="2">（1）在主要工作城市有自有住房（取得自有住房产权证或购买自有住房时的契税完税证明）。
（2）不付租金的职工宿舍或借住房。
（3）纳税人及其配偶在一个纳税年度内已享受住房贷款利息专项附加扣除。</td></tr>
<tr><td rowspan="5">扣除标准</td><td>扣除范围</td><td>定额扣除标准</td></tr>
<tr><td>直辖市、省会（首府）城市、计划单列市以及国务院确定的其他城市</td><td>1 500 元 / 月</td></tr>
<tr><td>除第一项所列城市以外，市辖区户籍人口超过 100 万的城市</td><td>1 100 元 / 月</td></tr>
<tr><td>除第一项所列城市以外，市辖区户籍人口不超过 100 万的城市</td><td>800 元 / 月</td></tr>
<tr><td colspan="2">说明：
（1）市辖区户籍人口，以国家统计局公布的数据为准。
（2）纳税人及其配偶在一个纳税年度内不能同时分别享受住房贷款利息和住房租金专项附加扣除。</td></tr>
<tr><td>资料留存</td><td colspan="2">纳税人应当留存住房租赁合同、协议等有关资料备查。</td></tr>
</table>

（6）赡养老人。赡养老人支出扣除规定如表 11－16 所示。

表 11－16　赡养老人支出扣除规定

<table>
<tr><td>扣除主体</td><td colspan="4">独生子女或赡养人。</td></tr>
<tr><td>包含的支出范围</td><td colspan="4">被赡养人是指年满 60 周岁的父母，以及子女均已去世的年满 60 周岁的祖父母、外祖父母。</td></tr>
<tr><td rowspan="5">扣除标准</td><td>纳税人</td><td>扣除标准</td><td>扣除方式</td><td>其他要求</td></tr>
<tr><td>独生子女</td><td>2 000 元 / 月</td><td>纳税人独自扣除</td><td></td></tr>
<tr><td rowspan="3">非独生子女</td><td rowspan="3">与兄弟姐妹分摊每月 2 000 元的扣除额度且具体分摊方式和额度在一个纳税年度内不能变更</td><td>平均分摊</td><td></td></tr>
<tr><td>约定分摊，每人分摊的额度不能超过每月 1 000 元</td><td>须签订书面分摊协议</td></tr>
<tr><td>指定分摊，每人分摊的额度不能超过每月 1 000 元</td><td>须签订书面分摊协议</td></tr>
</table>

（7）3 岁以下婴幼儿照护。

3 岁以下婴幼儿照护支出扣除规定如表 11－17 所示。

表 11－17　3 岁以下婴幼儿照护支出扣除规定

扣除主体	法定监护人，包括生父母、继父母、养父母以及父母之外的担任未成年人的法定监护人的其他人。
包含的支出范围	为婴幼儿出生的当月至年满 3 周岁的前一个月期间的照护支出。
扣除标准	按照每个婴幼儿每月 1 000 元的标准定额扣除。
扣除方式	父母可以选择由其中一方按扣除标准的 100% 扣除，也可以选择由双方分别按扣除标准的 50% 扣除，具体扣除方式在一个纳税年度内不能变更。
资料留存	子女的出生医学证明等资料。

11.5.2.3　其他扣除

其他扣除包括国家规定的商业健康保险、税收递延型商业养老保险的支出，以及国务院规定可以扣除的其他项目。

（1）商业健康保险税前扣除标准。

适用商业健康保险税收优惠政策的纳税人，是指取得工资和薪金所得、连续性劳务报酬所得的个人，以及取得个体工商户生产经营所得、对企事业单位的承包和承租经营所得的个体工商户业主、个人独资企业投资者、合伙企业合伙人和承包、承租经营者。

对个人购买符合规定的商业健康保险产品的支出，允许在当年（月）计算应纳税所得额时税前扣除，扣除限额为 2 400 元 / 年（200 元 / 月）；单位统一为员工购买符合规定的商业健康保险产品的支出，应分别计入员工个人工资、薪金，视同个人购买，按上述限额予以扣除。

2 400 元 / 年（200 元 / 月）的限额扣除为《个人所得税法》规定减除费用标准之外的扣除。

（2）领取的税收递延型商业养老保险税前扣除标准。

领取的税收递延型商业养老保险的养老金收入，其中 25% 部分予以免税，其余 75% 部分按照 10% 的比例税率计算缴纳个人所得税，税款计入“工资、薪金所得”项目，由保险机构代扣代缴后，在个人购买税延养老保险的机构所在地办理全员全额扣缴申报。

注意：上述专项扣除、专项附加扣除和依法确定的其他扣除，以居民个人一个纳税年度的应纳税所得额为限额；一个纳税年度扣除不完的，不结转以后年度扣除。

11.5.3 非居民个人所得

非居民个人的工资、薪金所得，以每月收入额减除费用 5 000 元后的余额为应纳税所得额；劳务报酬所得、稿酬所得、特许权使用费所得，以每次收入额为应纳税所得额。

11.5.4 经营所得

经营所得以每一纳税年度的收入总额减除成本、费用以及损失后的余额，为应纳税所得额。

取得经营所得的个人，没有综合所得的，计算其每一纳税年度的应纳税所得额时，应当减除费用 6 万元、专项扣除、专项附加扣除以及依法确定的其他扣除。专项附加扣除在办理汇算清缴时减除。

从事生产、经营活动，未提供完整、准确的纳税资料，不能正确计算应纳税所得额的，由主管税务机关核定应纳税所得额或者应纳税额。

11.5.5 财产租赁所得

财产租赁所得每次收入不超过 4 000 元的，减除费用 800 元；4 000 元以上的，减除 20% 的费用，其余额为应纳税所得额。

11.5.6 财产转让所得

财产转让所得以转让财产的收入额减除财产原值和合理费用后的余额，为应纳税所得额。

（1）财产原值，按照下列方法计算：

1）有价证券，为买入价以及买入时按照规定缴纳的有关费用；

2）建筑物，为建造费或者购进价格以及其他有关费用；

3）土地使用权，为取得土地使用权所支付的金额、开发土地的费用以及其他有关费用；

4）机器设备、车船，为购进价格、运输费、安装费以及其他有关费用。

纳税人未提供完整、准确的财产原值凭证，不能按照规定的方法确定财产原值的，由主管税务机关核定财产原值。

（2）合理费用，是指卖出财产时按照规定支付的有关税费。

11.5.7 利息、股息、红利所得

利息、股息、红利所得以每次收入额为应纳税所得额。

11.5.8 偶然所得

偶然所得，以每次收入额为应纳税所得额。

11.5.9 公益捐赠税前扣除政策

（1）个人将其所得对教育、扶贫、济困等公益慈善事业进行捐赠，捐赠额未超过纳税人申报的应纳税所得额30%的部分，可以从其应纳税所得额中扣除；国务院规定对公益慈善事业捐赠实行全额税前扣除的，从其规定。

（2）个人通过非营利性的社会团体和国家机关向红十字事业、教育事业、农村义务教育和公益性青少年活动场所（包括新建）的捐赠，在计算缴纳个人所得税时，准予在税前的所得额中全额扣除。

（3）根据财政部、国家税务总局的有关规定，个人通过非营利性的社会团体和政府部门向福利性、非营利性老年服务机构捐赠，符合相关条件的，准予在缴纳个人所得税前全额扣除。

11.5.10 每次收入的确定

（1）财产租赁所得，以一个月内取得的收入为一次。

（2）利息、股息、红利所得，以支付利息、股息、红利时取得的收入为一次。

（3）偶然所得，以每次取得该项收入为一次。

（4）非居民个人取得的劳务报酬所得、稿酬所得、特许权使用费所得，属于一次性收入的，以取得该项收入为一次；属于同一项目连续性收入的，以一个月内取得的收入为一次。

11.6 税收优惠

11.6.1 免税项目

（1）省级人民政府、国务院部委和中国人民解放军军以上单位，以及外国组织、国际组织颁发的科学、教育、技术、文化、卫生、体育、环境保护等方面的奖金。

（2）国债和国家发行的金融债券利息。

（3）按照国家统一规定发给的补贴、津贴。这是指按照国务院规定发给的政府特殊津贴、院士津贴，以及国务院规定免纳个人所得税的其他补贴、津贴。

（4）福利费、抚恤金、救济金。

（5）保险赔款。

（6）军人的转业费、复员费、退役金。

（7）按照国家统一规定发给干部、职工的安家费、退职费、基本养老金或者退休费、离休费、离休生活补助费。

（8）依照有关法律规定应予以免税的各国驻华使馆、领事馆的外交代表、领事官员和其他人员的所得。

（9）中国政府参加的国际公约、签订的协议中规定免税的所得。

（10）国务院规定的其他免税所得。该项免税规定，由国务院报全国人民代表大会常务委员会备案。

11.6.2 减税项目

（1）残疾、孤老人员和烈属的所得。

（2）因自然灾害造成重大损失的。

11.6.3 其他免税和暂免征税项目

（1）下列所得，暂免征收个人所得税：

1）外籍个人以非现金形式或实报实销形式取得的住房补贴、伙食补贴、搬迁费、洗衣费。

2）外籍个人按合理标准取得的境内、境外出差补贴。

3）外籍个人取得的探亲费、语言训练费、子女教育费等，经当地税务机关审核批准为合理的部分。

4）外籍个人从外商投资企业取得的股息、红利所得。

2019 年 1 月 1 日至 2023 年 12 月 31 日期间，外籍个人符合居民个人条件的，可以选择享受个人所得税专项附加扣除，也可以选择按照规定，享受住房补贴、语言训练费、子女教育费等津贴、补贴免税优惠政策，但不得同时享受。外籍个人一经选择，在一个纳税年度内不得变更。

（2）个人在上海、深圳证券交易所转让从上市公司公开发行和转让市场取得的股票转让所得。

（3）个人举报、协查各种违法、犯罪行为而获得的奖金。

（4）个人办理代扣代缴手续，按规定取得的扣缴手续费。

（5）个人转让自用达 5 年以上，并且是唯一的家庭生活用房取得的所得。

（6）对个人购买福利彩票、体育彩票，一次中奖收入在 1 万元以下（含 1 万元）的暂免征收个人所得税；超过 1 万元的，全额征收个人所得税。

（7）个人取得单张有奖发票奖金所得不超过 800 元（含 800 元）的。

（8）个人领取原提存的住房公积金、基本医疗保险金、基本养老保险金，以及失业保险金。

（9）企业和事业单位根据国家有关政策规定的办法和标准，为在本单位任职或者受雇的全体职工缴付的企业年金或职业年金单位缴费部分，在计入个人账户时，个人暂不缴纳个人所得税。

个人根据国家有关政策规定缴付的年金个人缴费部分，在不超过本人缴费工资计税基数的 4% 标准内的部分，暂从个人当期的应纳税所得额中扣除。

年金基金投资运营收益分配计入个人账户时，个人暂不缴纳个人所得税。

（10）企业依照国家有关法律规定宣告破产，企业职工从该破产企业取得的一次性安置费收入。

（11）自 2008 年 10 月 9 日（含）起，存款人取得的储蓄存款利息。

（12）被拆迁人按照国家有关城镇房屋拆迁管理办法规定的标准取得的拆迁补偿款。

（13）以下情形的房屋产权无偿赠予的，对当事双方不征收个人所得税：

1）房屋产权所有人将房屋产权无偿赠予配偶、父母、子女、祖父母、外祖父母、孙子女、外孙子女、兄弟姐妹；

2）房屋产权所有人将房屋产权无偿赠予对其承担直接抚养或者赡养义务的抚养人或者赡养人；

3）房屋产权所有人死亡，依法取得房屋产权的法定继承人、遗嘱继承人或者受遗赠人。

（14）企业在销售商品（产品）和提供服务过程中向个人赠送礼品，属于下列情形之一的，不征收个人所得税：

1）企业通过价格折扣、折让方式向个人销售商品（产品）和提供服务；

2）企业在向个人销售商品（产品）和提供服务的同时给予赠品，如通信企业对个人购买手机赠话费、入网费，或者购话费赠手机等；

3）企业对累积消费达到一定额度的个人按消费积分反馈礼品。

11.7 应纳税额的计算

11.7.1 综合所得应纳税额的计算

综合所得应纳税额的计算公式为：

应纳税额＝应纳税所得额 × 适用税率－速算扣除数
＝(每一纳税年度的收入额－费用 6 万元－专项扣除－专项附加扣除－依法确定的其他扣除) × 适用税率－速算扣除数

（1）扣缴义务人对居民个人工资、薪金所得，劳务报酬所得，稿酬所得，特许权使用费所得预扣预缴个人所得税的计算。

1）扣缴义务人向居民个人支付工资、薪金所得时，应当按照累计预扣法计算预扣税款，并按月办理全员全额扣缴申报。

累计预扣法的具体计算公式如下：

本期应预扣预缴税额＝(累计预扣预缴应纳税所得额 × 预扣率－速算扣除数)－累计减免税额－累计已预扣预缴税额

累计预扣预缴应纳税所得额＝累计收入－累计免税收入－累计减除费用－累计专项扣除－累计专项附加扣除－累计依法确定的其他扣除

其中：累计减除费用，按照 5 000 元 / 月乘以纳税人当年截至本月在本单位的任职受雇月份数计算。

自 2020 年 7 月 1 日起，对一个纳税年度内首次取得工资、薪金所得的居民个人，扣缴义务人在预扣预缴个人所得税时，可按照 5 000 元 / 月乘以纳税人当年截至本月月份数计算累计减除费用。首次取得工资、薪金所得的居民个人，是指自纳税年度首月起至新入职时，未取得工资、薪金所得或者未按照累计预扣法预扣预缴过连续性劳务报酬所得个人所得税的居民个人。

2）扣缴义务人向居民个人支付劳务报酬所得、稿酬所得、特许权使用费所得，按次或者按月预扣预缴个人所得税。

劳务报酬所得、稿酬所得、特许权使用费所得，属于一次性收入的，以取得该项收入为一次；属于同一项目连续性收入的，以一个月内取得的收入为一次。具体预扣预缴方法如下：

劳务报酬所得、稿酬所得、特许权使用费所得以收入减除费用后的余额为收入额。其中，稿酬所得的收入额减按 70% 计算。

减除费用：劳务报酬所得、稿酬所得、特许权使用费所得每次收入不超过 4 000 元的，减除费用按 800 元计算；每次收入 4 000 元以上的，减除费用按 20% 计算。

预扣预缴税额的计算公式如下：

$$\text{劳务报酬所得应预扣预缴税额}=\text{预扣预缴应纳税所得额}\times\text{预扣率}-\text{速算扣除数}$$

$$\text{稿酬所得、特许权使用费所得应预扣预缴税额}=\text{预扣预缴应纳税所得额}\times 20\%$$

居民个人工资、薪金所得，劳务报酬所得，稿酬所得，特许权使用费所得年度预扣预缴税额与年度应纳税额不一致的，由居民个人于次年 3 月 1 日至 6 月 30 日向主管税务机关办理综合所得年度汇算清缴，税款多退少补。

（2）扣缴义务人对非居民个人工资、薪金所得，劳务报酬所得，稿酬所得，特许权使用费所得扣缴个人所得税的计算。

扣缴义务人向非居民个人支付工资、薪金所得，劳务报酬所得，稿酬所得和特许权使用费所得时，应当按以下方法按月或者按次代扣代缴个人所得税：

非居民个人的工资、薪金所得，以每月收入额减除费用 5 000 元后的余额为应纳税所得额；劳务报酬所得、稿酬所得、特许权使用费所得，以每次收入额为应纳税所得额。其中，劳务报酬所得、稿酬所得、特许权使用费所得以收入减除 20% 的费用后的余额为收入额。稿酬所得的收入额减按 70% 计算。

非居民个人应纳税额的计算公式如下：

$$\text{非居民个人工资、薪金所得，劳务报酬所得，稿酬所得，特许权使用费所得应纳税额}=\text{应纳税所得额}\times\text{税率}-\text{速算扣除数}$$

11.7.2 经营所得应纳税额的计算

经营所得应纳税额的计算公式如下：

$$\begin{aligned}\text{经营所得应纳税额}&=\text{应纳税所得额}\times\text{适用税率}-\text{速算扣除数}\\&=(\text{全年收入总额}-\text{成本、费用、税金、损失、其他支出及以前年度亏损})\times\text{适用税率}-\text{速算扣除数}\end{aligned}$$

11.7.3 利息、股息、红利所得应纳税额的计算

利息、股息、红利所得应纳税额的计算公式如下：

$$\begin{aligned}\text{利息、股息、红利所得应纳税额}&=\text{应纳税所得额}\times\text{适用税率}\\&=\text{每次收入额}\times\text{适用税率}\end{aligned}$$

11.7.4 财产租赁所得应纳税额的计算

（1）每次（月）收入不足 4 000 元的：

财产租赁所得应纳税额 =［每次（月）收入额 – 财产租赁过程中缴纳的税费 – 由纳税人负担的租赁财产实际开支的修缮费用（800 元为限）–800］×20%

（2）每次（月）收入在 4 000 元以上的：

财产租赁所得应纳税额 =［每次（月）收入额 – 财产租赁过程中缴纳的税费 – 由纳税人负担的租赁财产实际开支的修缮费用（800 元为限）］×（1–20%）×20%

11.7.5 财产转让所得应纳税额的计算

财产转让所得应按照一次转让财产的收入额减除财产原值和合理费用后的余额计算纳税。计算公式为：

财产转让所得应纳税额 = 应纳税所得额 × 适用税率

= （收入总额 – 财产原值 – 合理费用）×20%

11.7.6 偶然所得应纳税额的计算

偶然所得应纳税额的计算公式如下：

应纳税额 = 应纳税所得额 × 适用税率 = 每次收入额 ×20%

11.7.7 应纳税额计算的其他规定

（1）全年一次性奖金的征税规定。

居民个人取得全年一次性奖金，符合相关规定的，在 2023 年 12 月 31 日前，不并入当年综合所得，以全年一次性奖金收入除以 12 个月得到的数额，按照按月换算后的综合所得税率表，确定适用税率和速算扣除数，单独计算纳税。计算公式为：

全年一次性奖金应纳税额 = 全年一次性奖金收入 × 适用税率 – 速算扣除数

居民个人取得全年一次性奖金，也可以选择并入当年综合所得计算纳税。

（2）解除劳动关系一次性补偿收入的征税规定。

个人与用人单位解除劳动关系取得一次性补偿收入（包括用人单位发放的经济补偿金、生活补助费和其他补助费），在当地上年职工平均工资 3 倍数额以内的部分，免征个人所得税；超过 3 倍数额的部分，不并入当年综合所得，单独适用综合所得税率表计算纳税。

（3）退休人员再任职取得收入的征税规定。

退休人员再任职取得的收入，在减除按《个人所得税法》规定的费用扣除标准后，按“工资、薪金所得”项目缴纳个人所得税。

（4）个人养老金的征税规定。

自 2022 年 1 月 1 日起，对个人养老金实施递延纳税优惠政策。

在缴费环节，个人向个人养老金资金账户的缴费，按照 12 000 元 / 年的限额标准，在综合所得或经营所得中据实扣除；在投资环节，计入个人养老金资金账户的投资收益暂不征收个人所得税；在领取环节，个人领取的个人养老金，不并入综合所得，单独按照 3% 的税率计算缴纳个人所得税，其缴纳的税款计入“工资、薪金所得”项目。

11.8 纳税地点

11.8.1 全员全额扣缴申报地点

涉及全员全额扣缴纳税的，扣缴义务人应当在代扣税款的次月 15 日内，向主管税务机关报送其支付所得的所有个人的有关信息、支付所得数额、扣除事项和数额、扣缴税款的具体数额和总额以及其他相关涉税信息资料。

11.8.2 纳税人取得综合所得汇算清缴申报地点

纳税人有两处以上任职、受雇单位的，选择向其中一处任职、受雇单位所在地主管税务机关办理纳税申报；纳税人没有任职、受雇单位的，向户籍所在地或经常居住地主管税务机关办理纳税申报。

11.8.3 经营所得个人所得税申报地点

纳税人取得经营所得，按年计算个人所得税，由纳税人在月度或季度终了后 15 日内，向经营管理所在地主管税务机关办理预缴纳税申报；在取得所得的次年 3 月 31 日前，向经营管理所在地主管税务机关办理汇算清缴；从两处以上取得经营所得的，选择向其中一处经营管理所在地主管税务机关办理年度汇总申报。

11.8.4 非居民个人取得工资、薪金所得，劳务报酬所得，稿酬所得，特许权使用费所得个人所得税申报地点

非居民个人取得工资、薪金所得，劳务报酬所得，稿酬所得，特许权使用费所得的，应当在取得所得的次年 6 月 30 日前，向扣缴义务人所在地主管税务机关办理纳税申报；有两个以上扣缴义务人均未扣缴税款的，选择向其中一处扣缴义务人所在地主管税务机关办理纳税申报。

11.8.5 纳税人取得利息、股息、红利所得，财产租赁所得，财产转让所得和偶然所得个人所得税申报地点

纳税人取得利息、股息、红利所得，财产租赁所得，财产转让所得和偶然所得的，应当在取得所得的次年 6 月 30 日前，按相关规定向主管税务机关办理纳税申报。

11.9 纳税期限

（1）居民个人取得综合所得，按年计算个人所得税；有扣缴义务人的，由扣缴义务人按月或者按次预扣预缴税款；需要办理汇算清缴的，应当在取得所得的次年 3 月 1 日至 6 月 30 日内办理。

（2）非居民个人取得工资、薪金所得，劳务报酬所得，稿酬所得和特许权使用费所得，有扣缴义务人的，由扣缴义务人按月或者按次代扣代缴税款，不办理汇算清缴。

（3）纳税人取得经营所得，按年计算个人所得税，由纳税人在月度或者季度终了后 15 日内向税务机关报送纳税申报表，并预缴税款；在取得所得的次年 3 月 31 日前办理汇算清缴。

（4）纳税人取得利息、股息、红利所得，财产租赁所得，财产转让所得和偶然所得，按月或者按次计算个人所得税，有扣缴义务人的，由扣缴义务人按月或者按次代扣代缴税款。

（5）纳税人取得应税所得没有扣缴义务人的，应当在取得所得的次月 15 日内向税务机关报送纳税申报表，并缴纳税款。

11.10 纳税申报

（1）个人所得税以所得人为纳税人，以支付所得的单位或者个人为扣缴义务人。

扣缴义务人应当按照国家规定办理全员全额扣缴申报，并向纳税人提供其个人所得和已扣缴税款等信息。全员全额扣缴申报，是指扣缴义务人在代扣税款的次月 15 日内，向主管税务机关报送其支付所得的所有个人的有关信息、支付所得数额、扣除事项和数额、扣缴税款的具体数额和总额以及其他相关涉税信息资料。

（2）有下列情形之一的，纳税人应当依法办理纳税申报：

1）取得综合所得需要办理汇算清缴。需要办理汇算清缴的情形包括：

第一，在两处或者两处以上取得综合所得，且综合所得年收入额减去专项扣除的余额超过 6 万元。

第二，取得劳务报酬所得、稿酬所得、特许权使用费所得中一项或者多项所得，且综合所得年收入额减去专项扣除的余额超过 6 万元。

第三，纳税年度内预缴税额低于应纳税额的。

第四，纳税人申请退税。纳税人申请退税，应当提供其在中国境内开设的银行账户，并在汇算清缴地就地办理税款退库。

2）取得应税所得没有扣缴义务人。

3）取得应税所得，扣缴义务人未扣缴税款。

4）取得境外所得。

5）因移居境外注销中国户籍。

6）非居民个人在中国境内从两处以上取得工资、薪金所得。

7）国务院规定的其他情形。

即测即评

智慧星扫描操作

12

学习任务十二

企业所得税纳税实务

学习任务描述

根据2018年12月29日第十三届全国人民代表大会常务委员会第七次会议修正的《中华人民共和国企业所得税法》和2019年4月23日国务院令第714号修订的《中华人民共和国企业所得税法实施条例》中关于企业所得税的规定，进行企业所得税的计算与纳税申报。

教学目标

能力目标

1. 能进行企业所得税的计算；
2. 能进行企业所得税的纳税申报。

知识目标

1. 掌握企业所得税纳税人的定义；
2. 掌握企业所得税的征税范围；
3. 掌握企业所得税的计税依据；
4. 掌握企业所得税的税率；
5. 掌握企业所得税的税收优惠；
6. 掌握企业所得税应纳税额的计算；
7. 熟悉企业所得税的征收管理；
8. 掌握企业所得税的纳税申报。

素养目标

培养学生创新精神。

思政园地

创新：引领发展的第一动力

在党的二十大报告中，习近平总书记指出，必须坚持科技是第一生产力、人才是第一资源、创新是第一动力，深入实施科教兴国战略、人才强国战略、创新驱动发展战略，开辟发展新领域新赛道，不断塑造发展新动能新优势。

党的二十大报告指出，我国加快推进科技自立自强，全社会研发经费支出从一万亿元增加到二万八千亿元，居世界第二位，研发人员总量居世界首位。基础研究和原始创新不断加强，一些关键核心技术实现突破，战略性新兴产业发展壮大，载人航天、探月探火、深海深地探测、超级计算机、卫星导航、量子信息、核电技术、新能源技术、大飞机制造、生物医药等取得重大成果，进入创新型国家行列。

在国家层面，政府为降低创新成本明确了一系列税收优惠政策，加大减税力度。比如，将享受当年一次性税前扣除优惠的企业新购进研发仪器、设备单位价值上限，从 100 万元提高到 500 万元；将高新技术企业和科技型中小企业亏损结转年限由 5 年延长至 10 年，企业研究开发费用加计扣除比例由 50% 提高到 100%；高新技术企业企业所得税税率仅为 15%。

近年来，科学技术飞速发展，在财税领域应用人工智能、大数据，为我国社会经济发展提供了新的发展模式，推动了财税事业的健康发展，促进了人类生活和社会经济发展的变革。如财税智能机器人可以自动完成汇总、合并抵销、邮件数据催收、系统数据导出及处理、财务报告生成等工作，提升了财务部门业务流程的自动化和智能化水平，转变了财税工作的传统模式，使财务人员从机械、繁杂的劳动中解脱出来，把更多的时间和精力投入分析、决策环节，大大提高了财务工作的效率和质量；我国越来越多的财税信息被纳入大数据信息库，运用大数据技术中的智能信息识别功能进行数据信息的存储、分析等深度处理，使得财税管理部门可以为企业资金投入提供精准建议，引导企业做出科学投资决策。

财税人员应该勇于创新，及时调整自己的知识结构，适应时代发展；要改变以往做账、报税模式，及时学习财税智能机器人使用技巧，降低重复性工作负荷，投入更大精力去做分析决策；充分挖掘大数据技术潜力，打破传统财税数据分析渠道，拓展数据渠道，打破条块壁垒，提升分析结果的精准度，切实为企业决策做出贡献，进而提升个人价值。

任务书

1. 请分析判断企业所得税的纳税人、计税依据、税率、税收优惠，计算企业所得税的应纳税额。
2. 请进行企业所得税的纳税申报。

任务分组

请登录 http://cssx.rdlearning.cn 下载学生任务分配表，进行任务分组。

准备工作

微课视频
扫一扫

1. 阅读任务书。
2. 收集《中华人民共和国企业所得税法》和《中华人民共和国企业所得税法实施条例》中的相关知识点，观看微课视频。
3. 结合任务书分析企业所得税纳税申报的难点和常见问题。

思维导图

- 企业所得税纳税实务
  - 纳税人
    - 居民企业
    - 非居民企业
  - 征税对象
    - 居民企业：境内所得和境外所得
    - 非居民企业：境内所得
  - 纳税义务发生时间
  - 税率
    - 基本税率：25%
    - 优惠税率
      - 15%
      - 20%
    - 预提所得税：法定税率20%（实际10%）
  - 计税依据
    - 收入总额
    - 不征税收入
    - 税前扣除的项目
    - 扣除标准
    - 不得扣除项目
    - 亏损弥补
    - 非居民企业的应纳税所得额
  - 资产的税务处理
    - 固定资产
    - 无形资产
    - 长期待摊费用
    - 投资资产
    - 存货
    - 资产损失
  - 税收优惠
    - 免税收入
    - 减、免税所得
    - 不同类型企业税收优惠
    - 加计扣除
    - 应纳税所得额抵扣
    - 加速折旧
    - 减计收入
    - 应纳税额抵免
    - 西部地区的减免税
    - 债券利息减免税
  - 应纳税额的计算
    - 应纳税额=应纳税所得额×适用税率–减免税额–抵免税额
  - 纳税地点
    - 居民企业
    - 非居民企业
  - 纳税期限
  - 纳税申报
    - 企业所得税年度纳税申报
    - 企业所得税月（季）度预缴纳税申报

任务实施

小规模纳税人工作任务：企业所得税纳税实务

情境导航：

根据小规模纳税人综合案例 A 中的“二、2023 年第 1—3 季度相关涉税信息”和“三、2023 年第 4 季度具体业务情况”，筛选出与企业所得税相关的情境。

（1）辨析纳税人。

引导问题 1：根据 **12.1**，吉祥公司是否是企业所得税的纳税义务人？

□是　□否

（2）识别征税范围。

引导问题 2：根据 **12.2**，吉祥公司是否属于企业所得税的征税范围？

□是　□否

（3）确定纳税义务发生时间。

引导问题 3：根据 **12.3**，吉祥公司企业所得税的纳税义务发生时间为________。

（4）编制科目余额表（损益类科目节选）。

引导问题 4：参照第 1—3 季度科目余额表（损益类科目节选），请填列《吉祥公司第 4 季度科目余额表（损益类科目节选）》(见附录中的附件十三)。

引导问题 5：请填列《吉祥公司 2023 年度科目余额表（损益类科目节选）》(见附录中的附件十四)。

（5）确定第 4 季度预缴企业所得税计税依据。

引导问题 6：根据 **12.5**，吉祥公司第 4 季度的会计利润总额为________。请填列《吉祥公司第 4 季度会计利润总额计算表》(见附录中的附件十五)。

引导问题 7：根据 **12.5**，吉祥公司第 4 季度预缴企业所得税的计税依据是______。请填列《吉祥公司第 4 季度预缴所得税计算表》(见附录中的附件十六)。

（6）判断税收优惠。

引导问题 8：根据 **12.7.3**，吉祥公司是否享受企业所得税的税收优惠？

□是　□否

小提示：

（1）小型微利企业的标准：年应纳税所得额≤ 300 万元，从业人数≤ 300 人，资产总额≤ 5 000 万元。

（2）小型微利企业从业人数和资产总额指标，应按企业全年的季度平均值确定。具体计算公式如下：

季度平均值 =（季初值 + 季末值）÷2

全年季度平均值 = 全年各季度平均值之和 ÷4

吉祥公司员工人数和资产总额平均值的计算如表 A－13 所示。

表 A-13　员工人数和资产总额平均值计算表

时间	职工人数（人）	季度平均值（人）	全年季度平均值（人）
年初	5		
1 季度末	5	5	
2 季度末	5	5	
3 季度末	5	5	
4 季度末	5	5	5
时间	资产总额（万元）	季度平均值（万元）	全年季度平均值（万元）
年初	245.67		
1 季度末	253.28	249.48	
2 季度末	258.94	256.11	
3 季度末	264.91	261.93	
4 季度末	259.24	262.08	257.40

（7）确定第 4 季度预缴企业所得税税率。

引导问题 9：根据 **12.7.3**，吉祥公司适用的企业所得税税率是________。

（8）计算第 4 季度预缴企业所得税额。

引导问题 10：吉祥公司第 4 季度应预缴的企业所得税为________。

（9）确定 2023 年度企业所得税的计税依据。

引导问题 11：吉祥公司 2023 年度纳税调整额为________。请填列《吉祥公司企业所得税纳税调整额计算表》(见附录中的附件十七)。

引导问题 12：根据 **12.5**，吉祥公司 2023 年度企业所得税的计税依据是________。

（10）计算 2023 年度应纳企业所得税额。

引导问题 13：吉祥公司 2023 年度应纳企业所得税额为________。

（11）计算 2023 年度应补（退）所得税额。

引导问题 14：吉祥公司 2023 年度应补（退）所得税额为________。

（12）确定纳税地点。

引导问题 15：根据 **12.9**，吉祥公司企业所得税的纳税地点是_____。

（13）纳税申报。

引导问题 16：请登录电子税务局完成吉祥公司第 4 季度企业所得税预缴的电子申报和 2023 年度企业所得税汇算清缴的电子申报。

纳税申报

情境导航：

根据一般纳税人综合案例B中的“二、2023年1—11月相关涉税信息”和“三、2023年12月具体业务情况”，筛选出与企业所得税相关的情境。

（1）辨析纳税人。

引导问题1：根据**12.1**，阳光公司是否是企业所得税的纳税义务人？

□是　□否

（2）识别征税范围。

引导问题2：根据**12.2**，阳光公司是否属于企业所得税的征税范围？

□是　□否

（3）确定纳税义务发生时间。

引导问题3：根据**12.3**，阳光公司企业所得税的纳税义务发生时间为________。

（4）编制科目余额表（损益类科目节选）。

引导问题4：参照1—11月科目余额表（损益类科目节选），编制12月科目余额表（损益类科目节选），请填列《阳光公司12月科目余额表（损益类科目节选）》（见附录中的附件十八）。

引导问题5：请填列《阳光公司2023年度科目余额表（损益类科目节选）》（见附录中的附件十九）。

（5）确定第4季度预缴企业所得税计税依据。

引导问题6：根据引导问题4，阳光公司12月的会计利润总额为________。请填列《阳光公司12月会计利润总额计算表》（见附录中的附件二十）。

引导问题7：根据**12.5**，阳光公司第4季度预缴企业所得税的计税依据是______。请填列《阳光公司第4季度预缴所得税计算表》（见附录中的附件二十一）。

（6）判断税收优惠。

引导问题8：根据**12.7**，阳光公司是否享受企业所得税的税收优惠？

□是　□否

小提示：

（1）小型微利企业的标准：年应纳税所得额≤300万元，从业人数≤300人，资产总额≤5 000万元。

（2）小型微利企业从业人数和资产总额指标，应按企业全年的季度平均值确定。具体计算公式如下：

季度平均值＝（季初值＋季末值）÷2

全年季度平均值＝全年各季度平均值之和 ÷4

阳光公司员工人数和资产总额平均值的计算如表B－25所示。

表 B－25　员工人数和资产总额平均值计算表

时间	职工人数（人）	季度平均值（人）	全年季度平均值（人）
年初	10		
1 季度末	11	11	
2 季度末	11	11	
3 季度末	10	11	
4 季度末	10	10	11
时间	资产总额（万元）	季度平均值（万元）	全年季度平均值（万元）
年初	1 030.75		
1 季度末	1 091.24	1 061.00	
2 季度末	1 126.78	1 109.01	
3 季度末	1 173.94	1 150.36	
4 季度末	1 331.74	1 252.84	1 143.30

（7）确定第 4 季度预缴企业所得税税率。

引导问题 9：根据 **12.4**，阳光公司第 4 季度预缴企业所得税适用的税率是________。

（8）计算第 4 季度预缴企业所得税额。

引导问题 10：阳光公司第 4 季度应预缴的企业所得税为________。

（9）确定 2023 年度企业所得税的计税依据。

引导问题 11：阳光公司 2023 年度纳税调整额为________。请填列《阳光公司企业所得税纳税调整额计算表》(见附录中的附件二十二)。

引导问题 12：根据 **12.5**，阳光公司 2023 年度企业所得税的计税依据是________。

（10）计算 2023 年度应纳企业所得税额。

引导问题 13：阳光公司 2023 年度应纳企业所得税额为________。

（11）计算 2023 年度应补（退）所得税额。

引导问题 14：阳光公司 2023 年度应补（退）所得税额为________。

纳税申报

（12）确定纳税地点。

引导问题 15：根据 **12.9**，阳光公司企业所得税的纳税地点是________。

（13）纳税申报。

引导问题 16：请登录电子税务局完成阳光公司第 4 季度企业所得税预缴的电子申报和 2023 年度企业所得税汇算清缴的电子申报。

项目实训评价

请登录 http://cssx.rdlearning.cn 下载评价表，进行项目实训评价。

学习任务的相关知识点

企业所得税是对企业和其他取得收入的组织生产经营所得和其他所得征收的一种所得税。

微课学习：企业所得税

12.1 纳税人

在中华人民共和国境内，企业和其他取得收入的组织（以下统称企业）为企业所得税的纳税人，依照《企业所得税法》的规定缴纳企业所得税。企业所得税纳税人包括各类企业、事业单位、社会团体、民办非企业单位和从事经营活动的其他组织。依照中国法律、行政法规成立的个人独资企业、合伙企业，不属于企业所得税纳税人，不缴纳企业所得税。

企业所得税采取收入来源地管辖权和居民管辖权相结合的双重管辖权，把企业分为居民企业和非居民企业，分别确定不同的纳税义务。

12.1.1 居民企业

居民企业，是指依法在中国境内成立，或者依照外国（地区）法律成立但实际管理机构在中国境内的企业。

实际管理机构，是指对企业的生产经营、人员、账务、财产等实施实质性全面管理和控制的机构。

12.1.2 非居民企业

非居民企业，是指依照外国（地区）法律成立且实际管理机构不在中国境内，但在中国境内设立机构、场所的，或者在中国境内未设立机构、场所，但有来源于中国境内所得的企业。

非居民企业委托营业代理人在中国境内从事生产经营活动的，包括委托单位或者个人经常代其签订合同，或者储存、交付货物等，该营业代理人视为非居民企业在中国境内设立的机构、场所。

12.2 征税对象

12.2.1 居民企业的征税对象

居民企业应当就其来源于中国境内、境外的所得缴纳企业所得税，包括销售货物所得、提供劳务所得、转让财产所得、股息红利等权益性投资所得、利息所得、租金所得、特许权使用费所得、接受捐赠所得和其他所得。

12.2.2 非居民企业的征税对象

非居民企业在中国境内设立机构、场所的，应当就其所设机构、场所取得的来源于中国境内的所得，以及发生在中国境外但与其所设机构、场所有实际联系的所得，缴纳企业所得税。

非居民企业在中国境内未设立机构、场所的，或者虽设立机构、场所但取得的所得与其所设机构、场所没有实际联系的，应当就其来源于中国境内的所得缴纳企业所得税。

实际联系，是指非居民企业在中国境内设立的机构、场所拥有据以取得所得的股权、债权，以及拥有、管理、控制据以取得所得的财产等。

12.2.3 所得来源地的确定原则

来源于中国境内、境外的所得，按照如表 12－1 所示的原则确定。

表 12－1 所得来源地的确定原则

所得类型		所得来源地确定
销售货物所得		按照交易活动发生地确定
提供劳务所得		按照劳务发生地确定
转让财产所得	不动产	按照不动产所在地确定
	动产	按照转让动产的企业或者机构、场所所在地确定
	权益性投资资产	按照被投资企业所在地确定
股息、红利等权益性投资所得		按照分配所得的企业所在地确定
利息、租金、特许权使用费所得		按照负担、支付所得的企业或者机构、场所所在地，个人的住所地确定
其他所得		由国务院财政、税务主管部门确定

12.3 纳税义务发生时间

企业所得税按月或按季预缴，年度汇算清缴。企业所得税需要从收入实现日期和扣除原则两个方面确定纳税义务发生时间。

12.3.1 收入实现日期

12.3.1.1 销售货物收入

销售货物收入，是指企业销售商品、产品、原材料、包装物、低值易耗品以及其他存货取得的收入。

除法律法规另有规定外，企业销售货物收入的确认，必须遵循权责发生制原则和实质重于形式原则。

12.3.1.2 提供劳务收入

提供劳务收入，是指企业从事建筑安装、修理修配、交通运输、仓储租赁、金融保险、邮政通信、咨询经纪、文化体育、科学研究、技术服务、教育培训、餐饮住宿、中介代理、卫生保健、社区服务、旅游、娱乐、加工以及其他劳务服务活动取得的收入。企业在各个纳税期末，提供劳务交易的结果能够可靠估计的，应采用完工进度（百分比）法确认提供劳务收入。企业应按照从接受劳务方已收或应收的合同或协议价款确定劳务收入总额，将纳税期末提供劳务收入总额乘以完工进度扣除以前纳税年度累计已确认提供劳务收入后的金额，确认为当期劳务收入；同时，按照提供劳务估计总成本乘以完工进度扣除以前纳税期间累计已确认劳务成本后的金额，结转为当期劳务成本。

12.3.1.3 转让财产收入

转让财产收入，是指企业转让固定资产、生物资产、无形资产、股权、债权等财产取得的收入。转让财产收入应当按照从财产受让方已收或应收的合同或协议价款确认。

12.3.1.4 股息、红利等权益性投资收益

股息、红利等权益性投资收益，是指企业因权益性投资从被投资方取得的收入。股息、红利等权益性投资收益，除国务院财政、税务主管部门另有规定外，按照被投资方做出利润分配决定的日期确认收入的实现。

12.3.1.5 利息收入

利息收入，是指企业将资金提供他人使用但不构成权益性投资，或者因他人占用本企业资金取得的收入，包括存款利息、贷款利息、债券利息、欠款利息等收入。利息收入，按照合同约定的债务人应付利息的日期确认。

12.3.1.6 租金收入

租金收入，是指企业提供固定资产、包装物或者其他有形资产的使用权取得的收入。租金收入，按照合同约定的承租人应付租金的日期确认。如果交易合同或协议中规定租赁期限跨年度，且租金提前一次性支付的，出租人可对上述已确认的收入，在租赁期内，分期均匀计入相关年度收入。

12.3.1.7 特许权使用费收入

特许权使用费收入，是指企业提供专利权、非专利技术、商标权、著作权以及其他特许权的使用权取得的收入。特许权使用费收入，按照合同约定的特许权使用人应付特许权使用费的日期确认。

12.3.1.8 接受捐赠收入

接受捐赠收入，是指企业接受的来自其他企业、组织或者个人无偿给予的货币性资产、非货币性资产。接受捐赠收入，按照实际收到捐赠资产的日期确认收入的实现。

12.3.1.9 特殊收入的确认

（1）以分期收款方式销售货物的，按照合同约定的收款日期确认收入的实现。

（2）企业受托加工制造大型机械设备、船舶、飞机，以及从事建筑、安装、装配工程业务或者提供其他劳务等，持续时间超过 12 个月的，按照纳税年度内完工进度或者完成的工作量确认收入的实现。

（3）采取产品分成方式取得收入的，按照企业分得产品的日期确认收入的实现。

（4）企业发生非货币性资产交换，以及将货物、财产、劳务用于捐赠、偿债、赞助、集资、广告、样品、职工福利或者利润分配等用途的，应当视同销售货物、转让财产或者提供劳务，但国务院财政、税务主管部门另有规定的除外。

12.3.2 扣除原则

企业申报的扣除项目和金额要真实、合法。所谓真实，是指能提供有关支出确属已经实际发生的证明；合法，是指符合国家税法的规定，若其他法规规定与税收法规规定不一致，应以税收法规的规定为标准。除税收法规另有规定外，税前扣除一

般应遵循以下原则：

（1）权责发生制原则，是指企业的费用应在发生的所属期扣除，而不是在实际支付时确认扣除。

（2）配比原则，是指企业发生的费用应当与收入配比扣除。除特殊规定外，企业发生的费用不得提前或滞后申报扣除。

（3）相关性原则，是指企业可扣除的费用从性质和根源上必须与取得应税收入直接相关。

（4）确定性原则，是指企业可扣除的费用不论何时支付，其金额必须是确定的。

（5）合理性原则，是指符合生产经营活动常规，应当计入当期损益或者有关资产成本的必要和正常的支出。

12.4 税率

企业所得税实行比例税率，其税率如表 12－2 所示。

表 12－2　企业所得税税率表

种类	税率	适用范围
基本税率	25%	（1）居民企业； （2）境内设有机构、场所且所得与机构、场所有关联的非居民企业。
优惠税率	15%	（1）国家重点扶持的高新技术企业； （2）经认定的技术先进型服务企业。
	20%	符合条件的小型微利企业。
预提所得税	法定税率 20% （实际 10%）	（1）在中国境内未设立机构、场所的非居民企业； （2）虽设立机构、场所但取得的所得与其所设机构、场所没有实际联系的非居民企业。

12.5 计税依据

企业所得税的计税依据是应纳税所得额。在实际工作中，应纳税所得额的计算有两种方法。

（1）直接计算法：

应纳税所得额＝收入总额－不征税收入－免税收入－各项扣除－允许弥补的以前年度亏损

（2）间接计算法：

应纳税所得额＝会计利润总额＋纳税调整增加额－纳税调整减少额－允许弥补的以前年度亏损

12.5.1 收入总额

企业收入总额是指以货币形式和非货币形式从各种来源取得的收入。企业收入总额包括销售货物收入、提供劳务收入、转让财产收入、股息和红利等权益性投资收益、利息收入、租金收入、特许权使用费收入、接受捐赠收入和其他收入。

12.5.2 不征税收入

（1）财政拨款。

（2）依法收取并纳入财政管理的行政事业性收费、政府性基金。

（3）国务院规定的其他不征税收入。国务院规定的其他不征税收入是指企业取得的，由国务院财政、税务主管部门规定专项用途并经国务院批准的财政性资金。

县级以上人民政府将国有资产无偿划入企业，凡指定专门用途并按规定进行管理的，企业可作为不征税收入进行企业所得税处理。其中，该项资产若属于非货币性资产，则应按政府确定的接收价值计算不征税收入。

12.5.3 税前扣除的项目

企业实际发生的与取得收入有关的、合理的支出，包括成本、费用、税金、损失和其他支出，准予在计算应纳税所得额时扣除。合理的支出，是指符合生产经营活动常规，应当计入当期损益或者有关资产成本的必要和正常的支出。除另有规定外，企业实际发生的成本、费用、税金、损失和其他支出，不得重复扣除。

企业发生的支出应当区分收益性支出和资本性支出。收益性支出在发生当期直接扣除；资本性支出应当分期扣除或者计入有关资产成本，不得在发生当期直接扣除。

企业的不征税收入用于支出所形成的费用或者财产，不得扣除或者计算对应的折旧、摊销扣除。

（1）成本，是指企业在生产经营活动中发生的销售成本、销货成本、业务支出以及其他耗费。

（2）费用，是指企业在生产经营活动中发生的销售费用、管理费用和财务费用。

（3）税金，是指企业发生的除企业所得税和允许抵扣的增值税以外的各项税金及其附加。企业所得税前税金扣除方法如表 12－3 所示。

表 12－3 企业所得税前税金扣除方法

是否扣除	扣除方式	税金
允许扣除	作为税金扣除	消费税、城建税、教育费附加、资源税、土地增值税、房产税、车船税、土地使用税、印花税、出口关税
	计入相关资产成本	契税、车辆购置税、进口关税、耕地占用税
不得扣除	—	增值税（价外税）
		企业所得税、企业为职工负担的个人所得税

（4）损失，是指企业在生产经营活动中发生的固定资产和存货的盘亏、毁损、报废损失，转让财产损失，呆账损失，坏账损失，自然灾害等不可抗力因素造成的损失以及其他损失。

企业发生的损失，减除责任人赔偿和保险赔款后的余额，依照国务院财政、税务主管部门的规定扣除。企业已经作为损失处理的资产，在以后纳税年度又全部收回或者部分收回时，应当计入当期收入。

（5）其他支出，是指除成本、费用、税金、损失外，企业在生产经营活动中发生的与生产经营活动有关的、合理的支出。

12.5.4 扣除标准

12.5.4.1 工资、薪金支出

企业发生的合理的工资、薪金支出，准予扣除。工资、薪金，是指企业每一纳税年度支付给在本企业任职或者受雇的员工的所有现金形式或者非现金形式的劳动报酬，包括基本工资、奖金、津贴、补贴、年终加薪、加班工资，以及与员工任职或者受雇有关的其他支出。

12.5.4.2 职工福利费、工会经费、职工教育经费

职工福利费、工会经费和职工教育经费税前扣除标准如表 12－4 所示。

表 12－4 职工福利费、工会经费和职工教育经费税前扣除标准

<table>
<tr><th colspan="2">三项经费</th><th>扣除规定</th><th>实际超过税法部分是否结转</th></tr>
<tr><td colspan="2">职工福利费</td><td>小于等于工资、薪金总额的 14%</td><td>不得结转到以后年度扣除</td></tr>
<tr><td colspan="2">工会经费</td><td>小于等于工资、薪金总额的 2%</td><td>不得结转到以后年度扣除</td></tr>
<tr><td rowspan="3">职工教育经费</td><td>一般企业</td><td>小于等于工资、薪金总额的 8%</td><td>结转到以后年度扣除</td></tr>
<tr><td rowspan="2">软件生产企业</td><td>职工培训费：据实扣除</td><td>—</td></tr>
<tr><td>其他：小于等于工资、薪金总额的 8%</td><td>结转到以后年度扣除</td></tr>
</table>

12.5.4.3 社会保险费

社会保险费税前扣除标准如表 12－5 所示。

表 12－5 社会保险费税前扣除标准

<table>
<tr><th>保险名称</th><th>扣除规定</th></tr>
<tr><td>基本养老保险费、基本医疗保险费、失业保险费、工伤保险费等基本社会保险费和住房公积金</td><td>准予扣除</td></tr>
<tr><td>补充养老保险</td><td rowspan="2">分别不超过工资薪金总额 5% 的部分准予扣除</td></tr>
<tr><td>补充医疗保险</td></tr>
<tr><td>企业财产保险</td><td>准予扣除</td></tr>
<tr><td>雇主责任险、公众责任险</td><td>准予扣除</td></tr>
<tr><td>特殊工种人身安全保险</td><td>准予扣除</td></tr>
<tr><td>职工因公出差乘坐交通工具发生的人身意外保险费</td><td>准予扣除</td></tr>
<tr><td>其他商业保险</td><td>不得扣除</td></tr>
</table>

12.5.4.4 借款费用

（1）企业在生产经营活动中发生的合理的不需要资本化的借款费用，准予扣除。

（2）企业为购置、建造固定资产、无形资产和经过 12 个月以上的建造才能达到预定可销售状态的存货发生借款的，在有关资产购置、建造期间发生的合理的借款费用，应当作为资本性支出计入有关资产的成本，并依照《企业所得税法实施条例》

的有关规定扣除。

12.5.4.5 利息费用

企业在生产经营活动中发生的下列利息支出，准予扣除：

（1）非金融企业向金融企业借款的利息支出、金融企业的各项存款利息支出和同业拆借利息支出、企业经批准发行债券的利息支出可据实扣除。

（2）非金融企业向非金融企业借款的利息支出，不超过按照金融企业同期同类贷款利率计算的数额的部分可据实扣除，超过部分不允许扣除。

金融企业，是指各类银行、保险公司及经中国人民银行批准从事金融业务的非银行金融机构。

（3）凡企业投资者在规定期限内未缴足其应缴资本额的，该企业对外借款所发生的利息，相当于投资者实缴资本额与在规定期限内应缴资本额的差额应计付的利息，其不属于企业合理的支出，应由企业投资者负担，不得在计算企业应纳税所得额时扣除。

（4）企业向股东或其他与企业有关联关系的自然人借款的利息支出，应根据《企业所得税法》及《财政部 国家税务总局关于企业关联方利息支出税前扣除标准有关税收政策问题的通知》规定的条件，计算企业所得税扣除额。

企业向除股东或其他与企业有关联关系的自然人以外的内部职工或其他人员借款的利息支出，其借款情况同时符合以下条件的，其利息支出在不超过按照金融企业同期同类贷款利率计算的数额的部分，准予扣除：

1）企业与个人之间的借贷是真实、合法、有效的，并且不具有非法集资目的或其他违反法律、法规的行为；

2）企业与个人之间签订了借款合同。

12.5.4.6 汇兑损失

企业在货币交易中，以及纳税年度终了时将人民币以外的货币性资产、负债按照期末即期人民币汇率中间价折算为人民币时产生的汇兑损失，除已经计入有关资产成本以及与向所有者进行利润分配相关的部分外，准予扣除。

12.5.4.7 公益性捐赠

捐赠支出的税务处理如表 12－6 所示。

表 12－6 捐赠支出的税务处理

类别	含义	扣除规定
公益性捐赠	通过公益性社会组织或者县级（含县级）以上人民政府及其组成部门和直属机构，用于符合法律规定的慈善活动、公益事业的捐赠	在年度利润总额 12% 以内的部分，准予在计算应纳税所得额时扣除；超过部分，准予结转以后 3 年内在计算应纳税所得额时扣除。企业对公益性捐赠支出计算扣除时，应先扣除以前年度结转的捐赠支出，再扣除当年发生的捐赠支出
非公益性捐赠	直接捐赠或通过营利机构的捐赠	不得扣除

12.5.4.8 业务招待费

企业发生的与生产经营活动有关的业务招待费支出，按照发生额的 60% 扣除，但最高不得超过当年销售（营业）收入的 5‰。

企业在筹建期间，发生的与筹办活动有关的业务招待费支出，可按实际发生额的 60% 计入企业筹办费，并按有关规定在税前扣除。

对从事股权投资业务的企业（包括集团公司总部、创业投资企业等），其从被投资企业所分配的股息、红利以及股权转让收入，可以按规定的比例计算业务招待费扣除限额。

12.5.4.9 广告费和业务宣传费

广告费和业务宣传费税前扣除标准如表 12－7 所示。

表 12－7 广告费和业务宣传费税前扣除标准

<table>
<tr><th>行业</th><th>扣除规定</th></tr>
<tr><td>一般企业</td><td>不超过当年销售（营业）收入 15% 的部分准予扣除；超过部分，准予在以后纳税年度结转扣除</td></tr>
<tr><td>化妆品制造或销售</td><td rowspan="3">不超过当年销售（营业）收入 30% 的部分准予扣除；超过部分，准予在以后纳税年度结转扣除</td></tr>
<tr><td>医药制造</td></tr>
<tr><td>饮料制造（不含酒类制造）</td></tr>
<tr><td>烟草企业</td><td>不得扣除</td></tr>
</table>

12.5.4.10 环境保护专项资金

企业依照法律、行政法规有关规定提取的用于环境保护、生态恢复等方面的专项资金，准予扣除。上述专项资金提取后改变用途的，不得扣除。

12.5.4.11 保险费

企业参加财产保险，按照规定缴纳的保险费，准予扣除。除企业依照国家有关规定为特殊工种职工支付的人身安全保险费和国务院财政、税务主管部门规定可以扣除的其他商业保险费外，企业为投资者或职工支付的商业保险费，不得扣除。

企业参加雇主责任险、公众责任险等责任保险，按照规定缴纳的保险费，准予在企业所得税税前扣除。该项规定适用于 2018 年度及以后年度企业所得税的汇算清缴。

企业职工因公出差乘坐交通工具发生的人身意外保险费支出，准予企业在计算应纳税所得额时扣除。

12.5.4.12 租赁费

企业根据生产经营活动的需要租入固定资产支付的租赁费，按照以下方法扣除：

（1）以经营租赁方式租入固定资产发生的租赁费支出，按照租赁期限均匀扣除。经营租赁是指所有权不转移的租赁。

（2）以融资租赁方式租入固定资产发生的租赁费支出，按照规定构成融资租入固定资产价值的部分，应当提取折旧费用分期扣除。融资租赁是指在实质上转移与一项资产所有权有关的全部风险和报酬的一种租赁方式。

12.5.4.13 劳动保护费

企业发生的合理的劳动保护支出，准予扣除。

12.5.4.14 有关资产的费用

企业转让各类固定资产发生的费用，准予扣除。企业按规定计算的固定资产折旧费、无形资产和递延资产的摊销费，准予扣除。

12.5.4.15 总机构分摊的费用

非居民企业在中国境内设立的机构、场所，就其中国境外总机构发生的与该机构、场所生产经营有关的费用，能够提供总机构出具的费用汇集范围、定额、分配依据和方法等证明文件，并合理分摊的，准予扣除。

12.5.4.16 其他项目

依照有关法律、行政法规和国家有关税法规定准予扣除的其他项目有会员费、合理的会议费、差旅费、违约金、诉讼费用等。

12.5.5 不得扣除项目

在计算应纳税所得额时，下列支出不得扣除：

（1）向投资者支付的股息、红利等权益性投资收益款项。

（2）企业所得税税款。

（3）税收滞纳金。具体是指纳税人违反税收法规，被税务机关处以的滞纳金。

（4）罚金、罚款和被没收财物的损失。是指纳税人违反国家有关法律、法规规定，被有关部门处以的罚款，以及被司法机关处以的罚金和被没收的财物。

（5）超过规定标准的捐赠支出。

（6）赞助支出。具体是指企业发生的与生产经营活动无关的各种非广告性质支出。

（7）未经核定的准备金支出。具体是指不符合国务院财政、税务主管部门规定的各项资产减值准备、风险准备等准备金支出。

（8）企业之间支付的管理费、企业内营业机构之间支付的租金和特许权使用费，以及非银行企业内营业机构之间支付的利息，不得扣除。

（9）与取得收入无关的其他支出。

12.5.6 亏损弥补

亏损，是指企业将每一纳税年度的收入总额减除不征税收入、免税收入和各项扣除后小于零的数额。企业亏损的弥补方法如表 12－8 所示。

表 12－8　企业亏损的弥补方法

企业类型	亏损弥补年限
一般企业	某一纳税年度发生的亏损，可以用下一年度的所得弥补，下一年度的所得不足弥补的，可以逐年延续弥补，但是最长不得超过 5 年
高新技术企业	自 2018 年 1 月 1 日起，当年具备资格的企业，其具备资格年度之前 5 个年度发生的尚未弥补完的亏损，准予结转以后年度弥补，最长结转年限由 5 年延长至 10 年
科技型中小企业	

12.5.7 非居民企业的应纳税所得额

在中国境内未设立机构、场所的，或者虽设立机构、场所但取得的所得与其所设机构、场所没有实际联系的非居民企业，其取得的来源于中国境内的所得，按照下列方法计算其应纳税所得额：

（1）股息、红利等权益性投资收益和利息、租金、特许权使用费所得，以收入全额为应纳税所得额。

（2）转让财产所得，以收入全额减除财产净值后的余额为应纳税所得额。

财产净值，是指有关资产、财产的计税基础减除已经按照规定扣除的折旧、折耗、摊销、准备金等后的余额。

（3）其他所得，参照前两项规定的方法计算应纳税所得额。

12.6 资产的税务处理

企业的各项资产，包括固定资产、生产性生物资产、无形资产、长期待摊费用、投资资产、存货等，以历史成本为计税基础。历史成本，是指企业取得该项资产时实际发生的支出。企业持有各项资产期间资产增值或者减值，除国务院财政、税务主管部门规定可以确认损益外，不得调整该资产的计税基础。

企业转让资产，该项资产的净值，准予在计算应纳税所得额时扣除。资产的净值，是指有关资产、财产的计税基础减除已经按照规定扣除的折旧、折耗、摊销、准备金等后的余额。除另有规定外，企业在重组过程中，应当在交易发生时确认有关资产的转让所得或者损失，相关资产应当按照交易价格重新确定计税基础。

12.6.1 固定资产

固定资产，是指企业为生产产品、提供劳务、出租或者经营管理而持有的、使用时间超过 12 个月的非货币性资产，包括房屋、建筑物、机器、机械、运输工具以及其他与生产经营活动有关的设备、器具、工具等。在计算应纳税所得额时，企业按照规定计算的固定资产折旧，准予扣除。

（1）下列固定资产不得计算折旧扣除：

1）房屋、建筑物以外未投入使用的固定资产；

2）以经营租赁方式租入的固定资产；

3）以融资租赁方式租出的固定资产；

4）已足额提取折旧仍继续使用的固定资产；

5）与经营活动无关的固定资产；

6）单独估价作为固定资产入账的土地；

7）其他不得计算折旧扣除的固定资产。

（2）固定资产按照取得方式确定计税基础，如表 12－9 所示。

表 12－9　固定资产的计税基础

取得方式		计税基础
外购		购买价款＋支付的相关税费＋直接归属于使该资产达到预定用途发生的其他支出
自行建造		竣工结算前发生的支出
融资租入	租赁合同约定付款总额	合同约定的付款总额＋签订合同中发生的相关费用
	租赁合同未约定付款总额	该资产的公允价值＋签订合同中发生的相关费用
盘盈		同类固定资产的重置完全价值
捐赠、投资、非货币性资产交换、债务重组		公允价值＋支付的相关税费
改建		以改建支出增加计税基础

（3）固定资产按照直线法计算的折旧，准予扣除。企业应当自固定资产投入使用月份的次月起计算折旧；停止使用的固定资产，应当自停止使用月份的次月起停止计算折旧。

企业应当根据固定资产的性质和使用情况，合理确定固定资产的预计净残值。固定资产的预计净残值一经确定，不得变更。

（4）除国务院财政、税务主管部门另有规定外，固定资产计算折旧的最低年限如表 12－10 所示。

表 12－10　固定资产最低折旧年限

固定资产类型	最低折旧年限
房屋、建筑物	20 年
飞机、火车、轮船、机器、机械和其他生产设备	10 年
与生产经营活动有关的器具、工具、家具等	5 年
飞机、火车、轮船以外的运输工具	4 年
电子设备	3 年

12.6.2　无形资产

无形资产，是指企业为生产产品、提供劳务、出租或者经营管理而持有的、没有实物形态的非货币性长期资产，包括专利权、商标权、著作权、土地使用权、非专利技术、商誉等。在计算应纳税所得额时，企业按照规定计算的无形资产摊销费用，准予扣除。

（1）下列无形资产不得计算摊销费用扣除：

1）自行开发的、支出已在计算应纳税所得额时扣除的无形资产；

2）自创商誉；

3）与经营活动无关的无形资产；

4）其他不得计算摊销费用扣除的无形资产。

（2）无形资产按照取得方式确定计税基础，如表 12－11 所示。

表 12－11　无形资产的计税基础

取得方式	计税基础
外购	购买价款＋支付的相关税费＋直接归属于使该资产达到预定用途发生的其他支出
自行开发	符合资本化条件后至达到预定用途前发生的支出
捐赠、投资、非货币性资产交换、债务重组	公允价值＋支付的相关税费

（3）无形资产按照直线法计算的摊销费用，准予扣除。无形资产的摊销年限不得低于 10 年。

作为投资或者受让的无形资产，有关法律规定或者合同约定了使用年限的，可以按照规定或者约定的使用年限分期摊销。外购商誉的支出，在企业整体转让或者清算时，准予扣除。

12.6.3　长期待摊费用

长期待摊费用，是指企业发生的应在 1 个年度以上或几个年度进行摊销的费用。在计算应纳税所得额时，长期待摊费用的税务处理如表 12－12 所示。

表 12－12　长期待摊费用的税务处理

<table>
<tr><th colspan="3">类别</th><th>税务处理</th></tr>
<tr><td rowspan="4">房屋、建筑物支出</td><td colspan="2">日常维修支出</td><td>列入当期费用</td></tr>
<tr><td rowspan="3">改建支出</td><td>已提足折旧的固定资产的改建支出</td><td>长期待摊费用，按照固定资产预计尚可使用年限分期摊销</td></tr>
<tr><td>租入的固定资产的改建支出</td><td>长期待摊费用，按照合同约定的剩余租赁期限分期摊销</td></tr>
<tr><td>其他</td><td>增加固定资产计税基础，适当延长折旧年限</td></tr>
<tr><td rowspan="2">其他固定资产</td><td colspan="2">日常修理费用</td><td>列入当期费用</td></tr>
<tr><td>大修理支出</td><td>同时符合下列条件的支出：
（1）修理支出达到取得固定资产时的计税基础 50% 以上；
（2）修理后固定资产的使用年限延长 2 年以上</td><td>长期待摊费用，按照固定资产尚可使用年限分期摊销</td></tr>
<tr><td colspan="3">其他应当作为长期待摊费用的支出</td><td>自支出发生月份的次月起，分期摊销，摊销年限不得低于 3 年</td></tr>
</table>

12.6.4　投资资产

投资资产，是指企业对外进行权益性投资和债权性投资形成的资产。企业对外投资期间，投资资产的成本在计算应纳税所得额时不得扣除。企业在转让或者处置投资资产时，投资资产的成本准予扣除。投资资产的成本确定方法如表 12－13 所示。

表 12－13　投资资产的成本

取得方式	计税基础
支付现金方式	购买价款
支付现金以外的方式	公允价值＋支付的相关税费

12.6.5　存货

存货，是指企业持有以备出售的产品或者商品、处在生产过程中的在产品、在生产或者提供劳务过程中耗用的材料和物料等。存货成本的确定方法如表 12－14 所示。

表 12－14　存货的成本

取得方式	计税基础
支付现金方式	购买价款＋支付的相关税费
支付现金以外的方式	公允价值＋支付的相关税费

企业使用或者销售存货，按照规定计算的存货成本，准予在计算应纳税所得额

时扣除。企业使用或者销售的存货的成本计算方法，可以在先进先出法、加权平均法、个别计价法中选用一种。计价方法一经选用，不得随意变更。

12.6.6 资产损失

资产损失，是指企业在生产经营活动中实际发生的、与取得应税收入有关的资产损失。包括现金损失，存款损失，坏账损失，贷款损失，股权投资损失，固定资产和存货的盘亏、毁损、报废、被盗损失，自然灾害等不可抗力因素造成的损失以及其他损失。

企业发生上述资产损失，应在按税法规定实际确认或者实际发生的当年申报扣除。企业以前年度发生的资产损失未能在当年税前扣除的，可以按照规定，向税务机关说明并进行专项申报扣除。其中，属于实际资产损失的，准予追补至该项损失发生年度扣除，其追补确认期限一般不得超过五年。企业因以前年度实际资产损失未在税前扣除而多缴的企业所得税税款，可在追补确认年度企业所得税应纳税款中予以抵扣，不足抵扣的，向以后年度递延抵扣。

12.7 税收优惠

12.7.1 免税收入

（1）国债利息收入。国债利息收入，是指企业持有国务院财政部门发行的国债取得的利息收入。

（2）符合条件的居民企业之间的股息、红利等权益性投资收益。符合条件的居民企业之间的股息、红利等权益性投资收益，是指居民企业直接投资于其他居民企业取得的投资收益。

（3）在中国境内设立机构、场所的非居民企业从居民企业取得与该机构、场所有实际联系的股息、红利等权益性投资收益。股息、红利等权益性投资收益，不包括连续持有居民企业公开发行并上市流通的股票不足 12 个月取得的投资收益。

（4）符合条件的非营利组织的收入。符合条件的非营利组织的收入，不包括非营利组织从事营利性活动取得的收入，但国务院财政、税务主管部门另有规定的除外。对非营利组织从事非营利性活动取得的收入给予免税，但从事营利性活动取得的收入则要征税。

12.7.2 减、免税所得

（1）企业从事下列项目的所得，免征企业所得税：

1）蔬菜、谷物、薯类、油料、豆类、棉花、麻类、糖料、水果、坚果的种植；

2）农作物新品种的选育；

3）中药材的种植；

4）林木的培育和种植；

5）牲畜、家禽的饲养；

6）林产品的采集；

7）灌溉、农产品初加工、兽医、农技推广、农机作业和维修等农、林、牧、渔服务业项目；

8）远洋捕捞。

（2）企业从事下列项目的所得，减半征收企业所得税：

1）花卉、茶以及其他饮料作物和香料作物的种植。

2）海水养殖、内陆养殖。

（3）从事国家重点扶持的公共基础设施项目投资经营的所得。国家重点扶持的公共基础设施项目，是指《公共基础设施项目企业所得税优惠目录》规定的港口码头、机场、铁路、公路、城市公共交通、电力、水利等项目。

1）企业从事上述国家重点扶持的公共基础设施项目的投资经营所得，自项目取得第 1 笔生产经营收入所属纳税年度起，第 1 年至第 3 年免征企业所得税，第 4 年至第 6 年减半征收企业所得税。

2）企业承包经营、承包建设和内部自建自用上述项目，不得享受企业所得税优惠。

（4）从事符合条件的环境保护、节能节水项目的所得。符合条件的环境保护、节能节水项目，包括公共污水处理、公共垃圾处理、沼气综合开发利用、节能减排技术改造、海水淡化等。项目的具体条件和范围由国务院财政、税务主管部门会商国务院有关部门制定，报国务院批准后公布施行。

企业从事上述规定的符合条件的环境保护、节能节水项目的所得，自项目取得第 1 笔生产经营收入所属纳税年度起，第 1 年至第 3 年免征企业所得税，第 4 年至第 6 年减半征收企业所得税。

（5）符合条件的技术转让所得。符合条件的技术转让所得免征、减征企业所得税，是指一个纳税年度内，居民企业技术转让所得不超过 500 万元的部分，免征企业所得税；超过 500 万元的部分，减半征收企业所得税。其计算公式为：

技术转让所得 = 技术转让收入 − 技术转让成本和相关税费

（6）非居民企业所得。非居民企业的下列所得可以免征企业所得税：

1）外国政府向中国政府提供贷款取得的利息所得。

2）国际金融组织向中国政府和居民企业提供优惠贷款取得的利息所得。

3）经国务院批准的其他所得。

12.7.3 不同类型企业税收优惠

（1）符合条件的小型微利企业，减按 20% 的税率征收企业所得税。

1）小型微利企业的标准如表 12 − 15 所示。

表 12 − 15 小型微利企业的标准

年应税所得额	从业人数	资产总额
≤ 300 万元	≤ 300 人	≤ 5 000 万元

2）自 2023 年 1 月 1 日至 2027 年 12 月 31 日，对小型微利企业年应纳税所得额不超过 300 万元的部分，减按 25% 计入应纳税所得额，按 20% 的税率缴纳企业所得

税，实际税负为 5%。

3）年度应纳税所得额以弥补亏损后的数字为准。

4）从业人数包括与企业建立劳动关系的职工人数和企业接受的劳务派遣用工人数；年度中间开业或终止经营活动的，以其实际经营期作为一个纳税年度确定上述相关指标。

5）无论是查账征收企业还是核定征收企业，符合条件的，均可享受小型微利企业的税收优惠。

6）仅就来源于我国所得负有我国纳税义务的非居民企业，不适用小型微利企业的规定。

（2）国家需要重点扶持的高新技术企业，减按 15% 的税率征收企业所得税。

（3）自 2018 年 1 月 1 日起，对经认定的技术先进型服务企业（服务贸易类），减按 15% 的税率征收企业所得税。

（4）依法成立且符合条件的集成电路设计企业和软件企业，在 2019 年 12 月 31 日前自获利年度起计算优惠期，第一年至第二年免征企业所得税，第三年至第五年按照 25% 的法定税率减半征收企业所得税，并享受至期满为止。

12.7.4 加计扣除

企业的下列支出，可以在计算应纳税所得额时加计扣除：

（1）研究开发费用。研究开发费用的加计扣除，是指企业为开发新技术、新产品、新工艺发生的研究开发费用，未形成无形资产计入当期损益的，在按规定据实扣除的基础上，自 2023 年 1 月 1 日起，再按照实际发生额的 100% 在税前加计扣除；形成无形资产的，自 2023 年 1 月 1 日起，按照无形资产成本的 200% 在税前摊销。

下列行业不适用税前加计扣除政策：烟草制造业；住宿和餐饮业；批发和零售业；房地产业；租赁和商务服务业；娱乐业；财政部和国家税务总局规定的其他行业。

（2）安置残疾人员及国家鼓励安置的其他就业人员所支付的工资。企业安置残疾人员所支付的工资的加计扣除，是指企业安置残疾人员的，在按照支付给残疾职工工资据实扣除的基础上，按照支付给残疾职工工资的 100% 加计扣除。企业安置国家鼓励安置的其他就业人员所支付的工资的加计扣除办法，由国务院另行规定。

12.7.5 应纳税所得额抵扣

创业投资企业采取股权投资方式投资于未上市的中小高新技术企业 2 年以上的，可以按照其投资额的 70% 在股权持有满 2 年的当年抵扣该创业投资企业的应纳税所得额；当年不足抵扣的，可以在以后纳税年度结转抵扣。

公司制创业投资企业采取股权投资方式直接投资于种子期、初创期科技型企业满 2 年（24 个月）的，可以按照投资额的 70% 在股权持有满 2 年的当年抵扣该公司制创业投资企业的应纳税所得额；当年不足抵扣的，可以在以后纳税年度结转抵扣。

12.7.6 加速折旧

12.7.6.1 可以采用加速折旧的固定资产

企业的固定资产由于技术进步等原因，确需加速折旧的，可以缩短折旧年限或者采取加速折旧的方法。可以采取缩短折旧年限或者采取加速折旧的方法的固定资产包括：

（1）由于技术进步，产品更新换代较快的固定资产。

（2）常年处于强震动、高腐蚀状态的固定资产。

采取缩短折旧年限方法的，最低折旧年限不得低于税法规定折旧年限的 60%；采取加速折旧方法的，可以采取双倍余额递减法或者年数总和法。

12.7.6.2　适用特定行业加速折旧的规定

（1）《财政部 国家税务总局关于完善固定资产加速折旧企业所得税政策的通知》（财税〔2014〕75 号）。

1）对生物药品制造业，专用设备制造业，铁路、船舶、航空航天和其他运输设备制造业，计算机、通信和其他电子设备制造业，仪器仪表制造业，信息传输、软件和信息技术服务业 6 个行业的企业 2014 年 1 月 1 日后新购进的固定资产，可缩短折旧年限或采取加速折旧的方法。

2）对上述 6 个行业的小型微利企业 2014 年 1 月 1 日后新购进的研发和生产经营共用的仪器、设备，单位价值不超过 100 万元的，允许一次性计入当期成本费用，在计算应纳税所得额时扣除，不再分年度计算折旧；单位价值超过 100 万元的，可缩短折旧年限或采取加速折旧的方法。

（2）《财政部 国家税务总局关于进一步完善固定资产加速折旧企业所得税政策的通知》（财税〔2015〕106 号）。

1）对轻工、纺织、机械、汽车 4 个领域重点行业的企业 2015 年 1 月 1 日后新购进的固定资产，可由企业选择缩短折旧年限或采取加速折旧的方法。

2）对上述行业的小型微利企业 2015 年 1 月 1 日后新购进的研发和生产经营共用的仪器、设备，单位价值不超过 100 万元的，允许一次性计入当期成本费用，在计算应纳税所得额时扣除，不再分年度计算折旧；单位价值超过 100 万元的，可由企业选择缩短折旧年限或采取加速折旧的方法。

（3）《财政部 税务总局关于扩大固定资产加速折旧优惠政策适用范围的公告》（财政部 税务总局公告 2019 年第 66 号）。

自 2019 年 1 月 1 日起，适用财税〔2014〕75 号和财税〔2015〕106 号规定固定资产加速折旧优惠的行业范围，扩大至全部制造业领域。

12.7.6.3　适用所有行业加速折旧的规定

（1）《财政部 国家税务总局关于完善固定资产加速折旧企业所得税政策的通知》（财税〔2014〕75 号）。

1）对所有行业企业 2014 年 1 月 1 日后新购进的专门用于研发的仪器、设备，单位价值不超过 100 万元的，允许一次性计入当期成本费用在计算应纳税所得额时扣除，不再分年度计算折旧；单位价值超过 100 万元的，可缩短折旧年限或采取加速折旧的方法。

2）对所有行业企业持有的单位价值不超过 5 000 元的固定资产，允许一次性计入当期成本费用在计算应纳税所得额时扣除，不再分年度计算折旧。

（2）《财政部 税务总局关于设备 器具扣除有关企业所得税政策的通知》（财税〔2018〕54 号）。

企业在 2018 年 1 月 1 日至 2020 年 12 月 31 日期间新购进的设备、器具，单位价值不超过500万元的，允许一次性计入当期成本费用在计算应纳税所得额时扣除，不再分年度计算折旧。

（3）《财政部 税务总局关于延长部分税收优惠政策执行期限的公告》（财政部 税务总局公告2021年第6号）。

《财政部 税务总局关于设备 器具扣除有关企业所得税政策的通知》（财税〔2018〕54号）等16个文件规定的税收优惠政策凡已经到期的，执行期限延长至2023年12月31日。

12.7.7 减计收入

（1）企业以《资源综合利用企业所得税优惠目录》规定的资源作为主要原材料，生产国家非限制和禁止并符合国家和行业相关标准的产品取得的收入，减按90%计入收入总额。原材料占生产产品材料的比例不得低于优惠目录规定的标准。

（2）自2019年6月1日起至2025年12月31日，社区提供养老、托育、家政等服务的机构，提供社区养老、托育、家政服务取得的收入，在计算应纳税所得额时，减按90%计入收入总额。社区包括城市社区和农村社区。

12.7.8 应纳税额抵免

企业购置并实际使用《环境保护专用设备企业所得税优惠目录》《节能节水专用设备企业所得税优惠目录》《安全生产专用设备企业所得税优惠目录》规定的环境保护、节能节水、安全生产等专用设备的，该专用设备的投资额的10%可以从企业当年的应纳税额中抵免；当年不足抵免的，可以在以后5个纳税年度结转抵免。享受上述规定的企业所得税优惠的企业，应当实际购置并自身实际投入使用上述规定的专用设备；企业购置上述专用设备在5年内转让、出租的，应当停止享受企业所得税优惠，并补缴已经抵免的企业所得税税款。

购置并实际使用的环境保护、节能节水和安全生产专用设备，包括承租方企业以融资租赁方式租入的，并在融资租赁合同中约定租赁期届满时租赁设备所有权转移给承租方企业，且符合规定条件的上述专用设备。凡融资租赁期届满后租赁设备所有权未转移至承租方企业的，承租方企业应停止享受抵免企业所得税优惠，并补缴已经抵免的企业所得税税款。

12.7.9 西部地区的减免税

对设在西部地区以《西部地区鼓励类产业目录》中新增鼓励类产业项目为主营业务，且其当年度主营业务收入占企业收入总额70%以上的企业，自2014年10月1日起，可减按15%税率缴纳企业所得税。

12.7.10 债券利息减免税

（1）对企业取得的2012年及以后年度发行的地方政府债券利息收入，免征企业所得税。

（2）对企业投资者持有2019—2023年发行的铁路债券取得的利息收入，减半征收企业所得税。

12.8 应纳税额的计算

企业所得税应纳税额的计算公式为：

应纳税额＝应纳税所得额×适用税率－减免税额－抵免税额

其中的减免税额和抵免税额，是指依照《企业所得税法》和国务院的税收优惠规定减征、免征和抵免的应纳税额。

企业取得的下列所得已在境外缴纳的所得税税额，可以从其当期应纳税额中抵免，抵免限额为该项所得依照规定计算的应纳税额；超过抵免限额的部分，可以在以后 5 个年度内，用每年抵免限额抵免当年应抵税额后的余额进行抵补：

（1）居民企业来源于中国境外的应税所得。

（2）非居民企业在中国境内设立机构、场所，取得发生在中国境外但与该机构、场所有实际联系的应税所得。

已在境外缴纳的所得税税额，是指企业来源于中国境外的所得依照中国境外税收法律以及相关规定应当缴纳并已经实际缴纳的企业所得税性质的税款。

抵免限额，是指企业来源于中国境外的所得，依照规定计算的应纳税额。

5 个年度，是指从企业取得的来源于中国境外的所得，已经在中国境外缴纳的企业所得税性质的税额超过抵免限额的当年的次年起连续 5 个纳税年度。

自 2017 年 7 月 1 日起，企业可以选择按国（地区）别分别计算［即“分国（地区）不分项”］，或者不按国（地区）别汇总计算［即“不分国（地区）不分项”］其来源于境外的应纳税所得额，按照规定的税率，分别计算其可抵免境外所得税税额和抵免限额。上述方式一经选择，5 年内不得改变。

12.9 纳税地点

企业所得税的纳税地点如表 12－16 所示。

表 12－16 企业所得税的纳税地点

纳税人		纳税地点
居民企业	登记注册地为境内的	登记注册地
	登记注册地在境外的	实际管理机构所在地
	境内设立不具有法人资格的营业机构的	汇总计算并缴纳企业所得税
非居民企业	境内设立机构、场所	机构、场所所在地
	境内设立两个或两个以上机构、场所的	符合规定条件的，可以选择由其主要机构、场所汇总缴纳
	未设立机构、场所或虽设立但与所得无实际联系的	扣缴义务人所在地

12.10 纳税期限

按月或按季预缴企业所得税的，应当自月份或者季度终了之日起 15 日内，向税务机关报送预缴企业所得税纳税申报表，预缴税款。

企业在报送企业所得税纳税申报表时，应当按照规定附送财务会计报告和其他有关资料。企业应当在办理注销登记前，就其清算所得向税务机关申报并依法缴纳企业所得税。企业分月或者分季预缴企业所得税时，应当按照月度或者季度的实际利润额预缴；按照月度或者季度的实际利润额预缴有困难的，可以按照上一纳税年度应纳税所得额的月度或者季度平均额预缴，或者按照经税务机关认可的其他方法预缴。预缴方法一经确定，该纳税年度内不得随意变更。

企业在纳税年度内无论盈利或者亏损，都应当依照规定期限，向税务机关报送预缴企业所得税纳税申报表、年度企业所得税纳税申报表、财务会计报告和税务机关规定应当报送的其他有关资料。

企业所得税以人民币计算。企业所得以人民币以外的货币计算的，应当折合成人民币计算并缴纳税款。

企业所得以人民币以外的货币计算的，预缴企业所得税时，应当按照月度或者季度最后 1 日的人民币汇率中间价，折合成人民币计算应纳税所得额。

年度终了汇算清缴时，对已经按照月度或者季度预缴税款的，不再重新折合计算，只就该纳税年度内未缴纳企业所得税的部分，按照纳税年度最后 1 日的人民币汇率中间价，折合成人民币计算应纳税所得额。

经税务机关检查确认，企业少计或者多计所得的，应当按照检查确认补税或者退税时的上一个月最后 1 日的人民币汇率中间价，将少计或者多计的所得折合成人民币计算应纳税所得额，再计算应补缴或者应退的税款。

12.11 纳税申报

12.11.1 企业所得税年度纳税申报

《中华人民共和国企业所得税年度纳税申报表（A 类）》的填写步骤为：

（1）企业基础信息的填写。

第一步：所有纳税人填写 A000000《企业所得税年度纳税申报基础信息表》。

（2）收入明细表的填写。

第二步：除事业单位、民间非营利组织外的纳税人填写 A101010《一般企业收入明细表》或者 A101020《金融企业收入明细表》。

（3）成本支出明细表的填写。

第三步：除事业单位、民间非营利组织外的纳税人填写 A102010《一般企业成本支出明细表》或者 A102020《金融企业支出明细表》。

（4）收入、支出明细表的填写。

第四步：事业单位、民间非营利组织填写 A103000《事业单位、民间非营利组织收入、支出明细表》。

（5）期间费用明细表的填写。

第五步：所有纳税人填写 A104000《期间费用明细表》。

（6）纳税调整项目明细表的填写。

第六步：需要纳税调整的纳税人根据纳税调整项目填写 A105010《视同销售和房地产开发企业特定业务纳税调整明细表》、A105020《未按权责发生制确认收入纳税调整明细表》、A105030《投资收益纳税调整明细表》、A105040《专项用途财政性资金纳税调整明细表》、A105050《职工薪酬支出及纳税调整明细表》、A105060《广告费和业务宣传费等跨年度纳税调整明细表》、A105070《捐赠支出及纳税调整明细表》、A105080《资产折旧、摊销及纳税调整明细表》、A105090《资产损失税前扣除及纳税调整明细表》、A105100《企业重组及递延纳税事项纳税调整明细表》、A105110《政策性搬迁纳税调整明细表》、A105120《贷款损失准备金及纳税调整明细表》。

第七步：需要纳税调整的纳税人根据第六步的信息填写 A105000《纳税调整项目明细表》。

（7）企业所得税弥补亏损明细表的填写。

第八步：以前年度有亏损需要弥补的纳税人填写 A106000《企业所得税弥补亏损明细表》。

（8）税收优惠明细表的填写。

第九步：享受企业所得税税收优惠的纳税人填写 A107010《免税、减计收入及加计扣除优惠明细表》、A107011《符合条件的居民企业之间的股息、红利等权益性投资收益优惠明细表》、A107012《研发费用加计扣除优惠明细表》、A107020《所得减免优惠明细表》、A107030《抵扣应纳税所得额明细表》、A107040《减免所得税优惠明细表》、A107041《高新技术企业优惠情况及明细表》、A107042《软件、集成电路企业优惠情况及明细表》、A107050《税额抵免优惠明细表》。

（9）境外所得税收抵免的填写。

第十步：境外有所得需要税收抵免的纳税人填写 A108010《境外所得纳税调整后所得明细表》、A108020《境外分支机构弥补亏损明细表》、A108030《跨年度结转抵免境外所得税明细表》。

第十一步：境外有所得需要税收抵免的纳税人根据第十步填写 A108000《境外所得税收抵免明细表》。

（10）汇总纳税的填写。

第十二步：需要汇总纳税的纳税人填写 A109010《企业所得税汇总纳税分支机构所得税分配表》。

第十三步：需要汇总纳税的纳税人根据第十二步填写 A109000《跨地区经营汇总纳税企业年度分摊企业所得税明细表》。

（11）企业所得税年度纳税申报表主表的填写。

第十四步：纳税人根据前面明细表的信息填写 A100000《中华人民共和国企业所得税年度纳税申报表（A 类）》。

12.11.2 企业所得税月（季）度预缴纳税申报

《中华人民共和国企业所得税月（季）度预缴纳税申报表（A 类）》的填写步骤为：

（1）税收优惠明细表的填写。

第一步：享受企业所得税税收优惠的纳税人填写 A201010《免税、减计收入、加计扣除及所得减免优惠明细表》。

（2）固定资产加速折旧、摊销优惠明细表的填写。

第二步：享受固定资产加速折旧的纳税人填写 A201020《资产加速折旧、摊销（扣除）优惠明细表》。

（3）减免所得税优惠明细表的填写。

第三步：享受减免所得税的纳税人填写 A201030《减免所得税优惠明细表》。

（4）汇总纳税的填写。

第四步：需要汇总纳税的纳税人填写 A202000《企业所得税汇总纳税分支机构所得税分配表》。

（5）企业所得税月（季）度预缴纳税申报表主表的填写。

第五步：纳税人根据前面明细表的信息填写 A100000《中华人民共和国企业所得税月（季）度预缴纳税申报表（A 类）》。

即测即评

智慧星扫描操作

13 学习任务十三

增值税发票的开具和认证

学习任务描述

根据2006年10月17日国家税务总局发布的《增值税专用发票使用规定》、2017年12月5日国家税务总局发布的《关于增值税普通发票管理有关事项的公告》和2015年11月26日国家税务总局发布的《关于推行通过增值税电子发票系统开具的增值税电子普通发票有关问题的公告》的规定，进行增值税发票的开具和认证。

教学目标

能力目标

1. 能进行增值税发票的开具；
2. 能进行增值税发票的认证。

知识目标

1. 掌握增值税专用发票的联次、使用；
2. 掌握增值税普通发票的联次、使用；
3. 掌握增值税电子普通发票的联次、使用。

素养目标

培养学生依法纳税的意识。

思政园地

国家税务总局曝光三起电子普通发票虚开违法典型案件

为依法严厉打击利用电子普通发票虚开违法行为，各地税务部门会同公安等部门开展联合行动，接连破获多起电子普通发票虚开典型案件，国家税务总局最新曝光了三起典型案件。

案例一：济南警税成功破获“5·08”“7·21”电子普票虚开案。2020 年 7 月，济南警税联合专案组在已破获虚开发票案件基础上，继续深挖、迅速出击，捣毁暴力虚开窝点 2 个，抓获犯罪嫌疑人 8 名。初步查明犯罪团伙通过大量注册空壳公司，向 8 000 余家企业虚开增值税发票 3 万多份，涉案金额达 30 亿元，其中虚开电子普票 2 836 份，虚开金额达 1.72 亿元。

案例二：广东打掉一个电子普票虚开犯罪团伙，查获“假企业”64 户。2020 年 11 月，广东警税创新运用信息化“战法”，组织开展“打虚 14 号”专案行动，成功打掉一个电子普票虚开犯罪团伙。初步查明，不法分子以办理网贷名义，诱导急需贷款人员挂名注册成立空壳公司，采取暴力虚开手段，向 643 户企业虚开电子普票 1 482 份，虚开金额达 1 亿元。

案例三：重庆警税联手破获“11·18”电子普票虚开案。2020 年 12 月，重庆警税联合国家税务总局驻重庆特派办，运用技术手段开展大数据分析，成功打掉盘踞在重庆、西安的电子普票虚开犯罪团伙 4 个，抓获犯罪嫌疑人 5 名，查获大量作案工具。经查，该虚开团伙控制空壳企业 188 户，向 5 173 户企业或个人虚开增值税发票 21 338 份，涉案金额 3.68 亿元，其中虚开电子普票 7 769 份，虚开金额达 4 209 万元。

国家税务总局稽查局有关负责人表示，随着电子发票推行范围逐步扩大，个别不法分子利用电子发票开具方便等特点，实施虚开发票违法行为，扰乱了税收经济秩序，侵害国家税收权益。税务部门将会同公安机关，对损害国家利益的税收违法犯罪个人和团伙，坚持以零容忍的态度“露头就打”。

任务书

1. 请进行增值税发票的开具。
2. 请进行增值税发票的认证。

任务分组

请登录 http://cssx.rdlearning.cn 下载学生任务分配表，进行任务分组。

准备工作

微课视频

扫一扫

1. 阅读任务书。

2. 收集《增值税专用发票使用规定》、《关于增值税普通发票管理有关事项的公告》和《关于推行通过增值税电子发票系统开具的增值税电子普通发票有关问题的公告》中的相关知识点，观看微课视频。

3. 结合任务书分析增值税发票开具和认证的难点和常见问题。

思维导图

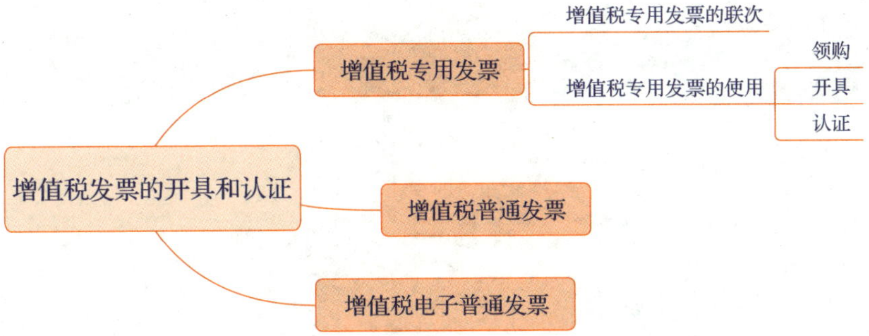
增值税发票的开具和认证
增值税专用发票
增值税专用发票的联次
增值税专用发票的使用
领购
开具
认证
增值税普通发票
增值税电子普通发票

任务实施

小规模纳税人工作任务：增值税普通发票的开具

引导问题 1：开具增值税普通发票。

引导问题 2：开具增值税电子普通发票。

发票开具

一般纳税人工作任务：增值税专用发票的开具和认证

引导问题 1：根据 13.1.2.2，登录发票平台开具如表 B－23 所示的增值税专用发票。

引导问题 2：根据 13.1.2.2，因数量少输入一个“0”，登录发票平台将发票号码为“19758922”增值税专用发票作废。

引导问题 3：根据 13.1.2.2，由于部分商品质量有问题，销售退回，且购买方尚未抵扣进项税额，登录发票平台开具红字增值税专用发票。对应的蓝字增值税专用发票号码为“19758923”。

发票开具和认证

小提示：

一定要先填红字增值税专用发票信息表，不要直接填开红字增值税专用发票。

引导问题 4：根据 13.1.2.3，登录认证平台完成增值税专用发票认证。

项目实训评价

请登录 http://cssx.rdlearning.cn 下载评价表，进行项目实训评价。

学习任务的相关知识点

增值税纳税人发生应税销售行为，应使用增值税发票管理系统分别开具增值税专用发票、增值税普通发票和增值税电子普通发票。

13.1 增值税专用发票

13.1.1 增值税专用发票的联次

增值税专用发票由基本联次或者基本联次附加其他联次构成，基本联次为三联：发票联、抵扣联和记账联。发票联，作为购买方核算采购成本和增值税进项税额的记账凭证；抵扣联，作为购买方报送主管税务机关认证和留存备查的凭证；记账联，作为销售方核算销售收入和增值税销项税额的记账凭证。其他联次用途，由一般纳税人自行确定。

13.1.2 增值税专用发票的使用

一般纳税人应通过增值税防伪税控系统使用专用发票。使用，包括领购、开具、缴销、认证纸质专用发票及其相应的数据电文。

防伪税控系统，是指经国务院同意推行的，使用专用设备和通用设备，运用数字密码和电子存储技术管理专用发票的计算机管理系统。

专用设备，是指金税卡、IC 卡、读卡器和其他设备。

通用设备，是指计算机、打印机、扫描器具和其他设备。

13.1.2.1 增值税专用发票的领购

（1）一般纳税人有下列情形之一者，不得领购使用专用发票：

1）会计核算不健全，即不能按会计制度和税务机关的要求准确核算增值税的销项税额、进项税额和应纳税额者。

2）不能向税务机关准确提供增值税销项税额、进项税额、应纳税额数据及其他有关增值税税务资料者。

上述其他有关增值税税务资料的内容，由国家税务总局直属分局确定。

3）有以下行为，经税务机关责令限期改正而仍未改正者：私自印制专用发票；从个人或税务机关以外的单位买取专用发票；借用他人专用发票；向他人提供专用发票；未按规定要求开具专用发票；未按规定保管专用发票；未按规定申报专用发票的购、用、存情况；未按规定接受税务机关检查。

4）销售的货物全部属于免税项目者。

有上列情形的一般纳税人如已领购使用专用发票，税务机关应收缴其结存的专用发票。

（2）初始发行。一般纳税人领购专用设备后，凭《最高开票限额申请表》《发票领购簿》到主管税务机关办理初始发行。

初始发行是指主管税务机关将一般纳税人的下列信息载入空白金税卡和 IC 卡的行为：

1）企业名称；

2）税务登记代码；

3）开票限额；

4）购票限量；

5）购票人员姓名、密码；

6）开票机数量；

7）国家税务总局规定的其他信息。

一般纳税人发生上列第 1）、3）、4）、5）、6）、7）项信息变化，应向主管税务机关申请变更发行；发生第 2）项信息变化，应向主管税务机关申请注销发行。

一般纳税人凭《发票领购簿》、IC 卡和经办人身份证明领购专用发票。

13.1.2.2 增值税专用发票的开具

（1）专用发票应按下列要求开具：

1）项目齐全，与实际交易相符；

2）字迹清楚，不得压线、错格；

3）发票联和抵扣联加盖发票专用章；

4）按照增值税纳税义务的发生时间开具。

对不符合上列要求的专用发票，购买方有权拒收。

（2）一般纳税人销售货物或者提供应税劳务可汇总开具专用发票。汇总开具专用发票的，同时使用防伪税控系统开具《销售货物或者提供应税劳务清单》，并加盖财务专用章或者发票专用章。

（3）一般纳税人在开具专用发票当月，发生销货退回、开票有误等情形，收到退回的发票联、抵扣联符合作废条件的，按作废处理；开具时发现有误的，可即时作废。对于作废的专用发票，须在防伪税控系统中将相应的数据电文按"作废"处理，在纸质专用发票各联次上注明"作废"字样，全联次留存。

（4）一般纳税人取得专用发票后，发生销货退回、开票有误等情形但不符合作废条件的，或者因销货部分退回及发生销售折让的，购买方应向主管税务机关填报《开具红字增值税专用发票申请单》（以下简称申请单）。申请单所对应的蓝字专用发票应经税务机关认证。经认证，结果为"认证相符"并且已经抵扣增值税进项税额的，一般纳税人在填报申请单时不填写相对应的蓝字专用发票信息。经认证，结果为"纳税人识别号认证不符""专用发票代码、号码认证不符"的，一般纳税人在填报申请单时应填写相对应的蓝字专用发票信息。

（5）申请单一式两联：第一联由购买方留存；第二联由购买方主管税务机关留存。申请单应加盖一般纳税人财务专用章。

（6）主管税务机关对一般纳税人填报的申请单进行审核后，出具《开具红字增值税专用发票通知单》（以下简称通知单）。通知单应与申请单一一对应。

（7）通知单一式三联：第一联由购买方主管税务机关留存；第二联由购买方送交销售方留存；第三联由购买方留存。通知单应加盖主管税务机关印章。通知单应按月依次装订成册，并比照专用发票保管规定管理。

（8）购买方必须暂依通知单所列增值税税额从当期进项税额中转出，未抵扣增值税进项税额的，可列入当期进项税额，待取得销售方开具的红字专用发票后，与留存的通知单一并作为记账凭证。

（9）销售方凭购买方提供的通知单开具红字专用发票，在防伪税控系统中以销项负数开具。红字专用发票应与通知单一一对应。

（10）同时具有下列情形的，为这里所称作废条件：第一，收到退回的发票联、抵扣联时间未超过销售方开票当月；第二，销售方未抄税并且未记账；第三，购买方未认证或者认证结果为“纳税人识别号认证不符”“专用发票代码、号码认证不符”。抄税，是报税前用 IC 卡或者 IC 卡和软盘抄取开票数据电文。

13.1.2.3 增值税专用发票的认证

（1）用于抵扣增值税进项税额的专用发票应经税务机关认证相符（国家税务总局另有规定的除外）。认证相符的专用发票应作为购买方的记账凭证，不得退还销售方。

认证，是税务机关通过防伪税控系统对专用发票所列数据的识别、确认。

认证相符，是指纳税人识别号无误，专用发票所列密文解译后与明文一致。

（2）经认证，有下列情形之一的，不得作为增值税进项税额的抵扣凭证，税务机关退还原件，购买方可要求销售方重新开具专用发票：

1）无法认证，是指专用发票所列密文或者明文不能辨认，无法产生认证结果。

2）纳税人识别号认证不符，是指专用发票所列购买方纳税人识别号有误。

3）专用发票代码、号码认证不符，是指专用发票所列密文解译后与明文的代码或者号码不一致。

（3）经认证，有下列情形之一的，暂不得作为增值税进项税额的抵扣凭证，税务机关扣留原件，查明原因，分情况进行处理：

1）重复认证。重复认证，是指已经认证相符的同一张专用发票再次认证。

2）密文有误。密文有误，是指专用发票所列密文无法解译。

3）认证不符。认证不符，是指纳税人识别号有误，或者专用发票所列密文解译后与明文不一致。

4）列为失控专用发票。失控专用发票，是指认证时的专用发票已被登记为失控专用发票。

（4）一般纳税人丢失已开具专用发票的发票联和抵扣联，如果丢失前已认证相符的，购买方凭销售方提供的相应专用发票记账联复印件及销售方所在地主管税务机关出具的《丢失增值税专用发票已报税证明单》，经购买方主管税务机关审核同意后，可作为增值税进项税额的抵扣凭证；如果丢失前未认证的，购买方凭销售方提供的相应专用发票记账联复印件到主管税务机关进行认证，认证相符的，凭该专用发票记账联复印件及销售方所在地主管税务机关出具的《丢失增值税专用发票已报税证明单》，经购买方主管税务机关审核同意后，可作为增值税进项税额的抵扣凭证。

一般纳税人丢失已开具专用发票的抵扣联，如果丢失前已认证相符的，可使用专用发票发票联复印件留存备查；如果丢失前未认证的，可使用专用发票发票联到主管税务机关认证，专用发票发票联复印件留存备查。

一般纳税人丢失已开具专用发票的发票联，可将专用发票抵扣联作为记账凭证，专用发票抵扣联复印件留存备查。

（5）专用发票抵扣联无法认证的，可使用专用发票发票联到主管税务机关认证。专用发票发票联复印件留存备查。

13.2 增值税普通发票

增值税一般纳税人可以使用同一套增值税防伪税控系统开具增值税专用发票、增值税普通发票等，俗称“一机多票”。

（1）增值税普通发票的格式、字体、栏次、内容与增值税专用发票完全一致，按发票联次分为两联票和五联票两种。基本联次为两联，第一联为记账联，销货方用作记账凭证；第二联为发票联，购货方用作记账凭证。此外，为满足部分纳税人的需要，在基本联次后添加了三联的附加联次，即五联票，供企业选择使用。

（2）增值税普通发票（折叠票）发票代码调整为 12 位。

（3）增值税普通发票第二联（发票联）采用防伪纸张印制。

13.3 增值税电子普通发票

（1）增值税电子普通发票的开票方和受票方需要纸质发票的，可以自行打印增值税电子普通发票的版式文件，其法律效力、基本用途、基本使用规定等与税务机关监制的增值税普通发票相同。

（2）增值税普通发票（折叠票）的发票代码调整为 12 位，编码规则：第 1 位为 0，第 2 ～ 5 位代表省、自治区、直辖市和计划单列市，第 6 ～ 7 位代表年度，第 8 ～ 10 位代表批次，第 11 ～ 12 位代表票种和联次，其中 04 代表二联增值税普通发票（折叠票）、05 代表五联增值税普通发票（折叠票）。税务机关库存和纳税人尚未使用的发票代码为 10 位的增值税普通发票（折叠票）可以继续使用。

即测即评

智慧星扫描操作

Reference

参考文献

［1］ 财政部会计资格评价中心．经济法基础．北京：经济科学出版社，2023.

［2］ 财政部会计资格评价中心．经济法基础历年真题精讲．北京：经济科学出版社，2023.

［3］ 1990 年至 2023 年 8 月中华人民共和国相关财经、会计、税收等法律法规文件．

Appendix

附　录

本部分内容为本书涉及的各税种的纳税申报表及其填表说明、案例中相关业务的计算表（空白），读者可通过扫描二维码查看和下载。

资源
扫一扫

"十四五"职业教育国家规划教材
新编21世纪高等职业教育精品教材
智慧财经系列

《税法与纳税实务(第二版)》

综合案例答案

主　编　王玉娟　田春红
副主编　杜俊涛　朱红云
　　　　王希颖　徐　伟

中国人民大学出版社
·北京·

目录

小规模纳税人综合案例 A 答案

小规模纳税人工作任务：增值税纳税实务

情境导航答案：与增值税相关的情境涉及“三、2023 年第 4 季度具体业务情况”中的业务 A－1。

引导问题 1 答案：根据 **1.1.1**，吉祥公司销售货物，因此吉祥公司是增值税的纳税人。

引导问题 2 答案：根据 **1.1.2**，吉祥公司年应税销售额为 210 万元（其中第 1—3 季度销售额 180 万元，第 4 季度销售额 30 万元），小于 500 万元，因此是增值税小规模纳税人。

引导问题 3 答案：根据 **1.2**，吉祥公司销售货物属于增值税的征税范围。

引导问题 4 答案：根据 **1.3**，吉祥公司采取直接收款方式进行销售，因此吉祥公司增值税的纳税义务发生时间为开具发票的当天。

引导问题 5 答案：根据 **1.4.2.1**，吉祥公司为小规模纳税人，其销售货物属于一般应税行为，征收率为 3%。

引导问题 6 答案：根据 **1.6.2**，吉祥公司第 4 季度销售货物的增值税计税依据为不含税销售额 30 万元。（详见业务 A－1）

引导问题 7 答案：根据 **1.5.3**，吉祥公司第 4 季度享受增值税的税收优惠政策。即：自 2023 年 1 月 1 日至 2027 年 12 月 31 日，对月销售额 10 万元以下（含本数）的增值税小规模纳税人，免征增值税。吉祥公司第 4 季度销售额为 30 万元，未超过 30 万元，免征增值税。

引导问题 8 答案：根据 **1.6**，吉祥公司第 4 季度销售额为 30 万元，未超过 30 万元，免征增值税。（详见业务 A－1）

引导问题 9 答案：根据 **1.7**，吉祥公司应当向汉东市江南区主管税务机关申报缴纳增值税。

引导问题 10 答案：如表 A－22、表 A－23 所示[①]。

小规模纳税人工作任务：城市维护建设税、教育费附加和地方教育附加纳税实务

情境导航答案：与城市维护建设税、教育费附加和地方教育附加相关的情境涉及“三、2023 年第 4 季度具体业务情况”中的业务 A－1。

引导问题 1 答案：根据 **3.1.1**，吉祥公司为在征税范围内从事工商经营，缴纳增值税的单位，是城市维护建设税的纳税人。

引导问题 2 答案：根据 **3.1.2**，吉祥公司为在征税范围内从事工商经营，缴纳增值税的单位，是教育费附加和地方教育附加的纳费人。

引导问题 3 答案：根据 **3.2.1**，吉祥公司在汉东市，属于城市维护建设税的征税范围。

引导问题 4 答案：根据 **3.2.2**，吉祥公司在汉东市，属于教育费附加和地方教育附加的征费范围。

引导问题 5 答案：根据 **3.3**，吉祥公司的城市维护建设税、教育费附加和地方教育附加纳税（费）发生时间与增值税的纳税义务发生时间一致。

引导问题 6 答案：根据 **3.4.1**，吉祥公司适用的城市维护建设税税率是 7%。

引导问题 7 答案：根据 **3.4.2** 和 **3.4.3**，吉祥公司适用的教育费附加的费率是 3%，吉祥公司适用的

① 为方便学习和使用，将纳税人申报表集中列示，见后。

地方教育附加的费率是 2%。

引导问题 8 答案：根据 **3.5.1**，吉祥公司第 4 季度城市维护建设税的计税依据是纳税人实际缴纳的增值税税额，即 0 元。

引导问题 9 答案：根据 **3.5.2**，吉祥公司第 4 季度教育费附加和地方教育附加的计费依据是纳税人实际缴纳的增值税税额，即 0 元。

引导问题 10 答案：根据 **3.6**，吉祥公司为小规模纳税人，可以按 50% 减征城市维护建设税、教育费附加和地方教育附加。

引导问题 11 答案：根据 **3.7.1**，吉祥公司第 4 季度应缴纳的城市维护建设税为 0 元，因为第 4 季度缴纳的增值税为 0 元。

引导问题 12 答案：根据 **3.7.2**，吉祥公司第 4 季度应缴纳的教育费附加为 0 元，因为第 4 季度缴纳的增值税为 0 元。

引导问题 13 答案：根据 **3.7.3**，吉祥公司第 4 季度应缴纳的地方教育附加为 0 元，因为第 4 季度缴纳的增值税为 0 元。

引导问题 14 答案：根据 **3.8**，吉祥公司城市维护建设税、教育费附加和地方教育附加的纳税（费）地点为缴纳增值税的地点，即汉东市江南区主管税务机关。

引导问题 15 答案：如表 A－22、表 A－23 所示。

小规模纳税人工作任务：房产税纳税实务

情境导航答案：与房产税相关的情境涉及“二、2023 年第 1—3 季度相关涉税信息”中表 A－6，第 4 季度未新购置房屋。

引导问题 1 答案：根据 **4.1**，吉祥公司是拥有房屋产权的单位，因此吉祥公司是房产税的纳税人。

引导问题 2 答案：根据 **4.2**，吉祥公司的自有房产坐落于汉东市，属于房产税的征税范围。

引导问题 3 答案：根据 **4.3**，吉祥公司房产税的纳税义务发生时间为 2018 年 1 月。

引导问题 4 答案：根据 **4.4**，吉祥公司房产自用，从价计征，税率为 1.2%。

引导问题 5 答案：根据 **4.5.1**，吉祥公司房产税的计税依据为房产计税余值，房产计税余值＝房产原值 ×（1-原值减除比例）=515 000×（1-30%）=360 500（元）（详见“二、2023 年第 1—3 季度相关涉税信息”表 A－6）。

引导问题 6 答案：根据 **4.6**，吉祥公司为小规模纳税人，可以按 50% 减征房产税。

引导问题 7 答案：根据 **4.7.1**，吉祥公司全年应缴纳的房产税为：计税依据 × 适用税率 × 减征比例＝360 500×1.2%×50%=2 163（元）。由于房产税按年计算，每半年缴纳一次，因此下半年应缴纳的房产税＝2 163÷2=1 081.50（元）。

引导问题 8 答案：根据 **4.8**，吉祥公司应当向汉东市江南区的主管税务机关申报缴纳房产税。

引导问题 9 答案：先填报《财产和行为税税源明细表》,《财产和行为税税源明细表》相关数据会被自动提取到《财产和行为税纳税申报表》。如果税源有变化，需先更新《财产和行为税税源明细表》。如表 A－24、表 A－26、表 A－27 所示。

小规模纳税人工作任务：城镇土地使用税纳税实务

情境导航答案：与城镇土地使用税相关的情境涉及“二、2023 年第 1—3 季度相关涉税信息”中表 A－6，第 4 季度未新购置房屋。

引导问题 1 答案：根据 **5.1**，吉祥公司为拥有土地使用权的单位，因此吉祥公司是城镇土地使用税的纳税人。

引导问题 2 答案：根据 **5.2**，吉祥公司拥有的土地坐落于汉东市，属于城镇土地使用税的征税范围。

引导问题 3 答案：根据 **5.3**，吉祥公司城镇土地使用税的纳税义务发生时间为 2018 年 1 月。

引导问题 4 答案：根据 **5.4**，吉祥公司适用的城镇土地使用税定额税率是 12 元 / 平方米。

引导问题 5 答案：根据 **5.5**，吉祥公司城镇土地使用税的计税依据为纳税人实际占用的土地面积（平方米），即证书确定的土地面积 10 平方米（详见“二、2023 年第 1—3 季度相关涉税信息”中表 A－6）。

引导问题 6 答案：根据 **5.6**，吉祥公司为小规模纳税人，可以按 50% 减征城镇土地使用税。

引导问题 7 答案：根据 **5.7**，吉祥公司全年应缴纳的城镇土地使用税 = 计税依据 × 适用税额 × 减征比例 =10 × 12 × 50%=60（元）。由于城镇土地使用税按年计算，每半年缴纳一次，因此，下半年应缴纳的城镇土地使用税 =60 ÷ 2=30（元）。

引导问题 8 答案：根据 **5.8**，吉祥公司应当向汉东市江南区的主管税务机关申报缴纳城镇土地使用税。

引导问题 9 答案：如表 A－24、表 A－26、表 A－27 所示。

小规模纳税人工作任务：印花税纳税实务

情境导航答案：与印花税相关的情境涉及“三、2023 年第 4 季度具体业务情况”中业务 A－1 和业务 A－2。

引导问题 1 答案：根据 **6.1**，吉祥公司订立了具有法律效力的应税凭证，因此吉祥公司是印花税的纳税人。

引导问题 2 答案：根据 **6.2**，吉祥公司订立的货物购销合同属于买卖合同类印花税的征税范围。

引导问题 3 答案：根据 **6.3**，吉祥公司印花税的纳税义务发生时间为订立应税凭证的当日。

引导问题 4 答案：根据 **6.4**，吉祥公司订立的货物购销合同适用的印花税税率为 0.03%。

引导问题 5 答案：根据 **6.5**，吉祥公司印花税的计税依据为购销合同的购销金额（不含增值税），即 300 000+400 000=700 000（元）(详见业务 A－1 和业务 A－2)。

引导问题 6 答案：根据 **6.6**，吉祥公司为小规模纳税人，可以按 50% 减征印花税。

引导问题 7 答案：根据 **6.7**，吉祥公司第 4 季度应缴纳的印花税为：计税依据 × 适用税率 × 减征比例 = 700 000 × 0.03% × 50%=105（元）。

引导问题 8 答案：根据 **6.8**，吉祥公司应当向汉东市江南区的主管税务机关申报缴纳印花税。

引导问题 9 答案：如表 A－25、表 A－26、表 A－27 所示。

小规模纳税人工作任务：个人所得税纳税实务

情境导航答案：与个人所得税相关的情境涉及“三、2023 年第 4 季度具体业务情况”中的业务 A－3 和“五、2023 年工资、保险及专项附加扣除情况”中的表 A－10、表 A－11、表 A－12。

引导问题 1 答案：根据 **11.3**，居民个人取得综合所得，按年计算个人所得税；有扣缴义务人的，由扣缴义务人按月或者按次预扣预缴税款。吉祥公司员工有综合所得，因此吉祥公司是个人所得税的扣缴义务人。

引导问题 2 答案：根据 **11.2**，吉祥公司员工所得有工资、薪金所得和劳务报酬所得，属于个人所得税的征税范围。

引导问题 3 答案：根据 **11.3**，吉祥公司员工个人所得税的纳税义务发生时间为：居民个人取得综合所得，按年计算个人所得税；有扣缴义务人的，由扣缴义务人按月或者按次预扣预缴税款，需要办理汇算清缴的，应当在取得所得的次年 3 月 1 日至 6 月 30 日内办理汇算清缴。

引导问题 4 答案：根据 **11.5**，吉祥公司 2023 年度预扣预缴个人所得税的计税依据为每一个纳税人在吉祥公司取得的应纳税所得额，其计算公式为：纳税年度的收入额－基本费用（60 000）－专项扣除－专项附加扣除。吉祥公司预扣预缴个人所得税的计税依据的计算过程如表 A－14 所示。

表 A－14　全年预扣预缴个人所得税应纳税所得额计算表

金额单位：人民币元

姓名	纳税年度的收入额 ①＝月收入 ×12	基本费用②	专项扣除 ③＝（基本养老保险费＋基本医疗保险费＋失业保险费＋住房公积金）×12	专项附加扣除 ④＝（子女教育＋赡养老人＋住房贷款利息）×12	应纳税所得额 ⑤＝①-②-③-④（小于 0，填 0）
张武	15 000×12=180 000	60 000	（360+90+22.5+495）×12=11 610	（2 000+1 000+1 000）×12=48 000	180 000-60 000-11 610-48 000=60 390
王娟	4 000×12=48 000	60 000	（320+80+20+440）×12=10 320	0	48 000-60 000-10 320-0＜0，0
胡晓红	4 000×12=48 000	60 000	（320+80+20+440）×12=10 320	0	48 000-60 000-10 320-0＜0，0
张一健	2 500×12=30 000	60 000	（200+50+12.5+275）×12=6 450	0	30 000-60 000-6 450-0＜0，0
李宏波	2 500×12=30 000	60 000	（200+50+12.5+275）×12=6 450	0	30 000-60 000-6 450-0＜0，0

注：月收入和专项扣除数据来源于表 A－12；专项附加扣除数据来源于表 A－11。

引导问题 5 答案：根据 **11.4**，员工张武在吉祥公司全年应纳税所得额为 60 390 元，税率为 10%，速算扣除数为 2 520 元。其他员工全年应纳税所得额减去基本费用后小于 0，不需要预扣预缴个人所得税。

引导问题 6 答案：根据 **11.6**，吉祥公司员工不享受个人所得税的税收优惠政策。

引导问题 7 答案：根据 **11.7**，吉祥公司预扣预缴员工全年个人所得税以及 12 月员工应缴纳个人所得税的计算过程如表 A－15 所示。

表 A－15 全年预扣预缴员工个人所得税计算表

金额单位：人民币元

姓名	全年工资、薪金应纳税所得额①	税率②	速算扣除数③	全年工资、薪金应纳税额④＝①×②-③	1—11 月累计已预扣预缴个人所得税［详见表 A－12 注（1）］⑤	12 月应预扣预缴员工个人所得税⑥＝④-⑤
张武	60 390	10%	2 520	60 390×10%−2 520=3 519	3 015.75	3 519−3 015.75=503.25
王娟						
胡晓红						
张一健						
李宏波						

引导问题 8 答案：根据 **11.7**，吉祥公司员工个人所得税汇算清缴时需考虑个人综合所得，即工资、薪金所得和劳务报酬所得。根据 **11.10**，除张武外，其他员工不需要办理个人所得税汇算清缴。张武的综合所得汇算清缴计算过程如表 A－16 所示。

表 A－16 个人所得税汇算清缴计算表

金额单位：人民币元

姓名	全年个人综合所得应纳税所得额①＝全年工资、薪金应纳税所得额＋全年劳务报酬应纳税所得额	税率②	速算扣除数③	全年个人综合所得应纳税额④＝①×②-③	1—12 月累计已预扣预缴个人所得税⑤	2023 年度应补／退税额⑥＝④-⑤
张武	60 390+5 000×（1−20%）=64 390	10%	2 520	64 390×10%−2 520=3 919	3 519	3 919−3 519=400

注：劳务报酬所得详见表 A－12 注（2）。

引导问题 9 答案：根据 **11.8.1**，吉祥公司代扣代缴员工个人所得税的纳税地点为汉东市江南区主管税务机关。

引导问题 10 答案：如表 A－28（见书后附折页表）、表 A－29 所示。

小规模纳税人工作任务：企业所得税纳税实务

情境导航答案：与企业所得税相关的情境涉及“二、2023 年第 1—3 季度相关涉税信息”中的表 A－1 ～表 A－5 及“三、2023 年第 4 季度具体业务情况”中的业务 A－1 ～业务 A－7。

引导问题 1 答案：根据 **12.1**，吉祥公司为取得收入的企业，为企业所得税的纳税义务人。

引导问题 2 答案：根据 **12.2**，吉祥公司为居民企业，应当就其来源于中国境内、境外的所得缴纳企业所得税，属于企业所得税的征税范围。

引导问题 3 答案：根据 **12.3**，吉祥公司企业所得税的纳税义务发生时间需要从收入实现日期和扣除原则两个方面确定。

引导问题 4 答案：吉祥公司第 4 季度科目余额表（损益类科目节选）如表 A－17 所示。

表 A－17　吉祥公司科目余额表（损益类科目节选）

会计期间：2023.10.1—2023.12.31　　金额单位：人民币元

科目编号	会计科目	期初余额	本期借方发生额	本期贷方发生额	期末余额	本期发生额数据来源
6001	主营业务收入		300 000.00	300 000.00		
600101	食品收入		300 000.00	300 000.00		业务 A－1
6051	其他业务收入					
6101	公允价值变动损益					
6111	投资收益					
6117	其他收益		3 000.00	3 000.00		表 A－22
6301	营业外收入					
6401	主营业务成本		202 000.00	202 000.00		业务 A－2
6402	其他业务成本					
6403	税金及附加		1 216.50	1 216.50		
6601	销售费用		15 150.00	15 150.00		
660101	广告宣传费		15 150.00	15 150.00		业务 A－6
6602	管理费用		156 745.62	156 745.62		
660201	办公费		15 000.00	15 000.00		业务 A－4
660202	折旧费		6 115.62	6 115.62		表 A－7
660203	业务招待费		10 000.00	10 000.00		业务 A－4
660204	工资薪金		84 000.00	84 000.00		表 A－9
660205	社会保险费		14 175.00	14 175.00		表 A－9
660206	住房公积金		5 775.00	5 775.00		表 A－9
660207	职工福利费		10 000.00	10 000.00		表 A－9
660208	职工教育经费		10 000.00	10 000.00		表 A－9
660209	工会经费		1 680.00	1 680.00		表 A－9
6603	财务费用		-16 000.00	-16 000.00		
660301	手续费		2 000.00	2 000.00		业务 A－5
660302	利息收入		-18 000.00	-18 000.00		业务 A－5
6701	资产减值损失					
6711	营业外支出		5 000.00	5 000.00		业务 A－7
6801	所得税费用					
6901	以前年度损益调整					

引导问题 5 答案：吉祥公司 2023 年度科目余额表（损益类科目节选）如表 A－18 所示。

表 A－18　吉祥公司科目余额表（损益类科目节选）

会计期间：2023.1.1—2023.12.31　　金额单位：人民币元

科目编号	会计科目	期初余额	本期借方发生额	本期贷方发生额	期末余额
6001	主营业务收入		2 100 000.00	2 100 000.00	
600101	食品收入		2 100 000.00	2 100 000.00	
6051	其他业务收入				
6101	公允价值变动损益				
6111	投资收益				
6117	其他收益				
6301	营业外收入		3 000.00	3 000.00	

续表

科目编号	会计科目	期初余额	本期借方发生额	本期贷方发生额	期末余额
6401	主营业务成本		1 353 400.00	1 353 400.00	
6402	其他业务成本				
6403	税金及附加		3 849.00	3 849.00	
6601	销售费用		48 600.00	48 600.00	
660101	广告宣传费		48 600.00	48 600.00	
6602	管理费用		589 982.48	589 982.48	
660201	办公费		35 000.00	35 000.00	
660202	折旧费		24 462.48	24 462.48	
660203	业务招待费		28 000.00	28 000.00	
660204	工资薪金		336 000.00	336 000.00	
660205	社会保险费		56 700.00	56 700.00	
660206	住房公积金		23 100.00	23 100.00	
660207	职工福利费		50 000.00	50 000.00	
660208	职工教育经费		30 000.00	30 000.00	
660209	工会经费		6 720.00	6 720.00	
6603	财务费用		-54 400.00	-54 400.00	
660301	手续费		6 800.00	6 800.00	
660302	利息收入		-61 200.00	-61 200.00	
6701	资产减值损失				
6711	营业外支出		5 000.00	5 000.00	
6801	所得税费用		5 756.07	5 756.07	
6901	以前年度损益调整				

引导问题 6 答案：根据 **12.5**，吉祥公司第 4 季度的会计利润总额为-61 112.12 元，如表 A－19 所示。

表 A－19　吉祥公司第 4 季度会计利润总额计算表

金额单位：人民币元

项目	金额
一、营业收入	300 000.00
减：营业成本	202 000.00
税金及附加	1 216.50
销售费用	15 150.00
管理费用	156 745.62
财务费用	-16 000.00
加：其他收益	3 000.00
投资收益	
公允价值变动损益	
减：资产减值损失	
二、营业利润	-56 112.12
加：营业外收入	
减：营业外支出	5 000.00
三、利润总额	-61 112.12

注：以上数据均来自“引导问题 4”编制的第 4 季度科目余额表（损益类科目节选）所对应科目的本期发生额。

引导问题 7 答案：根据 **12.5**，吉祥公司第 4 季度预缴企业所得税的计税依据为 2023 年实际利润额 54 009.33 元，计算过程如表 A－20 所示。

表 A－20　吉祥公司 4 季度预缴所得税计算表

金额单位：人民币元

项目	金额	备注
一、1—3 季度利润总额	217 680.64	详见表 A－3
二、第 4 季度利润总额	-61 112.12	详见表 A－19
三、2023 年利润总额	156 568.52	
减：资产加速折旧		
免税收入、减计收入、加计扣除		
以前年度亏损	102 559.19	（-385 232.28-216 789.35+119 724.36+275 836.41+103 901.67）详见表 A－5
四、2023 年实际利润额	54 009.33	

引导问题 8 答案：根据 **12.7.3**，吉祥公司为小型微利企业，享受小型微利企业的企业所得税税收优惠政策。即：年应纳税所得额≤ 300 万元，税率为 5%。

引导问题 9 答案：根据 **12.7.3**，吉祥公司符合小型微利企业的标准，2023 年实际利润额为 54 009.33 元，因此适用的税率为 5%。

引导问题 10 答案：吉祥公司第 4 季度应预缴的企业所得税为 0 元（54 009.33 × 5%-5 756.07 ＜ 0）。

引导问题 11 答案：吉祥公司 2023 年度纳税调整额是 28 580.00 元，计算过程见表 A－21。

表 A－21　吉祥公司纳税调整额计算表

金额单位：人民币元

项目	实际发生额	税法允许扣除额	纳税调整额	政策依据	实际发生额数据来源
工资、薪金	336 000	336 000	0（336 000-336 000）	12.5.4.1	表 A－18 管理费用——工资薪金
福利费	50 000	47 040（336 000 × 14%）	2 960（50 000-47 040）	12.5.4.2	表 A－18 管理费用——职工福利费
工会经费	6 720	6 720（336 000 × 2%）	0（6 720-6 720）	12.5.4.2	表 A－18 管理费用——工会经费
职工教育经费	30 000	26 880（336 000 × 8%）	3 120（30 000-26 880）	12.5.4.2	表 A－18 管理费用——职工教育经费
业务招待费	28 000	10 500（28 000 × 60%=16 800，但不得超过 2 100 000 × 0.5%=10 500）	17 500（28 000-10 500）	12.5.4.8	表 A－18 管理费用——业务招待费
广告费和业务宣传费	80 000	315 000（2 100 000 × 15%）	0	12.5.4.9	表 A－18 销售费用——广告宣传费
税收滞纳金	5 000	0	5 000（5 000-0）	12.5.5	表 A－18 营业外支出
合计			28 580		

引导问题 12 答案：2023 年度企业所得税汇算清缴的计税依据为：应纳税所得额 = 会计利润总额总额 + 纳税调整增加额-弥补以前年度亏损 =156 568.52+28 580-102 559.19=82 589.33（元）。

引导问题 13 答案：吉祥公司 2023 年度应纳企业所得税额 = 应纳税所得额 × 适用税率 =82 589.33 × 5%=4 129.47（元）。

引导问题 14 答案：吉祥公司 2023 年度应补（退）所得税额 =2023 年度应纳企业所得税额-本年累计实际已缴纳的所得税额 =4 129.47-5 756.07 =-1 626.60（元），吉祥公司 2023 年度应退企业所得税 1 626.60 元。

引导问题 15 答案：根据 **12.9**，吉祥公司企业所得税的纳税地点为汉东市江南区主管税务机关。

引导问题 16 答案：如表 A－30 ～表 A－40 所示。

小规模纳税人工作任务：增值税普通发票的开具

引导问题 1 答案：

第 1 步：登录及新增开票人，添加办税人员胡晓红信息。

进入开票系统后，点击“系统维护”按钮，然后点击“用户管理”按钮，按照页面显示录入新增开票人的信息，如图 A－3、图 A－4 所示。

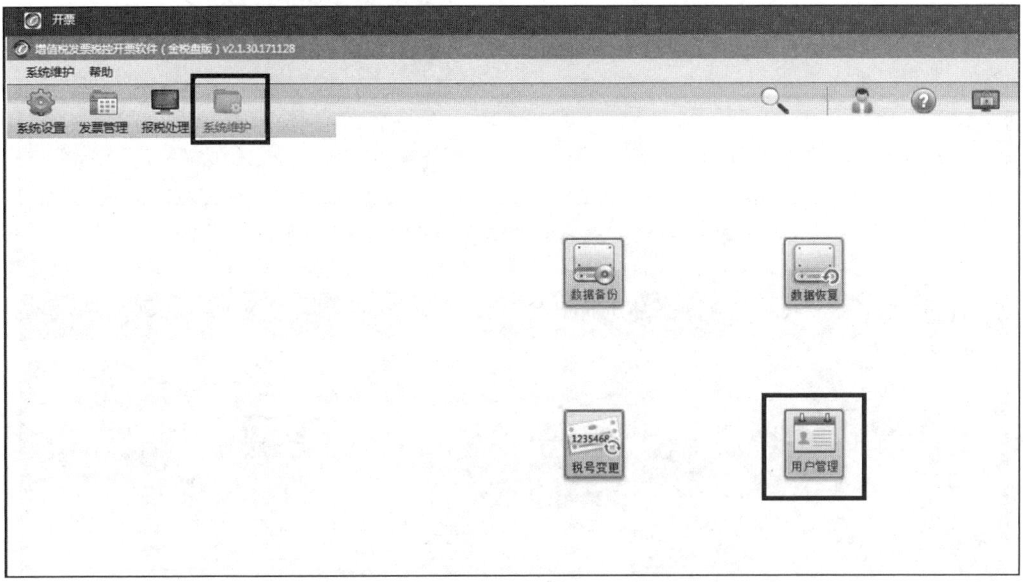

图 A－3　开票系统“用户管理”演示（1）

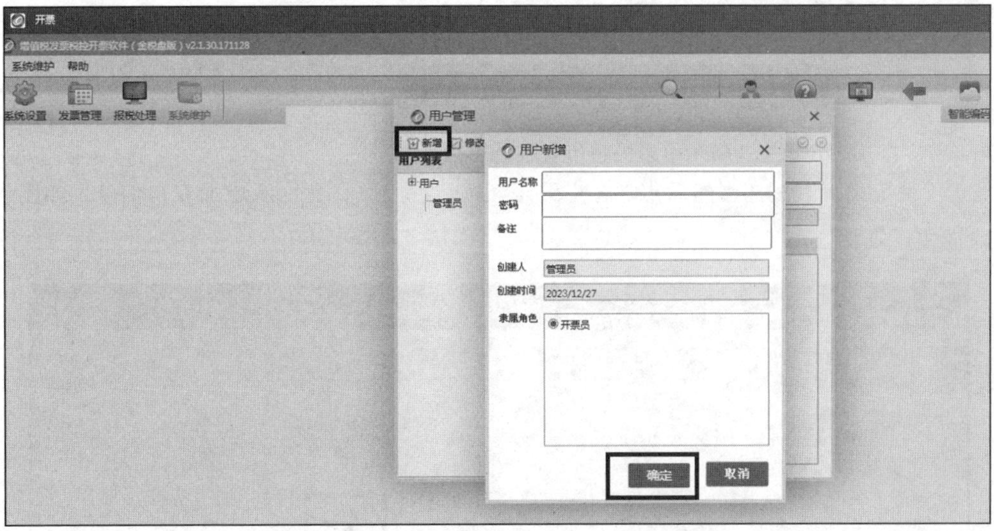

图 A－4　开票系统“用户管理”演示（2）

第 2 步：添加商品信息（饼干信息）。

点击“系统设置”按钮，然后点击“商品编码”按钮，按照页面显示增加商品信息，如图 A－5、图 A－6 所示。

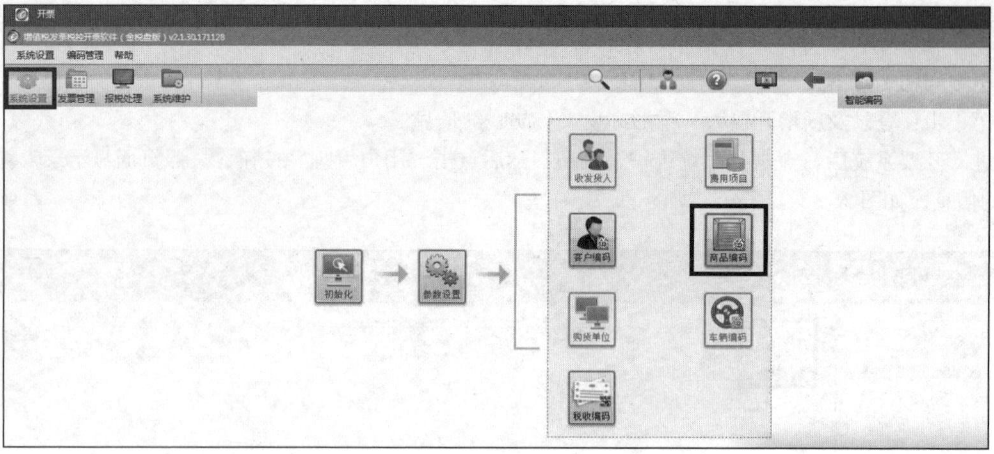

图 A－5　开票系统“商品编码”演示（1）

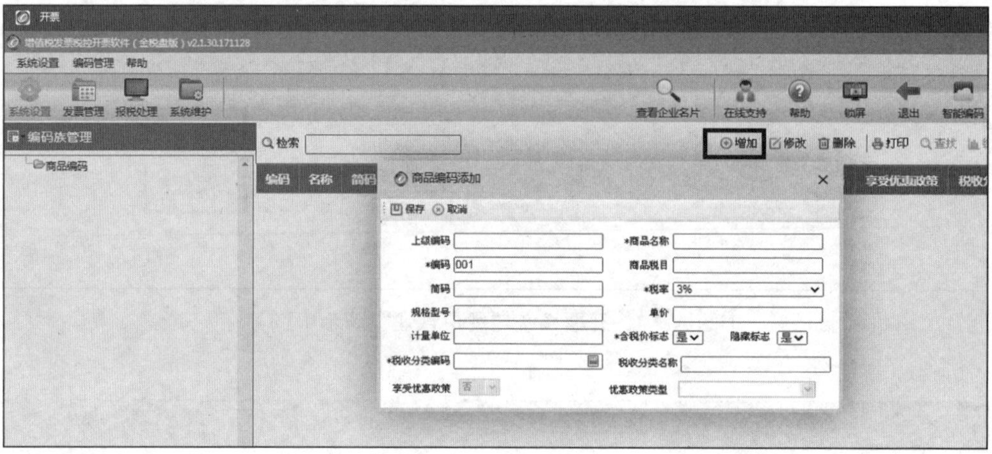

图 A－6　开票系统“商品编码”演示（2）

第 3 步：添加客户信息（汉东市亲民超市有限公司信息）。

点击“系统设置”按钮，然后点“客户编码”按钮，按照页面提示增加客户信息，如图 A－7、图 A－8 所示。

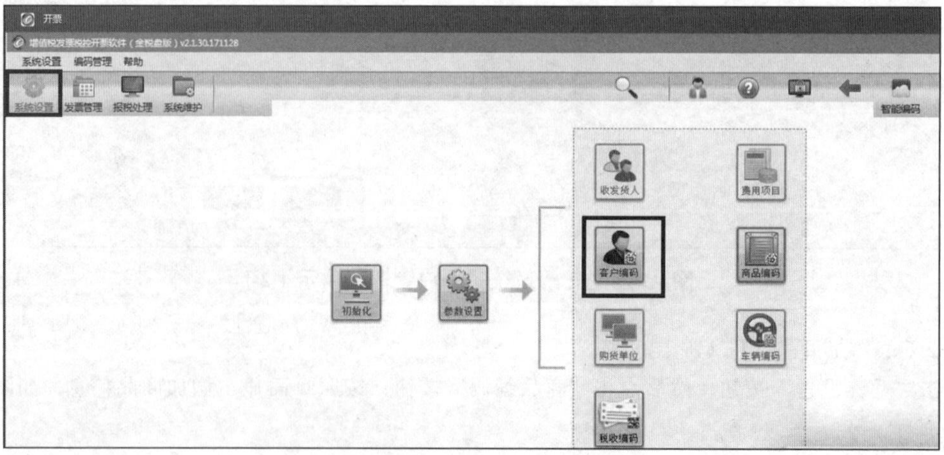

图 A－7　开票系统“客户编码”演示（1）

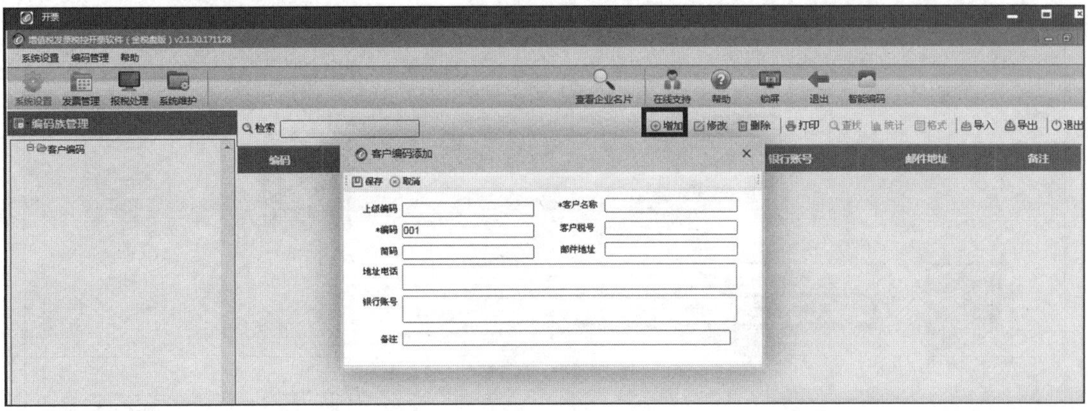

图 A－8　开票系统“客户编码”演示（2）

第 4 步：读入发票。

点击“发票管理”按钮，然后点击“发票读入”按钮，将空白发票读入开票系统。

小提示：

实务当中，购买完发票后，将税控盘插入电脑，打开开票系统后会自动读入发票，如图 A－9 所示。

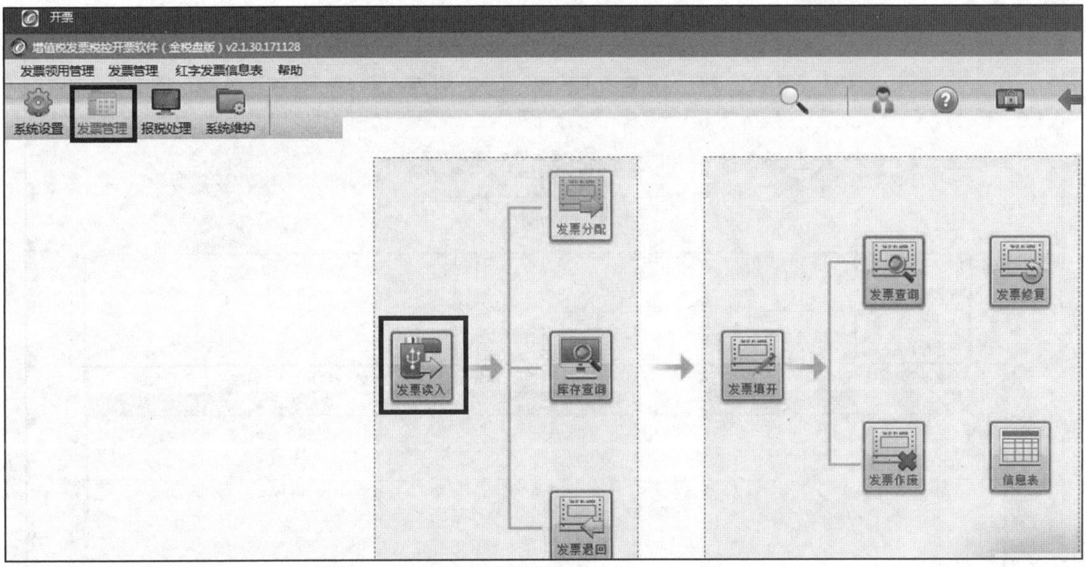

图 A－9　开票系统“发票读入”演示

第 5 步：开具增值税普通发票。

点击“发票管理”按钮，然后点击“发票填开”按钮，选择下拉菜单“增值税普通发票填开”，按照页面提示开具增值税普通发票，如图 A－10、图 A－11 所示。

第 6 步：打印开具的增值税普通发票。

引导问题 2 答案：

第 1 步：读入发票。

点击“发票管理”按钮，然后点击“发票读入”按钮，将空白电子发票读入开票系统。

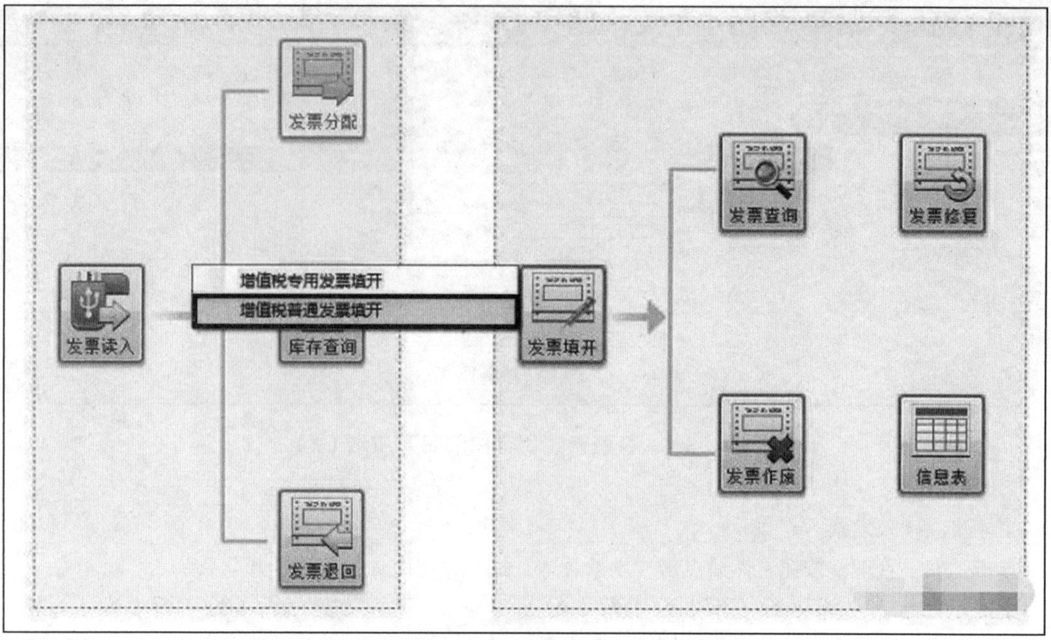

图 A－10　开票系统“增值税普通发票填开”演示（1）

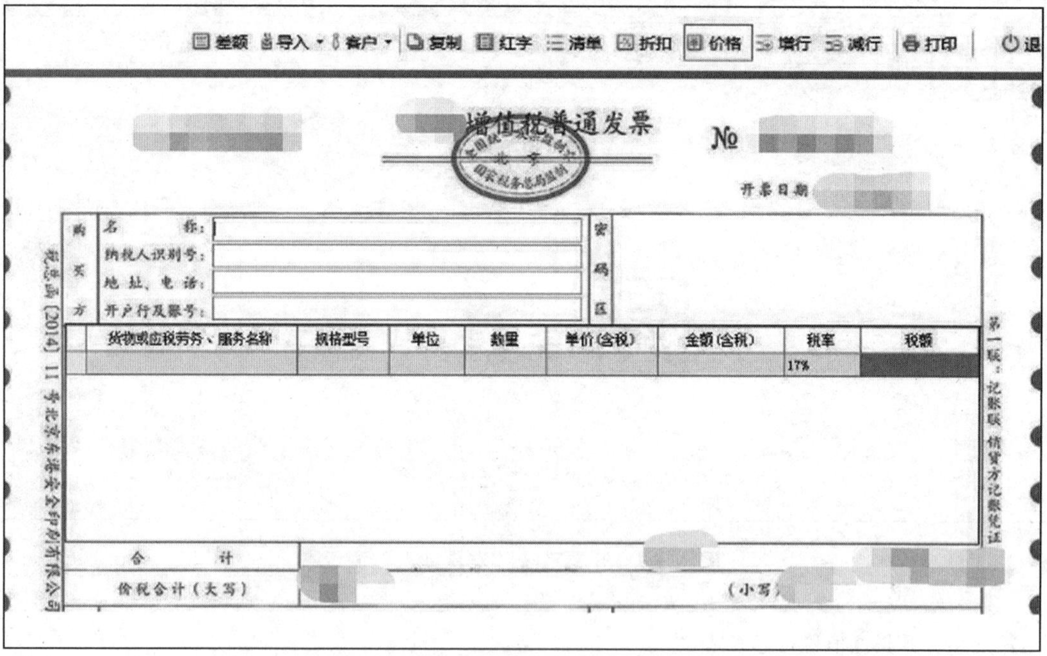

图 A－11　开票系统“增值税普通发票填开”演示（2）

第 2 步：开具增值税电子普通发票。

点击“发票管理”按钮，然后点击“发票填开”按钮，选择下拉菜单“增值税电子普通发票填开”，按照页面提示开具增值税电子普通发票，如图 A－12、图 A－13 所示。

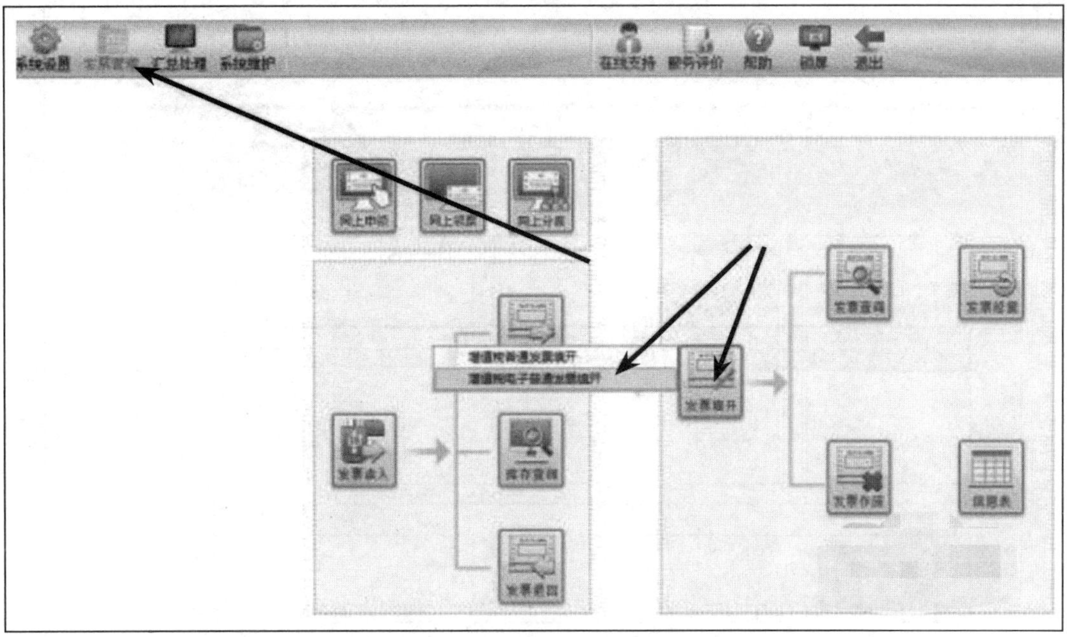

图 A－12　开票系统“增值税电子普通发票填开”演示（1）

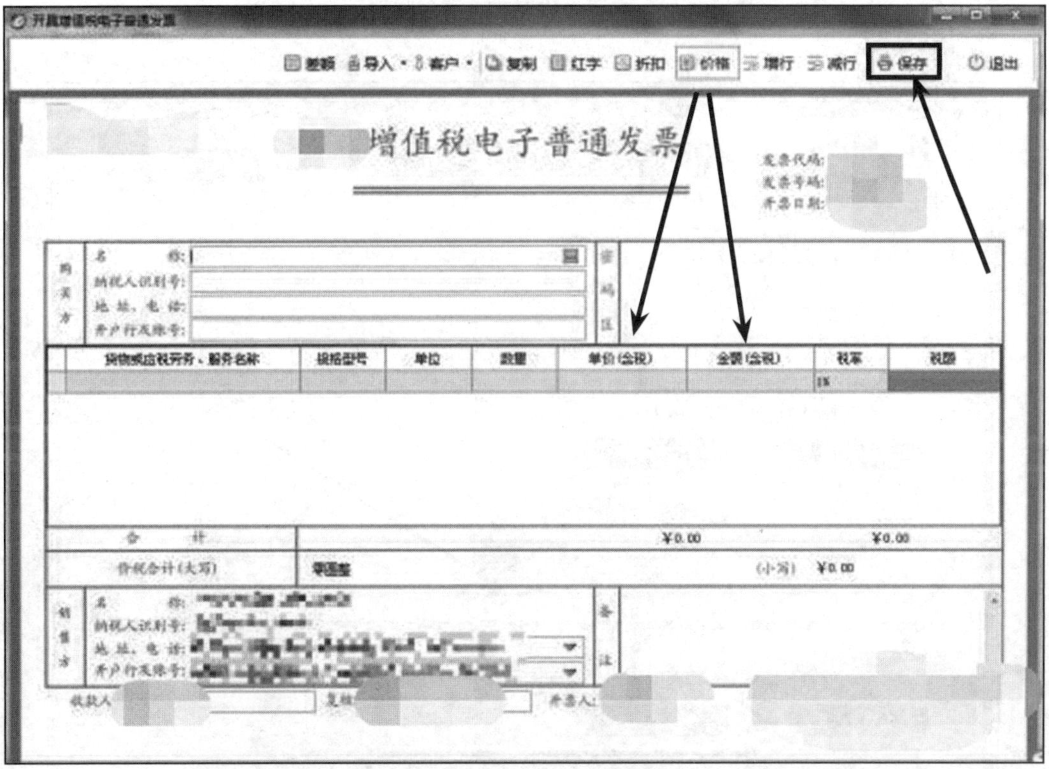

图 A－13　开票系统“增值税电子普通发票填开”演示（2）

第 3 步：点击“发票查询”按钮，找到刚开具的增值税电子普通发票并打开，然后点击“手动导出”按钮，再点击“发票交付”按钮，如图 A－14 所示。填写客户手机号和邮箱，发送给客户，如图 A－15 所示。

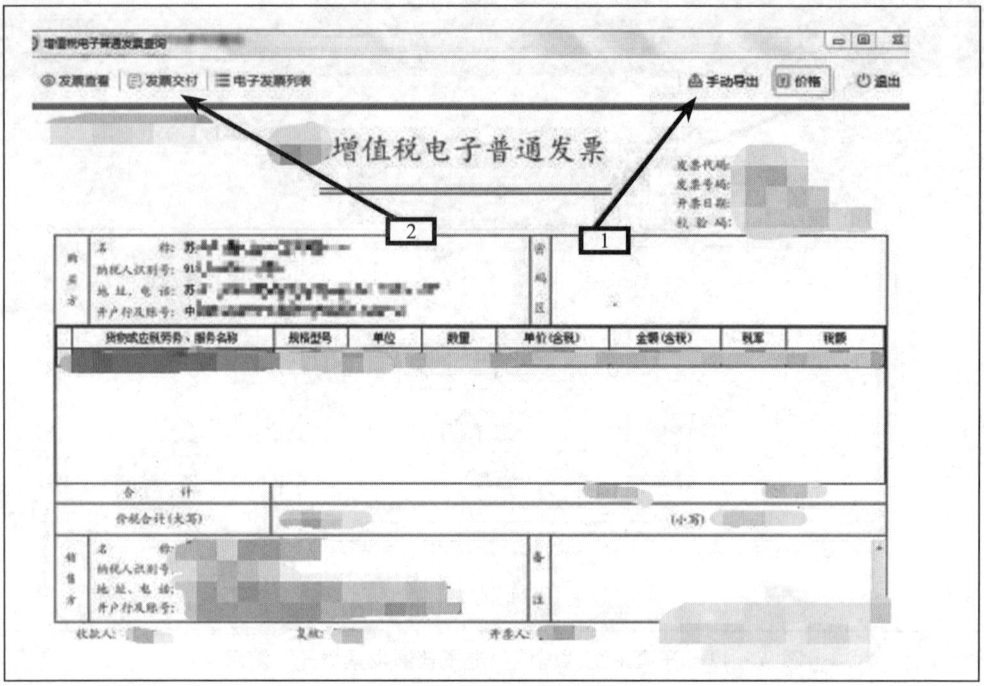

图 A－14　开票系统电子发票交付演示（1）

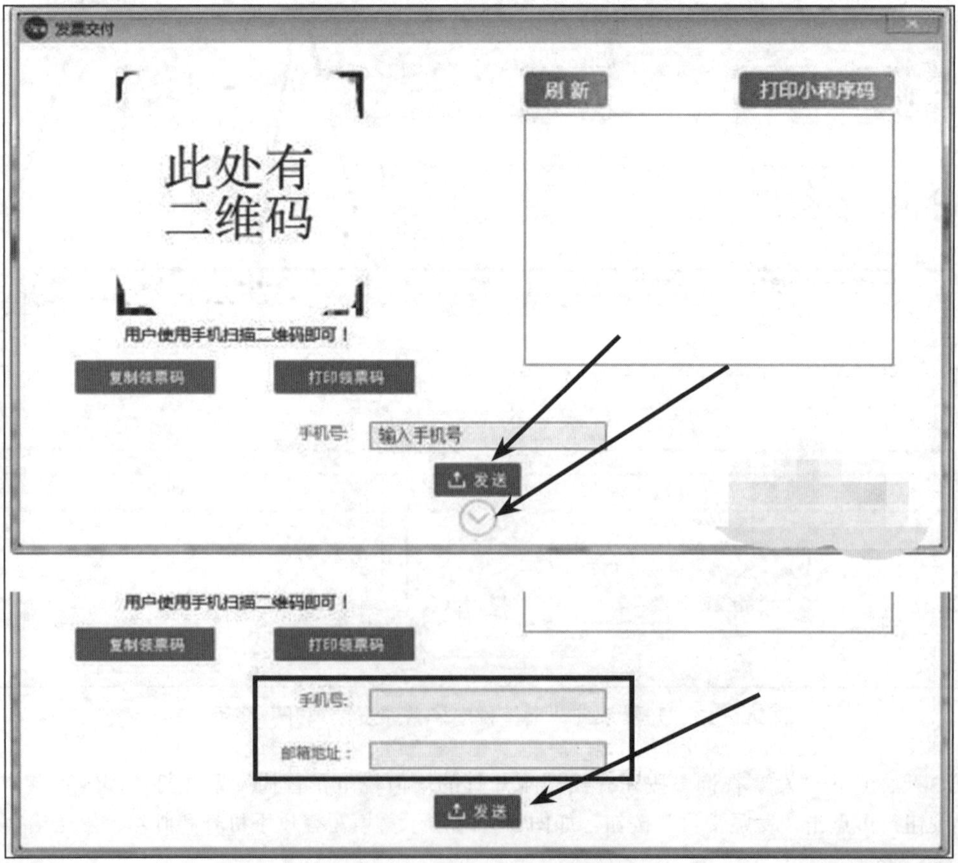

图 A－15　开票系统电子发票交付演示（2）

表 A－22　增值税及附加税费申报表

（小规模纳税人适用）

纳税人识别号（统一社会信用代码）：91230101675841385K

纳税人名称：汉东市吉祥商贸有限公司

税款所属期：2023 年 10 月 1 日至 2023 年 12 月 31 日　　填表日期：2024 年 1 月 7 日　　金额单位：元（列至角分）

项目		栏次	本期数		本年累计	
			货物及劳务	服务、不动产和无形资产	货物及劳务	服务、不动产和无形资产
一、计税依据	（一）应征增值税不含税销售额（3% 征收率）	1			1 800 000.00	
	增值税专用发票不含税销售额	2				
	其他增值税发票不含税销售额	3			1 800 000.00	
	（二）应征增值税不含税销售额（5% 征收率）	4	—		—	
	增值税专用发票不含税销售额	5	—		—	
	其他增值税发票不含税销售额	6	—		—	
	（三）销售使用过的固定资产不含税销售额	7(7 ≥ 8)		—		—
	其中：其他增值税发票不含税销售额	8		—		—
	（四）免税销售额	9=10+11+12	300 000.00		300 000.00	
	其中：小微企业免税销售额	10	300 000.00		300 000.00	
	未达起征点销售额	11				
	其他免税销售额	12				
	（五）出口免税销售额	13(13 ≥ 14)				
	其中：其他增值税发票不含税销售额	14				

续表

项目		栏次	本期数		本年累计	
			货物及劳务	服务、不动产和无形资产	货物及劳务	服务、不动产和无形资产
二、税款计算	本期应纳税额	15			54 000.00	
	本期应纳税额减征额	16			36 000.00	
	本期免税额	17	9 000.00		9 000.00	
	其中：小微企业免税额	18	9 000.00		9 000.00	
	未达起征点免税额	19				
	应纳税额合计	20=15-16			18 000.00	
	本期预缴税额	21			—	—
	本期应补（退）税额	22=20-21			—	—
三、附加税费	城市维护建设税本期应补（退）税额	23			630.00	
	教育费附加本期应补（退）费额	24			270.00	
	地方教育附加本期应补（退）费额	25			180.00	
声明：此表是根据国家税收法律法规及相关规定填写的，本人（单位）对填报内容（及附带资料）的真实性、可靠性、完整性负责。 纳税人（签章）：汉东市吉祥商贸有限公司　　2024 年 1 月 7 日						
经办人：胡晓红 经办人身份证号：3701011988052065 × × 代理机构签章： 代理机构统一社会信用代码：			受理人： 受理税务机关（章）： 受理日期：　　年　月　日			

表 A－23　增值税及附加税费申报表（小规模纳税人适用）附列资料（二）

（附加税费情况表）

税（费）款所属时间：2023 年 10 月 1 日至 2023 年 12 月 31 日

纳税人名称：（公章）汉东市吉祥商贸有限公司　　　　金额单位：元（列至角分）

税（费）种	计税（费）依据	税（费）率（%）	本期应纳税（费）额	本期减免税（费）额		增值税小规模纳税人“六税两费”减征政策		本期已缴税（费）额	本期应补（退）税（费）额
	增值税税额			减免性质代码	减免税（费）额	减征比例（%）	减征额		
	1	2	3=1×2	4	5	6	7=（3-5）×6	8	9=3-5-7-8
城市维护建设税									
教育费附加									
地方教育附加									
合计	—	—		—		—			

表 A－24　城镇土地使用税、房产税税源明细表

纳税人识别号（统一社会信用代码）：91230101675841385K

纳税人名称：汉东市吉祥商贸有限公司　　　　金额单位：人民币元（列至角分）；面积单位：平方米

<table>
<tr><td colspan="10">一、城镇土地使用税税源明细</td></tr>
<tr><td colspan="2">* 纳税人类型</td><td colspan="2">土地使用权人■集体土地使用人□无偿使用人□代管人□实际使用人□（必选）</td><td colspan="2">土地使用权人纳税人识别号（统一社会信用代码）</td><td>91230101675841385K</td><td>土地使用权人名称</td><td colspan="2">汉东市吉祥商贸有限公司</td></tr>
<tr><td colspan="2">* 土地编号</td><td colspan="2">（税务系统赋予编号）</td><td colspan="2">土地名称</td><td>办公土地</td><td>不动产权证号</td><td colspan="2">2134835</td></tr>
<tr><td colspan="2">不动产单元号</td><td colspan="2">111202040003GB0006F000100157</td><td colspan="2">宗地号</td><td>05-10-28-005</td><td>* 土地性质</td><td colspan="2">国有■集体□（必选）</td></tr>
<tr><td colspan="2">* 土地取得方式</td><td colspan="2">划拨□ 出让□ 转让■租赁□其他□（必选）</td><td colspan="2">* 土地用途</td><td colspan="4">工业□商业■居住□综合□房地产开发企业的开发用地□其他□（必选）</td></tr>
<tr><td colspan="2">* 土地坐落地址（详细地址）</td><td colspan="8">省（自治区、直辖市）汉东市（区）县（区）乡镇（街道）贸易街 1-157 号（必填）</td></tr>
<tr><td colspan="2">* 土地所属主管税务所（科、分局）</td><td colspan="8">（税务系统自动带出）</td></tr>
<tr><td colspan="2">* 土地取得时间</td><td>2017 年 12 月</td><td>变更类型</td><td colspan="4">纳税义务终止（权属转移□其他□）
信息项变更（土地面积变更□土地等级变更□减免税变更□其他□）</td><td>变更时间</td><td></td></tr>
<tr><td colspan="2">* 占用土地面积</td><td>10</td><td>地价</td><td></td><td>* 土地等级</td><td colspan="2">二级</td><td>* 税额标准</td><td>12（系统自动生成）</td></tr>
<tr><td rowspan="5">减免税部分</td><td rowspan="2">序号</td><td colspan="4" rowspan="2">减免性质代码和项目名称</td><td colspan="2">减免起止时间</td><td rowspan="2">减免税土地面积</td><td rowspan="2">月减免税金额</td></tr>
<tr><td>减免起始月份</td><td>减免终止月份</td></tr>
<tr><td>1</td><td colspan="4">0010049901 增值税小规模纳税人城镇土地使用税减征</td><td>2022 年 1 月</td><td>2024 年 12 月</td><td>10</td><td>5.00</td></tr>
<tr><td>2</td><td colspan="4"></td><td></td><td></td><td></td><td></td></tr>
<tr><td>3</td><td colspan="4"></td><td></td><td></td><td></td><td></td></tr>
<tr><td colspan="10">二、房产税税源明细</td></tr>
<tr><td colspan="10">（一）从价计征房产税明细</td></tr>
<tr><td colspan="2">* 纳税人类型</td><td colspan="2">产权所有人■经营管理人□承典人□房屋代管人□房屋使用人□融资租赁承租人□（必选）</td><td colspan="2">所有权人纳税人识别号（统一社会信用代码）</td><td>91230101675841385K</td><td>所有权人名称</td><td colspan="2">汉东市吉祥商贸有限公司</td></tr>
<tr><td colspan="2">* 房产编号</td><td colspan="2">（税务系统赋予编号）</td><td colspan="2">房产名称</td><td colspan="4">办公用房</td></tr>
<tr><td colspan="2">不动产权证号</td><td colspan="2">2134835</td><td colspan="2">不动产单元号</td><td colspan="4">111202040003GB0006F000100157</td></tr>
<tr><td colspan="2">* 房屋坐落地址（详细地址）</td><td colspan="8">省（自治区、直辖市）汉东市（区）县（区）乡镇（街道）贸易街 1-157 号（必填）</td></tr>
<tr><td colspan="2">* 房产所属主管税务所（科、分局）</td><td colspan="8">（税务系统自动带出）</td></tr>
</table>

续表

<table>
<tr><td colspan="9">二、房产税税源明细</td></tr>
<tr><td colspan="9">（一）从价计征房产税明细</td></tr>
<tr><td colspan="2">房屋所在土地编号</td><td colspan="2">（税务系统自动带出）</td><td>* 房产用途</td><td colspan="4">工业□商业及办公■住房□其他□（必选）</td></tr>
<tr><td colspan="2">* 房产取得时间</td><td>2017 年 12 月</td><td>变更类型</td><td colspan="3">纳税义务终止（权属转移□其他□）
信息项变更（房产原值变更□ 出租房产原值变更□ 减免税变更□申报租金收入变更□其他□）</td><td>变更时间</td><td></td></tr>
<tr><td colspan="2">* 建筑面积</td><td colspan="2">50</td><td>其中：出租房产面积</td><td colspan="4"></td></tr>
<tr><td colspan="2">* 房产原值</td><td colspan="2">515 000</td><td>其中：出租房产原值</td><td colspan="2"></td><td>计税比例</td><td>30%（系统自动生成）</td></tr>
<tr><td rowspan="5">减免税部分</td><td rowspan="2">序号</td><td colspan="3" rowspan="2">减免性质代码和项目名称</td><td colspan="2">减免起止时间</td><td rowspan="2">减免税房产原值</td><td rowspan="2">月减免税金额</td></tr>
<tr><td>减免起始月份</td><td>减免终止月份</td></tr>
<tr><td>1</td><td colspan="3">0008049901 增值税小规模纳税人房产税减征</td><td>2022 年 1 月</td><td>2024 年 12 月</td><td>515 000</td><td>180.25</td></tr>
<tr><td>2</td><td colspan="3"></td><td></td><td></td><td></td><td></td></tr>
<tr><td>3</td><td colspan="3"></td><td></td><td></td><td></td><td></td></tr>
</table>

<table>
<tr><td colspan="9">（二）从租计征房产税明细</td></tr>
<tr><td colspan="3">* 房产编号</td><td></td><td colspan="2">房产名称</td><td colspan="3"></td></tr>
<tr><td colspan="3">* 房产所属主管税务所（科、分局）</td><td></td><td colspan="2"></td><td colspan="3"></td></tr>
<tr><td colspan="3">承租方纳税人识别号（统一社会信用代码）</td><td></td><td colspan="2">承租方名称</td><td colspan="3"></td></tr>
<tr><td colspan="3">* 出租面积</td><td></td><td colspan="2">* 申报租金收入</td><td colspan="3"></td></tr>
<tr><td colspan="3">* 申报租金所属租赁期起</td><td></td><td colspan="2">* 申报租金所属租赁期止</td><td colspan="3"></td></tr>
<tr><td rowspan="5">减免税部分</td><td rowspan="2">序号</td><td colspan="2" rowspan="2">减免性质代码和项目名称</td><td colspan="3">减免起止时间</td><td rowspan="2">减免税租金收入</td><td rowspan="2">月减免税金额</td></tr>
<tr><td>减免起始月份</td><td colspan="2">减免终止月份</td></tr>
<tr><td>1</td><td colspan="2"></td><td>年 月</td><td colspan="2">年 月</td><td></td><td></td></tr>
<tr><td>2</td><td colspan="2"></td><td></td><td colspan="2"></td><td></td><td></td></tr>
<tr><td>3</td><td colspan="2"></td><td></td><td colspan="2"></td><td></td><td></td></tr>
</table>

表 A－25　印花税税源明细表

纳税人识别号（统一社会信用代码）：91230101675841385K

纳税人（缴费人）名称：汉东市吉祥商贸有限公司

金额单位：人民币元（列至角分）

序号	应税凭证税务编号	应税凭证编号	*应税凭证名称	*申报期限类型	应税凭证数量	*税目	子目	*税款所属期起	*税款所属期止	*应税凭证书立日期	*计税金额	实际结算日期	实际结算金额	*税率	减免性质代码和项目名称	对方书立人信息		
																对方书立人名称	对方书立人纳税人识别号（统一社会信用代码）	对方书立人涉及金额
1	系统自动生成	略	购销合同	按期申报	2	买卖合同		2023 年 10 月 1 日	2023 年 12 月 31 日	2023 年 12 月 31 日	700 000.00	2023 年 12 月 31 日	700 000.00	0.03%	0009049901 增值税小规模纳税人印花税减征			
2																		
3																		

表 A－26　财产和行为税纳税申报表

纳税人识别号（统一社会信用代码）：91230101675841385K

纳税人名称：汉东市吉祥商贸有限公司　　　　金额单位：人民币元（列至角分）

序号	税种	税目	税款所属期起	税款所属期止	计税依据	税率	应纳税额	减免税额	已缴税额	应补（退）税额
1	城镇土地使用税		2023 年 7 月 1 日	2023 年 12 月 31 日	10 平方米	12 元 / 平方米	60.00	30.00		30.00
2	房产税		2023 年 7 月 1 日	2023 年 12 月 31 日	360 500 元	1.20%	2 163.00	1 081.50		1 081.50
3	印花税	买卖合同	2023 年 10 月 1 日	2023 年 12 月 31 日	700 000 元	0.03%	210.00	105.00		105.00
4										
5										
6										
7										
8										
9										
10										
11	合计	—	—	—	—	—	2 433.00	1 216.50		1 216.50

声明：此表是根据国家税收法律法规及相关规定填写的，本人（单位）对填报内容（及附带资料）的真实性、可靠性、完整性负责。

纳税人（签章）：汉东市吉祥商贸有限公司　　2024 年 1 月 7 日

经办人：胡晓红 经办人身份证号：3701011988052065 × × 代理机构签章： 代理机构统一社会信用代码：	受理人： 受理税务机关（章）： 受理日期：　　年　　月　　日

表 A－27 财产和行为税减免税明细申报附表

纳税人识别号（统一社会信用代码）：91230101675841385K

纳税人名称：汉东市吉祥商贸有限公司

金额单位：人民币元（列至角分）

本期是否适用增值税小规模纳税人减征政策		■是□否	本期适用增值税小规模纳税人减征政策起始时间		2023 年 10 月
			本期适用增值税小规模纳税人减征政策终止时间		2023 年 12 月
合计减免税额			1 216.50		
城镇土地使用税					
序号	土地编号	税款所属期起	税款所属期止	减免性质代码和项目名称	减免税额
1	（税务系统赋予编号）	2023 年 7 月 1 日	2023 年 12 月 31 日	0010049901 增值税小规模纳税人城镇土地使用税减征	30.00
2					
小计	—			—	30.00
房产税					
序号	房产编号	税款所属期起	税款所属期止	减免性质代码和项目名称	减免税额
1	（税务系统赋予编号）	2023 年 7 月 1 日	2023 年 12 月 31 日	0008049901 增值税小规模纳税人房产税减征	1 081.50
2					
小计	—			—	1 081.50
车船税					
序号	车辆识别代码 / 船舶识别码	税款所属期起	税款所属期止	减免性质代码和项目名称	减免税额
1					
2					
小计				—	
印花税					
序号	税目	税款所属期起	税款所属期止	减免性质代码和项目名称	减免税额
1	买卖合同	2023 年 10 月 1 日	2023 年 12 月 31 日	0009049901 增值税小规模纳税人印花税减征	105.00
2					
小计	—			—	105.00

续表

契税					
序号	税源编号	税款所属期起	税款所属期止	减免性质代码和项目名称	减免税额
1					
2					
小计	—			—	
土地增值税					
序号	项目编号	税款所属期起	税款所属期止	减免性质代码和项目名称	减免税额
1					
2					
小计	—			—	
声明：此表是根据国家税收法律法规及相关规定填写的，本人（单位）对填报内容（及附带资料）的真实性、可靠性、完整性负责。 纳税人（签章）：汉东市吉祥商贸有限公司 2024 年 1 月 7 日					
经办人：胡晓红 经办人身份证号：3701011988052065 × × 代理机构签章： 代理机构统一社会信用代码：		受理人： 受理税务机关（章）： 受理日期： 年 月 日			

表 A－29　个人所得税年度自行纳税申报表（A 表）

（仅取得境内综合所得年度汇算适用）

税款所属期：2023 年 1 月 1 日至 2023 年 12 月 31 日

纳税人姓名：张武

纳税人识别号：3701011982020812××　　金额单位：人民币元（列至角分）

基本情况					
手机号码	188030158××	电子邮箱	zhangwu@163.com	邮政编码	900001
联系地址	汉东省（区、市）江南区（县）街道（乡、镇）贸易街 1–157 号				

纳税地点（单选）		
1. 有任职受雇单位的，需选本项并填写“任职受雇单位信息”：		■任职受雇单位所在地
任职受雇单位信息	名称	汉东市吉祥商贸有限公司
	纳税人识别号	91230101675841385K
2. 没有任职受雇单位的，可以从本栏次选择一地：		□户籍所在地□经常居住地□主要收入来源地
户籍所在地 / 经常居住地 / 主要收入来源		____省（区、市）____市____区（县）____街道（乡、镇）_________

申报类型（单选）
■首次申报□更正申报

综合所得个人所得税计算

项目	行次	金额
一、收入合计（第 1 行 = 第 2 行 + 第 3 行 + 第 4 行 + 第 5 行）	1	185 000.00
（一）工资、薪金	2	180 000.00
（二）劳务报酬	3	5 000.00
（三）稿酬	4	
（四）特许权使用费	5	
二、费用合计［第 6 行 =（第 3 行 + 第 4 行 + 第 5 行）×20%］	6	1 000.00
三、免税收入合计（第 7 行 = 第 8 行 + 第 9 行）	7	
（一）稿酬所得免税部分［第 8 行 = 第 4 行 ×（1−20%）×30%］	8	
（二）其他免税收入（附报《个人所得税减免税事项报告表》）	9	
四、减除费用	10	60 000.00
五、专项扣除合计（第 11 行 = 第 12 行 + 第 13 行 + 第 14 行 + 第 15 行）	11	11 610.00
（一）基本养老保险费	12	4 320.00
（二）基本医疗保险费	13	1 080.00
（三）失业保险费	14	270.00
（四）住房公积金	15	5 940.00
六、专项附加扣除合计（附报《个人所得税专项附加扣除信息表》）（第 16 行 = 第 17 行 + 第 18 行 + 第 19 行 + 第 20 行 + 第 21 行 + 第 22 行 + 第 23 行）	16	48 000.00
（一）子女教育	17	24 000.00
（二）继续教育	18	
（三）大病医疗	19	
（四）住房贷款利息	20	12 000.00
（五）住房租金	21	
（六）赡养老人	22	12 000.00
（七）3 岁以下婴幼儿照护	23	
七、其他扣除合计（第 24 行 = 第 25 行 + 第 26 行 + 第 27 行 + 第 28 行 + 第 29 行 + 第 30 行）	24	
（一）年金	25	
（二）商业健康保险（附报《商业健康保险税前扣除情况明细表》）	26	

续表

综合所得个人所得税计算		
项目	行次	金额
（三）税延养老保险（附报《个人税收递延型商业养老保险税前扣除情况明细表》）	27	
（四）允许扣除的税费	28	
（五）个人养老金	29	
（六）其他	30	
八、准予扣除的捐赠额（附报《个人所得税公益慈善事业捐赠扣除明细表》）	31	
九、应纳税所得额（第32行=第1行-第6行-第7行-第10行-第11行-第16行-第24行-第31行）	32	64 390.00
十、税率（%）	33	10%
十一、速算扣除数	34	2 520.00
十二、应纳税额（第35行=第32行×第33行-第34行）	35	3 919.00
全年一次性奖金个人所得税计算 **（无住所居民个人预判为非居民个人取得的数月奖金，选择按全年一次性奖金计税的填写本部分）**		
一、全年一次性奖金收入	36	
二、准予扣除的捐赠额（附报《个人所得税公益慈善事业捐赠扣除明细表》）	37	
三、税率（%）	38	
四、速算扣除数	39	
五、应纳税额［第40行=（第36行-第37行）×第38行-第39行］	40	
税额调整		
一、综合所得收入调整额（需在“备注”栏说明调整具体原因、计算方式等）	41	
二、应纳税额调整额	42	
应补/退个人所得税计算		
一、应纳税额合计（第43行=第35行+第40行+第42行）	43	3 919.00
二、减免税额（附报《个人所得税减免税事项报告表》）	44	
三、已缴税额	45	3 519.00
四、应补/退税额（第46行=第43行-第44行-第45行）	46	400.00

无住所个人附报信息			
纳税年度内在中国境内居住天数		已在中国境内居住年数	

退税申请 （应补/退税额小于0的填写本部分）			
■申请退税（需填写“开户银行名称”“开户银行省份”“银行账号”）□放弃退税			
开户银行名称		开户银行省份	
银行账号			

备注	
谨声明：本表是根据国家税收法律法规及相关规定填报的，本人对填报内容（附带资料）的真实性、可靠性、完整性负责。 纳税人签字：张武　　　　2024年5月12日	
经办人签字：张武 经办人身份证件类型：居民身份证 经办人身份证件号码：3701011982020812×× 代理机构签章： 代理机构统一社会信用代码：	受理人： 受理税务机关（章）： 受理日期：　　　　年　月　日

表 A－30　中华人民共和国企业所得税月（季）度预缴纳税申报表（A 类）

税款所属期间：2023 年 10 月 1 日至 2023 年 12 月 31 日

纳税人识别号（统一社会信用代码）：91230101675841385K

纳税人名称：汉东市吉祥商贸有限公司　　　　金额单位：人民币元（列至角分）

优惠及附报事项有关信息									
项目	一季度		二季度		三季度		四季度		季度平均值
	季初	季末	季初	季末	季初	季末	季初	季末	
从业人数	5	5	5	5	5	5	5	5	5
资产总额（万元）	245.67	253.28	253.28	258.94	258.94	264.91	264.91	259.24	257.40
国家限制或禁止行业	□是■否				小型微利企业				■是□否

	附报事项名称	金额或选项
事项 1	（填写特定事项名称）	
事项 2	（填写特定事项名称）	

	预缴税款计算	本年累计
1	营业收入	2 100 000.00
2	营业成本	1 353 400.00
3	利润总额	156 568.52
4	加：特定业务计算的应纳税所得额	
5	减：不征税收入	
6	减：资产加速折旧、摊销（扣除）调减额（填写 A201020）	
7	减：免税收入、减计收入、加计扣除（7.1+7.2+…）	
7.1	（填写优惠事项名称）	
7.2	（填写优惠事项名称）	
8	减：所得减免（8.1+8.2+…）	
8.1	（填写优惠事项名称）	
8.2	（填写优惠事项名称）	
9	减：弥补以前年度亏损	102 559.19
10	实际利润额（3+4-5-6-7-8-9）\ 按照上一纳税年度应纳税所得额平均额确定的应纳税所得额	54 009.33
11	税率（25%）	25%
12	应纳所得税额（10×11）	13 502.33
13	减：减免所得税额（13.1+13.2+…）	10 801.87
13.1	符合条件的小型微利企业减免企业所得税	10 801.87
13.2	（填写优惠事项名称）	
14	减：本年实际已缴纳所得税额	5 756.07
15	减：特定业务预缴（征）所得税额	
16	本期应补（退）所得税额（12-13-14-15）\ 税务机关确定的本期应纳所得税额	

汇总纳税企业总分机构税款计算			
17	总机构	总机构本期分摊应补（退）所得税额（18+19+20）	
18		其中：总机构分摊应补（退）所得税额（16× 总机构分摊比例 %）	
19		财政集中分配应补（退）所得税额（16× 财政集中分配比例 %）	
20		总机构具有主体生产经营职能的部门分摊所得税额（16× 全部分支机构分摊比例 %× 总机构具有主体生产经营职能部门分摊比例 %）	
21	分支机构	分支机构本期分摊比例	

表 A－31 中华人民共和国企业所得税年度纳税申报表
（A 类，2017 年版）

<table>
<tr><td colspan="2">税款所属期间：2023 年 1 月 1 日至 2023 年 12 月 31 日
纳税人识别号：（统一社会信用代码）91230101675841385K
纳税人名称：汉东市吉祥商贸有限公司
金额单位：人民币元（列至角分）

谨声明：本纳税申报表是根据国家税收法律法规及相关规定填报的，是真实的、可靠的、完整的。
纳税人签章：汉东市吉祥商贸有限公司
2024 年 4 月 25 日</td></tr>
<tr><td>经办人：胡晓红

经办人身份证号：3701011988052065××

代理机构签章：</td><td>受理人：

受理税务机关（章）：

受理日期： 年 月 日</td></tr>
</table>

表 A－32 企业所得税年度纳税申报表填报表单

表单编号	表单名称	是否填报
A000000	企业所得税年度纳税申报基础信息表	☑
A100000	中华人民共和国企业所得税年度纳税申报表（A 类）	☑
A101010	一般企业收入明细表	☐
A101020	金融企业收入明细表	☐
A102010	一般企业成本支出明细表	☐
A102020	金融企业支出明细表	☐
A103000	事业单位、民间非营利组织收入、支出明细表	☐
A104000	期间费用明细表	☐
A105000	纳税调整项目明细表	☑
A105010	视同销售和房地产开发企业特定业务纳税调整明细表	☐
A105020	未按权责发生制确认收入纳税调整明细表	☐
A105030	投资收益纳税调整明细表	☐
A105040	专项用途财政性资金纳税调整明细表	☐
A105050	职工薪酬支出及纳税调整明细表	☑
A105060	广告费和业务宣传费等跨年度纳税调整明细表	☑
A105070	捐赠支出及纳税调整明细表	☐
A105080	资产折旧、摊销及纳税调整明细表	☑
A105090	资产损失税前扣除及纳税调整明细表	☐
A105100	企业重组及递延纳税事项纳税调整明细表	☐
A105110	政策性搬迁纳税调整明细表	☐
A105120	贷款损失准备金及纳税调整明细表	☐

续表

表单编号	表单名称	是否填报
A106000	企业所得税弥补亏损明细表	☑
A107010	免税、减计收入及加计扣除优惠明细表	□
A107011	符合条件的居民企业之间的股息、红利等权益性投资收益优惠明细表	□
A107012	研发费用加计扣除优惠明细表	□
A107020	所得减免优惠明细表	□
A107030	抵扣应纳税所得额明细表	□
A107040	减免所得税优惠明细表	☑
A107041	高新技术企业优惠情况及明细表	□
A107042	软件、集成电路企业优惠情况及明细表	□
A107050	税额抵免优惠明细表	□
A108000	境外所得税收抵免明细表	□
A108010	境外所得纳税调整后所得明细表	□
A108020	境外分支机构弥补亏损明细表	□
A108030	跨年度结转抵免境外所得税明细表	□
A109000	跨地区经营汇总纳税企业年度分摊企业所得税明细表	□
A109010	企业所得税汇总纳税分支机构所得税分配表	□
说明：企业应当根据实际情况选择需要填报的表单。		

表 A－33　A000000 企业所得税年度纳税申报基础信息表

基本经营情况（必填项目）			
101 纳税申报企业类型（填写代码）	100	102 分支机构就地纳税比例（%）	
103 资产总额（填写平均值，单位：万元）	257.40	104 从业人数（填写平均值，单位：人）	5
105 所属国民经济行业（填写代码）	5122	106 从事国家限制或禁止行业	□是　☑否
107 适用会计准则或会计制度（填写代码）	110	108 采用一般企业财务报表格式（2019 年版）	☑是　□否
109 小型微利企业	☑是　□否	110 上市公司	是（□境内　□境外）☑否
有关涉税事项情况（存在或者发生下列事项时必填）			
201 从事股权投资业务	□是	202 存在境外关联交易	□是
203 境外所得信息：203-1 选择采用的境外所得抵免方式	分国（地区）不分项　　不分国（地区）不分项		
203 境外所得信息：203-2 海南自由贸易港新增境外直接投资信息	是（产业类别：　旅游业　　现代服务业　　高新技术产业）		
204 有限合伙制创业投资企业的法人合伙人	□是	205 创业投资企业	□是
206 技术先进型服务企业类型（填写代码）		207 非营利组织	□是
208 软件、集成电路企业类型（填写代码）		209 集成电路生产项目类型	□ 130 纳米　□ 65 纳米　□ 28 纳米
210 科技型中小企业：210-1　2020 年（申报所属期年度）入库编号 1		210-2 入库时间 1	
210 科技型中小企业：210-3　2021 年（所属期下一年度）入库编号 2		210-4 入库时间 2	
211 高新技术企业申报所属期年度有效的高新技术企业证书：211-1 证书编号 1		211-2 发证时间 1	
211 高新技术企业申报所属期年度有效的高新技术企业证书：211-3 证书编号 2		211-4 发证时间 2	
212 重组事项税务处理方式	□一般性　□特殊性	213 重组交易类型（填写代码）	
214 重组当事方类型（填写代码）		215 政策性搬迁开始时间	
216 发生政策性搬迁且停止生产经营无所得年度	□是	217 政策性搬迁损失分期扣除年度	□是
218 发生非货币性资产对外投资递延纳税事项	□是	219 非货币性资产对外投资转让所得递延纳税年度	□是
220 发生技术成果投资入股递延纳税事项	□是	221 技术成果投资入股递延纳税年度	□是
222 发生资产（股权）划转特殊性税务处理事项	□是	223 债务重组所得递延纳税年度	□是

续表

主要股东及分红情况（必填项目）					
股东名称	证件种类	证件号码	投资比例	当年（决议日）分配的股息、红利等权益性投资收益金额	国籍（注册地址）
其余股东合计	—	—			—

表 A－34　A100000 中华人民共和国企业所得税年度纳税申报表（A 表）

行次	类别	项目	金额
1	利润总额计算	一、营业收入（填写 A101010\101020\103000）	2 100 000.00
2		减：营业成本（填写 A102010\102020\103000）	1 353 400.00
3		减：税金及附加	3 849.00
4		减：销售费用（填写 A104000）	48 600.00
5		减：管理费用（填写 A104000）	589 982.48
6		减：财务费用（填写 A104000）	-54 400.00
7		减：资产减值损失	
8		加：公允价值变动损益	
9		加：投资收益	
10		二、营业利润（1-2-3-4-5-6-7+8+9）	158 568.52
11		加：营业外收入（填写 A101010\101020\103000）	3 000.00
12		减：营业外支出（填写 A102010\102020\103000）	5 000.00
13		三、利润总额（10+11-12）	156 568.52
14	应纳税所得额计算	减：境外所得（填写 A108010）	
15		加：纳税调整增加额（填写 A105000）	28 580.00
16		减：纳税调整减少额（填写 A105000）	
17		减：免税、减计收入及加计扣除（填写 A107010）	
18		加：境外应税所得抵减境内亏损（填写 A108000）	
19		四、纳税调整后所得（13-14+15-16-17+18）	185 148.52
20		减：所得减免（填写 A107020）	
21		减：弥补以前年度亏损（填写 A106000）	102 559.19
22		减：抵扣应纳税所得额（填写 A107030）	
23		五、应纳税所得额（19-20-21-22）	82 589.33
24	应纳税额计算	税率（25%）	25%
25		六、应纳所得税额（23×24）	20 647.33
26		减：减免所得税额（填写 A107040）	16 517.86
27		减：抵免所得税额（填写 A107050）	
28		七、应纳税额（25-26-27）	4 129.47
29		加：境外所得应纳所得税额（填写 A108000）	
30		减：境外所得抵免所得税额（填写 A108000）	
31		八、实际应纳所得税额（28+29-30）	4 129.47
32		减：本年累计实际已缴纳的所得税额	5 756.07
33		九、本年应补（退）所得税额（31-32）	-1 626.60
34		其中：总机构分摊本年应补（退）所得税额（填写 A109000）	
35		财政集中分配本年应补（退）所得税额（填写 A109000）	
36		总机构主体生产经营部门分摊本年应补（退）所得税额（填写 A109000）	

表 A－35　A105000 纳税调整项目明细表

行次	项目	账载金额	税收金额	调增金额	调减金额
		1	2	3	4
1	一、收入类调整项目（2+3+…+8+10+11）	*	*		
2	（一）视同销售收入（填写 A105010）	*			*
3	（二）未按权责发生制原则确认的收入（填写 A105020）				
4	（三）投资收益（填写 A105030）				
5	（四）按权益法核算长期股权投资对初始投资成本调整确认收益	*	*	*	
6	（五）交易性金融资产初始投资调整	*	*		*
7	（六）公允价值变动净损益		*		
8	（七）不征税收入	*	*		
9	其中：专项用途财政性资金（填写 A105040）	*	*		
10	（八）销售折扣、折让和退回				
11	（九）其他				
12	二、扣除类调整项目（13+14+…+24+26+27+28+29+30）	*	*	28 580.00	
13	（一）视同销售成本（填写 A105010）	*		*	
14	（二）职工薪酬（填写 A105050）	502 520.00	496 440.00	6 080.00	
15	（三）业务招待费支出	28 000.00	10 500.00	17 500.00	*
16	（四）广告费和业务宣传费支出（填写 A105060）	*	*		
17	（五）捐赠支出（填写 A105070）				
18	（六）利息支出				
19	（七）罚金、罚款和被没收财物的损失		*		*
20	（八）税收滞纳金、加收利息	5 000.00	*	5 000.00	*
21	（九）赞助支出		*		*
22	（十）与未实现融资收益相关在当期确认的财务费用				
23	（十一）佣金和手续费支出（保险企业填写 A105060）				
24	（十二）不征税收入用于支出所形成的费用	*	*		*
25	其中：专项用途财政性资金用于支出所形成的费用（填写 A105040）	*	*		*
26	（十三）跨期扣除项目				
27	（十四）与取得收入无关的支出		*		*
28	（十五）境外所得分摊的共同支出	*	*		*
29	（十六）党组织工作经费				
30	（十七）其他				
31	三、资产类调整项目（32+33+34+35）	*	*		
32	（一）资产折旧、摊销（填写 A105080）	24 462.48	24 462.48		
33	（二）资产减值准备金		*		
34	（三）资产损失（填写 A105090）				
35	（四）其他				
36	四、特殊事项调整项目（37+38+…+43）	*	*		
37	（一）企业重组及递延纳税事项（填写 A105100）				
38	（二）政策性搬迁（填写 A105110）	*	*		

续表

行次	项目	账载金额	税收金额	调增金额	调减金额
		1	2	3	4
39	（三）特殊行业准备金（39.1+39.2+39.4+39.5+39.6+39.7）	*	*		
39.1	1. 保险公司保险保障基金				
39.2	2. 保险公司准备金				
39.3	其中：已发生未报案未决赔款准备金				
39.4	3. 证券行业准备金				
39.5	4. 期货行业准备金				
39.6	5. 中小企业融资（信用）担保机构准备金				
39.7	6. 金融企业、小额贷款公司准备金（填写 A105120）	*	*		
40	（四）房地产开发企业特定业务计算的纳税调整额（填写 A105010）	*			
41	（五）合伙企业法人合伙人应分得的应纳税所得额				
42	（六）发行永续债利息支出				
43	（七）其他	*	*		
44	五、特别纳税调整应税所得	*	*		
45	六、其他	*	*		
46	合计（1+12+31+36+44+45）	*	*	28 580.00	

表 A－36　A105050 职工薪酬支出及纳税调整明细表

行次	项目	账载金额	实际发生额	税收规定扣除率	以前年度累计结转扣除额	税收金额	纳税调整金额	累计结转以后年度扣除额
		1	2	3	4	5	6(1−5)	7(2+4−5)
1	一、工资薪金支出	336 000.00	336 000.00	*	*	336 000.00		*
2	其中：股权激励			*	*			*
3	二、职工福利费支出	50 000.00	50 000.00	14%	*	47 040.00	2 960.00	*
4	三、职工教育经费支出	30 000.00	30 000.00	*		26 880.00	3 120.00	3 120.00
5	其中：按税收规定比例扣除的职工教育经费	30 000.00	30 000.00	8%		26 880.00	3 120.00	3 120.00
6	按税收规定全额扣除的职工培训费用			0%	*			*
7	四、工会经费支出	6 720.00	6 720.00	2%	*	6 720.00		*
8	五、各类基本社会保障性缴款	56 700.00	56 700.00	*	*	56 700.00		*
9	六、住房公积金	23 100.00	23 100.00	*	*	23 100.00		*
10	七、补充养老保险			5%	*			*
11	八、补充医疗保险			5%	*			*
12	九、其他			*	*			*
13	合计（1+3+4+7+8+9+10+11+12）	502 520.00	502 520.00	*		496 440.00	6 080.00	3 120.00

表 A－37　A105060 广告费和业务宣传费等跨年度纳税调整明细表

行次	项目	广告费和业务宣传费	保险企业手续费及佣金支出
		1	2
1	一、本年支出	48 600.00	
2	减：不允许扣除的支出		
3	二、本年符合条件的支出（1-2）	48 600.00	
4	三、本年计算扣除限额的基数	2 100 000.00	
5	乘：税收规定扣除率	15%	
6	四、本企业计算的扣除限额（4×5）	315 000.00	
7	五、本年结转以后年度扣除额（3>6，本行=3-6；3≤6，本行=0）		
8	加：以前年度累计结转扣除额		
9	减：本年扣除以前年度结转额［3>6，本行=0；3≤6，本行=8与（6-3）孰小值］		
10	六、按照分摊协议归集至其他关联方的金额（10≤3与6孰小值）		*
11	按照分摊协议从其他关联方归集至本企业的金额		*
12	七、本年支出纳税调整金额（3>6，本行=2+3-6+10-11；3≤6，本行=2-9+10-11）		
13	八、累计结转以后年度扣除额（7+8-9）		

表 A－38　A105080 资产折旧、摊销及纳税调整明细表

行次	项目			账载金额			税收金额					纳税调整金额
				资产原值	本年折旧、摊销额	累计折旧、摊销额	资产计税基础	税收折旧、摊销额	享受加速折旧政策的资产按税收一般规定计算的折旧、摊销额	加速折旧、摊销统计额	累计折旧、摊销额	
				1	2	3	4	5	6	7=5–6	8	9（2–5）
1	一、固定资产（2+3+4+5+6+7）			515 000.00	24 462.48	146 774.88	515 000.00	24 462.48	*	*	146 774.88	
2	所有固定资产	（一）房屋、建筑物		515 000.00	24 462.48	146 774.88	515 000.00	24 462.48	*	*	146 774.88	
3		（二）飞机、火车、轮船、机器、机械和其他生产设备							*	*		
4		（三）与生产经营活动有关的器具、工具、家具等							*	*		
5		（四）飞机、火车、轮船以外的运输工具							*	*		
6		（五）电子设备							*	*		
7		（六）其他							*	*		
8	其中：享受固定资产加速折旧及一次性扣除政策的资产加速折旧额大于一般折旧额的部分	（一）重要行业固定资产加速折旧（不含一次性扣除）										*
9		（二）其他行业研发设备加速折旧										*
10		（三）特定地区企业固定资产加速折旧（10.1+10.2）										*
10.1		1. 海南自由贸易港企业固定资产加速折旧										*
10.2		2. 横琴粤澳深度合作区企业固定资产加速折旧										*
11		（四）500 万元以下设备器具一次性扣除（11.1+11.2）										*
11.1		1. 高新技术企业 2022 年第四季度（10 月—12 月）购置单价 500 万元以下设备器具一次性扣除										*
11.2		2. 购置单价 500 万元以下设备器具一次性扣除（不包含高新技术企业 2022 年第四季度购置）										*
12		（五）500 万元以上设备器具一次性扣除（12.1+12.2+12.3+12.4）										*
12.1		中小微企业购置单价 500 万元以上设备器具	1. 最低折旧年限为 3 年的设备器具一次性扣除									*
12.2			2. 最低折旧年限为 4、5 年的设备器具 50% 部分一次性扣除									*
12.3			3. 最低折旧年限为 10 年的设备器具 50% 部分一次性扣除									*
12.4		4. 高新技术企业 2022 年第四季度（10 月—12 月）购置单价 500 万元以上设备器具一次性扣除										*
13		（六）特定地区企业固定资产一次性扣除（13.1+13.2）										*
13.1		1. 海南自由贸易港企业固定资产一次性扣除										*
13.2		2. 横琴粤澳深度合作区企业固定资产一次性扣除										*
14		（七）技术进步、更新换代固定资产加速折旧										*
15		（八）常年强震动、高腐蚀固定资产加速折旧										*
16		（九）外购软件折旧加速折旧										*
17		（十）集成电路企业生产设备加速折旧										*

续表

行次	项目		账载金额			税收金额					纳税调整金额
			资产原值	本年折旧、摊销额	累计折旧、摊销额	资产计税基础	税收折旧、摊销额	享受加速折旧政策的资产按税收一般规定计算的折旧、摊销额	加速折旧、摊销统计额	累计折旧、摊销额	
			1	2	3	4	5	6	7=5–6	8	9（2–5）
18	二、生产性生物资产（19+20）							*	*		
19	（一）林木类							*	*		
20	（二）畜类							*	*		
21	三、无形资产（22+23+24+25+26+27+28+29）							*	*		
22		（一）专利权						*	*		
23		（二）商标权						*	*		
24		（三）著作权						*	*		
25	所有无形资产	（四）土地使用权						*	*		
26		（五）非专利技术						*	*		
27		（六）特许权使用费						*	*		
28		（七）软件						*	*		
29		（八）其他						*	*		
30		（一）企业外购软件加速摊销									*
31	其中：享受无形资产加速摊销及一次性摊销政策的资产加速摊销额大于一般摊销额的部分	（二）特定地区企业无形资产加速摊销（31.1+31.2）									*
31.1		1. 海南自由贸易港企业无形资产加速摊销									*
31.2		2. 横琴粤澳深度合作区企业无形资产加速摊销									*
32		（三）特定地区企业无形资产一次性摊销（32.1+32.2）									*
32.1		1. 海南自由贸易港企业无形资产一次性摊销									*
32.2		2. 横琴粤澳深度合作区企业无形资产一次性摊销									*
33	四、长期待摊费用（34+35+36+37+38）							*	*		
34	（一）已足额提取折旧的固定资产的改建支出							*	*		
35	（二）租入固定资产的改建支出							*	*		
36	（三）固定资产的大修理支出							*	*		
37	（四）开办费							*	*		
38	（五）其他							*	*		
39	五、油气勘探投资							*	*		
40	六、油气开发投资							*	*		
41	合计（1+18+21+33+39+40）		515 000.00	24 462.48	146 774.88	515 000.00	24 462.48			146 774.88	
附列资料		全民所有制企业公司改制资产评估增值政策资产						*	*		

表 A－39　A106000 企业所得税弥补亏损明细表

行次	项目	年度	当年境内所得额	分立转出的亏损额	合并、分立转入的亏损额			弥补亏损企业类型	当年亏损额	当年待弥补的亏损额	用本年度所得额弥补的以前年度亏损额		当年可结转以后年度弥补的亏损额
					可弥补年限5年	可弥补年限8年	可弥补年限10年				使用境内所得弥补	使用境外所得弥补	
		1	2	3	4	5	6	7	8	9	10	11	12
1	前十年度	2013年											
2	前九年度	2014年											
3	前八年度	2015年											
4	前七年度	2016年											
5	前六年度	2017年											
6	前五年度	2018年	-385 232.28					100 一般企业	-385 232.28				
7	前四年度	2019年	-216 789.35					100 一般企业	-216 789.35	-102 559.19	102 559.19		
8	前三年度	2020年	119 724.36					100 一般企业					
9	前二年度	2021年	275 836.41					100 一般企业					
10	前一年度	2022年	103 901.67					100 一般企业					
11	本年度	2023年	184 648.52					100 一般企业			102 559.19		
12	可结转以后年度弥补的亏损额合计												

表 A－40　A107040 减免所得税优惠明细表

行次	项目	金额
1	一、符合条件的小型微利企业减免企业所得税	16 517.86
2	二、国家需要重点扶持的高新技术企业减按 15% 的税率征收企业所得税（填写 A107041）	
3	三、经济特区和上海浦东新区新设立的高新技术企业在区内取得的所得定期减免企业所得税（填写 A107041）	
4	四、受灾地区农村信用社免征企业所得税	*
5	五、动漫企业自主开发、生产动漫产品定期减免企业所得税	
6	六、线宽小于 0.8 微米（含）的集成电路生产企业减免企业所得税（填写 A107042）	
7	七、线宽小于 0.25 微米的集成电路生产企业减按 15% 税率征收企业所得税（填写 A107042）	*
8	八、投资额超过 80 亿元的集成电路生产企业减按 15% 税率征收企业所得税（填写 A107042）	*
9	九、线宽小于 0.25 微米的集成电路生产企业减免企业所得税（填写 A107042）	
10	十、投资额超过 80 亿元的集成电路生产企业减免企业所得税（填写 A107042）	
11	十一、新办集成电路设计企业减免企业所得税（填写 A107042）	
12	十二、国家规划布局内集成电路设计企业可减按 10% 的税率征收企业所得税（填写 A107042）	*
13	十三、符合条件的软件企业减免企业所得税（填写 A107042）	
14	十四、国家规划布局内重点软件企业可减按 10% 的税率征收企业所得税（填写 A107042）	*
15	十五、符合条件的集成电路封装、测试企业定期减免企业所得税（A107042）	
16	十六、符合条件的集成电路关键专用材料生产企业、集成电路专用设备生产企业定期减免企业所得税（填写 A107042）	
17	十七、经营性文化事业单位转制为企业的免征企业所得税	
18	十八、符合条件的生产和装配伤残人员专门用品企业免征企业所得税	
19	十九、技术先进型服务企业（服务外包类）减按 15% 的税率征收企业所得税	
20	二十、技术先进型服务企业（服务贸易类）减按 15% 的税率征收企业所得税	
21	二十一、设在西部地区的鼓励类产业企业减按 15% 的税率征收企业所得税（主营业务收入占比 __%）	
22	二十二、新疆困难地区新办企业定期减免企业所得税	
23	二十三、新疆喀什、霍尔果斯特殊经济开发区新办企业定期免征企业所得税	
24	二十四、广东横琴、福建平潭、深圳前海、广东南沙等地区的鼓励类产业企业减按 15% 税率征收企业所得税（24.1+24.2+24.3+24.4）	
24.1	（一）横琴粤澳深度合作区的鼓励类产业企业减按 15% 税率征收企业所得税	
24.2	（二）平潭综合实验区的鼓励类产业企业减按 15% 税率征收企业所得税	
24.3	（三）前海深港现代服务业合作区的鼓励类产业企业减按 15% 税率征收企业所得税	
24.4	（四）南沙先行启动区的鼓励类产业企业减按 15% 税率征收企业所得税	
25	二十五、北京冬奥组委、北京冬奥会测试赛赛事组委会免征企业所得税	
26	二十六、线宽小于 130 纳米（含）的集成电路生产企业减免企业所得税（原政策，填写 A107042）	
27	二十七、线宽小于 65 纳米（含）或投资额超过 150 万元的集成电路生产企业减免企业所得税（原政策，填写 A107042）	
28	二十八、其他（28.1+28.2+28.3+28.4+28.5+28.6）	
28.1	（一）从事污染防治的第三方企业减按 15% 的税率征收企业所得税	
28.2	（二）上海自贸试验区临港新片区的重点产业企业减按 15% 的税率征收企业所得税	
28.3	（三）海南自由贸易港鼓励类企业减按 15% 税率征收企业所得税	
28.4	（四）国家鼓励的集成电路和软件企业减免企业所得税政策（28.4.1+…+28.4.10）	
28.4.1	1. 线宽小于 28 纳米（含）集成电路生产企业减免企业所得税（填写 A107042）	
28.4.2	2. 线宽小于 65 纳米（含）集成电路生产企业减免企业所得税（填写 A107042）	
28.4.3	3. 线宽小于 130 纳米（含）集成电路生产企业减免企业所得税（填写 A107042）	
28.4.4	4. 集成电路设计企业减免企业所得税（填写 A107042）	

续表

行次	项目	金额
28.4.5	5. 重点集成电路设计企业减免企业所得税（填写 A107042）	
28.4.6	6. 集成电路装备企业减免企业所得税（填写 A107042）	
28.4.7	7. 集成电路材料企业减免企业所得税（填写 A107042）	
28.4.8	8. 集成电路封装、测试企业减免企业所得税（填写 A107042）	
28.4.9	9. 软件企业减免企业所得税（填写 A107042）	
28.4.10	10. 重点软件企业减免企业所得税（填写 A107042）	
28.5	（五）其他 1	
28.6	（六）其他 2	
29	二十九、减：项目所得额按法定税率减半征收企业所得税叠加享受减免税优惠	
30	三十、支持和促进重点群体创业就业企业限额减征企业所得税（30.1+30.2）	
30.1	（一）企业招用建档立卡贫困人口就业扣减企业所得税	
30.2	（二）企业招用登记失业半年以上人员就业扣减企业所得税	
31	三十一、扶持自主就业退役士兵创业就业企业限额减征企业所得税	
32	三十二、符合条件的公司型创投企业按照企业年末个人股东持股比例减免企业所得税（个人股东持股比例 __%）	
33	合计（1+2+…+28−29+30+31+32）	16 517.86

一般纳税人综合案例 B 答案

一般纳税人工作任务：增值税纳税实务

情境导航答案：与增值税相关的情境涉及“二、2023 年 1—11 月相关涉税信息”中表 B－5 和“三、2023 年 12 月具体业务情况”中业务 B－1 ～业务 B－6、业务 B－10 ～业务 B－13。

引导问题 1 答案：根据 **1.1.1**，阳光公司销售货物、销售及出租不动产，因此阳光公司是增值税的纳税人。

引导问题 2 答案：根据 **1.1.2**，阳光公司销售货物、出租不动产的年应税销售额约为 5 870 万元（其中第 1—3 季度销售额 4 800 万元，第 4 季度销售额 1 070 万元），已经大于 500 万元，因此是增值税一般纳税人。

引导问题 3 答案：根据 **1.2**，阳光公司销售货物、销售及出租不动产的行为均属于增值税的征税范围（详见业务 B－1、业务 B－3、业务 B－4）。

引导问题 4 答案：根据 **1.3**，阳光公司采取直接收款并开具发票方式进行销售，因此阳光公司增值税的纳税义务发生时间为开具发票的当天。

引导问题 5 答案：根据 **1.4.1**，阳光公司为一般纳税人，销售货物适用的税率为 13%（详见业务 B－1）。

引导问题 6 答案：根据 **1.4.2.3**，阳光公司属于非房地产开发企业的一般纳税人，出租、转让其 2016 年 4 月 30 日前取得的不动产，征收率为 5%（详见业务 B－3、业务 B－4）。

引导问题 7 答案：根据 **1.5**，阳光公司经营的项目不属于免税项目，不享受增值税的税收优惠。但是取得的国债利息收入免征增值税。

引导问题 8 答案：根据 **1.6.1.2**，阳光公司 12 月的销项税额 = 卷烟的销售额 × 适用税率 =10 696 902.66 × 13%=1 390 597.34（元）(详见表 B－23、业务 B－1)。

引导问题 9 答案：根据 **1.6.1.3**，阳光公司 12 月的进项税额为：

（1）从销售方取得的增值税专用发票（含税控机动车销售统一发票）上注明的增值税额共计 1 147 412.11 元（详见表 B－24）。

（2）取得注明旅客身份信息的航空运输电子客票行程单可以抵扣的进项税额 =（票价 + 燃油附加费）÷（1+9%）× 9%=6 300 ÷（1+9%）× 9%=520.18（元）(详见业务 B－13)。

（3）上述两者合计 =1 147 412.11+520.18=1 147 932.29（元）。

引导问题 10 答案：根据 **1.6.1.6**，业务 B－11 的贷款服务、业务 B－12 和业务 B－13 购进的餐饮服务的相关进项税额不得从销项税额中抵扣。

引导问题 11 答案：根据 **1.6.1**，阳光公司一般计税方法计算的应纳税额 = 当期销项税额 - 当期进项税额 =1 390 597.34-1 147 932.29=242 665.05（元）。

引导问题 12 答案：根据 **1.6.2**，阳光公司 12 月采用简易计税方法计算的应纳税额 =（含税销售额 - 扣除项目）÷（1+ 征收率）× 征收率 =（出租不动产含税销售额 + 销售不动产含税销售额 - 不动产购置原价）÷（1+ 征收率）× 征收率 =（2 450+1 000 000-550 000）÷（1+5%）× 5%=21 545.24（元）（详见业务 B－3 和业务 B－4）。

引导问题 13 答案：根据 **1.6**，阳光公司 12 月应缴纳的增值税 = 一般计税方法计算的应纳税额 + 简易计税方法计算的应纳税额 - 上期留抵税额 =242 665.05+21 545.24-0=264 210.29 元（上期留抵税额数据详见表 B－5）。

引导问题 14 答案：根据 **1.7**，阳光公司应当向汉东市东城区主管税务机关申报缴纳增值税。

引导问题 15 答案：如表 B－37 ～表 B－42 所示。

一般纳税人工作任务：消费税纳税实务

情境导航答案：与消费税相关的情境涉及“二、2023 年 1—11 月相关涉税信息”中“5. 2023 年 12 月纳税申报涉及的以往相关税费情况如下”中的（2）和“三、2023 年 12 月具体业务情况”中业务 B－1。

引导问题 1 答案：根据 **2.1**，阳光公司批发销售卷烟，因此阳光公司是消费税的纳税人。

引导问题 2 答案：根据 **2.2** 和 **2.3**，阳光公司批发销售卷烟属于消费税的征税范围。

引导问题 3 答案：根据 **2.4**，阳光公司采取直接收款并开具发票方式销售货物，因此消费税的纳税义务发生时间为开具发票的当天。

引导问题 4 答案：根据 **2.5**，阳光公司批发销售卷烟适用的消费税税率是“11%+0.005 元 / 支”。卷烟消费税税率如表 B－26 所示。

表 B－26　卷烟消费税税率表

税目	比例税率	定额税率			征收环节
		每支	每标准条（200 支）	每标准箱（5 万支）	
甲类卷烟	56%	0.003 元 / 支	0.6 元	150 元	生产环节
乙类卷烟	36%	0.003 元 / 支	0.6 元	150 元	
卷烟	11%	0.005 元 / 支	1 元	250 元	批发环节

引导问题 5 答案：根据 **2.6**，阳光公司 12 月消费税的计税依据是卷烟的不含税销售金额 10 696 902.66 元、销售数量 245 标准箱（详见业务 B－1、表 B－23）。

引导问题 6 答案：根据 **2.7.4.1**，阳光公司 12 月应缴纳的消费税＝销售额 × 比例税率＋销售数量 × 定额税率 =10 696 902.66 × 11%+245 × 250=1 237 909.29（元）。

引导问题 7 答案：根据 **2.8**，阳光公司应当向汉东市东城区主管税务机关申报缴纳消费税。

引导问题 8 答案：如表 B－43 ～表 B－45 所示。

一般纳税人工作任务：城市维护建设税、教育费附加和地方教育附加纳税实务

情境导航答案：与城市维护建设税、教育费附加和地方教育附加相关的情境涉及“三、2023 年 12 月具体业务情况”中业务 B－1 ～业务 B－6、业务 B－10 ～业务 B－13。

引导问题 1 答案：根据 **3.1.1**，阳光公司为在征税范围内从事工商经营，缴纳增值税和消费税的单位，是城市维护建设税的纳税人。

引导问题 2 答案：根据 **3.1.2**，阳光公司为在征税范围内从事工商经营，缴纳增值税和消费税的单位，是教育费附加和地方教育附加的纳费人。

引导问题 3 答案：根据 **3.2.1**，阳光公司在汉东市，属于城市维护建设税的征税范围。

引导问题 4 答案：根据 **3.2.2**，阳光公司在汉东市，属于教育费附加和地方教育附加的征费范围。

引导问题 5 答案：根据 **3.3**，阳光公司的城市维护建设税、教育费附加和地方教育附加纳税（费）发生时间与增值税和消费税的纳税义务发生时间一致。

引导问题 6 答案：根据 **3.4.1**，阳光公司适用的城市维护建设税税率是 7%。

引导问题 7 答案：根据 **3.4.2**，阳光公司适用的教育费附加的费率是 3%；根据 **3.4.3**，阳光公司适用的地方教育附加的费率是 2%。

引导问题 8 答案：根据 **3.5.1**，阳光公司城市维护建设税的计税依据是其实际应缴纳的增值税和消费税税额 1 502 119.58（264 210.29+1 237 909.29）元。

引导问题 9 答案：根据 **3.5.2**，阳光公司教育费附加和地方教育附加的计费依据是其实际应缴纳的增值税和消费税税额 1 502 119.58（264 210.29+1 237 909.29）元。

引导问题 10 答案：根据 **3.6**，阳光公司不享受城市维护建设税、教育费附加和地方教育附加的税（费）优惠。

引导问题 11 答案：根据 **3.7.1**，阳光公司 12 月应缴纳的城市维护建设税 = 计税依据 × 适用税率 = 1 502 119.58 × 7%=105 148.37（元）。

引导问题 12 答案：根据 **3.7.2**，阳光公司 12 月应缴纳的教育费附加 = 计税依据 × 适用税率 = 1 502 119.58 × 3%=45 063.59（元）。

引导问题 13 答案：根据 **3.7.3**，阳光公司 12 月应缴纳的地方教育附加 = 计税依据 × 适用税率 = 1 502 119.58 × 2%=30 042.40（元）(以申报表计算结果为准)。

引导问题 14 答案：根据 **3.8**，阳光公司城市维护建设税、教育费附加和地方教育附加的纳税（费）地点为缴纳增值税和消费税的地点，即汉东市东城区主管税务机关。

引导问题 15 答案：如表 B－37、表 B－41、表 B－43、表 B－45 所示。

一般纳税人工作任务：房产税纳税实务

情境导航答案：与房产税相关的情境涉及“二、2023 年 1—11 月相关涉税信息”表 B－7 和“三、2023 年 12 月具体业务情况”业务 B－3、业务 B－4 和业务 B－5。

引导问题 1 答案：根据 **4.1**，阳光公司是拥有房屋产权的单位，因此阳光公司是房产税的纳税人。

引导问题 2 答案：根据 **4.2**，阳光公司的自有房产坐落于汉东市，属于房产税的征税范围。

引导问题 3 答案：根据 **4.3**，阳光公司 12 月新购置房屋房产税的纳税义务发生时间为 2024 年 1 月（详见业务 B－5）。

引导问题 4 答案：根据 **4.3**，阳光公司原购置房屋房产税的纳税义务发生时间为自 2014 年 4 月起，一直到 2023 年 12 月（详见业务 B－4）。

引导问题 5 答案：根据 **4.4**，阳光公司房产自用的，从价计征，税率为 1.2%；房产出租的，从租计征，税率为 12%。

引导问题 6 答案：根据 **4.5.1**，阳光公司从价计征房产税的计税依据为房产计税余值，房产计税余值 = 房产原值 ×（1－原值减除比例）=［927 000+（566 500 ÷ 2）］×（1-30%）=847 175（元）。

引导问题 7 答案：根据 **4.5.2**，阳光公司从租计征房产税的计税依据为不含增值税的租金收入，即 2 450 × 12 ÷（1+5%）=28 000（元）(详见业务 B－3)。

引导问题 8 答案：根据 **4.6**，阳光公司不享受房产税的税收优惠。

引导问题 9 答案：根据 **4.7**，阳光公司阳光公司全年应缴纳的房产税 = 从价计征计税依据 × 1.2%+ 从租计征计税依据 × 12%=847 175 × 1.2%+28 000 × 12%=13 526.10（元）。由于房产税按年计算，每半年缴纳一次，因此下半年应缴纳的房产税 =13 526.10 ÷ 2=6 763.05（元）。

引导问题 10 答案：根据 **4.8**，阳光公司应当向汉东市东城区的主管税务机关申报缴纳房产税。

引导问题 11 答案：如表 B－46、表 B－47、表 B－52 所示。

一般纳税人工作任务：城镇土地使用税纳税实务

情境导航答案：与城镇土地使用税相关的情境涉及“二、2023 年 1—11 月相关涉税信息”表 B－7 和“三、2023 年 12 月具体业务情况”业务 B－4 和业务 B－5。

引导问题 1 答案：根据 **5.1**，阳光公司为拥有土地使用权的单位，因此阳光公司是城镇土地使用税的纳税人。

引导问题 2 答案：根据 **5.2**，阳光公司拥有的土地坐落于汉东市，属于城镇土地使用税的征税范围。

引导问题 3 答案：根据 **5.3**，阳光公司 12 月新购置房屋城镇土地使用税的纳税义务发生时间为 2024 年 1 月（详见业务 B－5）。

引导问题 4 答案：根据 **5.3**，阳光公司原购置房屋城镇土地使用税的纳税义务发生时间为自 2014 年 4 月起，一直到 2023 年 12 月（详见业务 B－4）。

引导问题 5 答案：根据 **5.4**，阳光公司新购置和原购置房屋的城镇土地使用税定额税率均是 30 元 / 平方米（详见表 B－7、表 B－19）。

引导问题 6 答案：根据 **5.5**，阳光公司城镇土地使用税的计税依据为纳税人实际占用的土地面积（平方米），即证书确定的土地面积，其中新购置房屋全部为地上，土地面积 $6m^2$；原购置房屋地上部分土地面积为 $10m^2$，地下部分土地面积为 $30m^2$（详见表 B－7、表 B－19）。

引导问题 7 答案：根据 **5.6**，阳光公司原购置房屋地下部分按应征税款的 50% 征收城镇土地使用税。

引导问题 8 答案：根据 **5.7**，阳光公司全年应缴纳的城镇土地使用税 = 地上部分全年应缴纳的城镇土地使用税 =10 × 30=300（元），地下部分全年应缴纳的城镇土地使用税 =30 × 30 × 50%=450（元）。由于城镇土地使用税按年计算，每半年缴纳一次，因此下半年应缴纳的城镇土地使用税 =（300+450）÷ 2=375（元）。

引导问题 9 答案：根据 **5.8**，阳光公司应当向汉东市东城区的主管税务机关申报缴纳城镇土地使用税。

引导问题 10 答案：如表 B－46、表 B－47、表 B－52、表 B－53 所示。

一般纳税人工作任务：印花税纳税实务

情境导航答案：与印花税相关的情境涉及“三、2023 年 12 月具体业务情况”中业务 B－1、业务 B－2、业务 B－4、业务 B－5、业务 B－6。

引导问题 1 答案：根据 **6.1**，阳光公司订立了具有法律效力的应税凭证，因此阳光公司是印花税的纳税人。

引导问题 2 答案：根据 **6.2**，阳光公司订立的货物购销合同、购买车辆合同属于买卖合同，房屋销售、购买合同属于产权转移书据，房屋抵押贷款合同属于借款合同，均属于印花税的征税范围。

引导问题 3 答案：根据 **6.3**，阳光公司印花税的纳税义务发生时间为订立应税凭证的当日。

引导问题 4 答案：根据 **6.4**，阳光公司订立的合同中，买卖合同适用的印花税税率为 0.03%，产权转移书据适用的印花税税率为 0.05%，借款合同适用的印花税税率为 0.005%。

引导问题 5 答案：根据 **6.5**，阳光公司印花税的计税依据如表 B－27 所示。

表 B－27　印花税的计税依据

金额单位：人民币元

类别	列明的不含增值税价款	数据来源
卷烟销售（①）	10 696 902.66	业务 B－1
卷烟采购（②）	8 269 026.55	业务 B－2
购买车辆（③）	128 318.58	业务 B－6
买卖合同小计（④=①+②+③）	19 094 247.79	
房屋销售（⑤）	1 000 000 ÷（1+5%）=952 380.95	业务 B－4
房屋购买（⑥）	1 000 000.00	业务 B－5
产权转移书据小计（⑦=⑤+⑥）	1 952 380.95	
借款合同（⑧）	700 000.00	业务 B－5

小提示：

业务 B－3 中，在 2023 年 1 月签订租赁合同，应当在 2023 年 1 月按照租赁合同缴纳印花税。

引导问题 6 答案：根据 **6.6**，阳光公司不享受印花税的税收优惠政策。

引导问题 7 答案：根据 **6.7**，阳光公司 12 月应缴纳的印花税如表 B－28 所示。

表 B－28 印花税应纳税额计算表

金额单位：人民币元

类别（①）	计税依据（②）	适用税率（③）	应纳税额（④＝②×③）
买卖合同	19 094 247.79	0.03%	5 728.27
产权转移书据	1 952 380.95	0.05%	976.19
借款合同	700 000.00	0.005%	35.00
合计			6 739.46

引导问题 8 答案：根据 **6.8**，阳光公司应当向汉东市东城区的主管税务机关申报缴纳印花税。

引导问题 9 答案：如表 B－50、表 B－52 所示。

一般纳税人工作任务：车船税纳税实务

情境导航答案：与车船税相关的情境涉及“二、2023 年 1—11 月相关涉税信息”中表 B－8 和“三、2023 年 12 月具体业务情况”中业务 B－6。

引导问题 1 答案：根据 **7.1**，阳光公司属于《车船税法》所附《车船税税目税额表》规定的车辆的所有人，因此阳光公司是车船税的纳税人。

引导问题 2 答案：根据 **7.2**，阳光公司的车辆为《车船税法》所规定的应税车辆——乘用车，属于车船税的征税范围。

引导问题 3 答案：根据 **7.3**，阳光公司车船税的纳税义务发生时间为取得车船所有权或者管理权的当月，新购置车辆为 2023 年 12 月，原购置车辆为 2020 年 2 月（详见表 B－8 和业务 B－6）。

引导问题 4 答案：根据 **7.4**，阳光公司新购置和原购置的车辆适用的车船税定额税率均为 480 元/年（详见表 B－8 和表 B－20）。

引导问题 5 答案：根据 **7.5**，阳光公司车船税的计税依据为 2 辆，包括新购置车辆 1 辆和原购置车辆 1 辆。

引导问题 6 答案：根据 **7.6**，阳光公司不享受车船税的税收优惠政策。

引导问题 7 答案：根据 **7.7**，阳光公司原购置车辆应缴纳的车船税额＝辆数 × 适用年基准税额＝1 × 480=480（元）；新购置车辆应缴纳的车船税＝辆数 × 适用年基准税额 ÷ 12 × 应纳税月份数 =1 × 480 ÷ 12 × 1=40（元）。阳光公司应缴纳的车船税合计 =480+40=520（元）。

小提示：

阳光公司 2023 年 12 月购入车辆，因此应纳税月份数为 1 个月。

引导问题 8 答案：根据 **7.8**，阳光公司车船税的纳税地点为汉东市东城区主管税务机关所在地。

小提示：

一般情况下，纳税人在购买“交强险”时，由扣缴义务人代收代缴车船税，但本案例为了教学方便，由纳税人自行申报缴纳车船税。

引导问题 9 答案：如表 B－48、表 B－52 所示。

一般纳税人工作任务：契税纳税实务

情境导航答案：与契税相关的情境涉及“三、2023 年 12 月具体业务情况”中业务 B－5。

引导问题 1 答案：根据 **8.1**，阳光公司为转移土地、房屋权属的承受单位，因此阳光公司是契税的纳税人。

引导问题 2 答案：根据 **8.2**，阳光公司购置商品房属于房屋买卖方式转移土地、房屋权属，因此属于契税的征税范围。

引导问题 3 答案：根据 **8.3**，阳光公司契税的纳税义务发生时间为签订土地、房屋权属转移合同的当日，即 2023 年 12 月 15 日（详见业务 B－5）。

引导问题 4 答案：根据 **8.4**，阳光公司适用的契税税率为 3%。

引导问题 5 答案：根据 **8.5**，阳光公司契税的计税依据为 1 000 000 元。

引导问题 6 答案：根据 **8.6**，阳光公司不享受契税的税收优惠政策。

引导问题 7 答案：根据 **8.7**，阳光公司应缴纳的契税＝计税依据 × 适用税率 =1 000 000 × 3%=30 000（元）。

引导问题 8 答案：根据 **8.8**，阳光公司向汉东市东城区主管税务机关申报缴纳契税。

引导问题 9 答案：如表 B－49、表 B－52 所示。

一般纳税人工作任务：土地增值税纳税实务

情境导航答案：与土地增值税相关的情境涉及“二、2023 年 1—11 月相关涉税信息”中表 B－7 和“三、2023 年 12 月具体业务情况”中业务 B－4。

引导问题 1 答案：根据 **9.1**，阳光公司为转移房地产并取得收入的单位，因此阳光公司是土地增值税的纳税人。

引导问题 2 答案：根据 **9.2**，阳光公司销售购置的商品房属于转让房地产，因此属于土地增值税的征税范围。

引导问题 3 答案：根据 **9.3**，阳光公司土地增值税的纳税义务发生时间为房地产转移合同签订的当日，即 2023 年 12 月 30 日（详见业务 B－4）。

引导问题 4 答案：根据 **9.5**，阳光公司土地增值税的计税依据为纳税人转移房地产所取得的收入减除税法规定扣除项目金额后的余额，即增值额 134 023.81 元，具体计算过程如表 B－29 所示。

表 B－29　土地增值税增值额计算表

金额单位：人民币元

序号	项目	金额	数据来源	计算公式
（1）	一、转让房地产收入总额	978 571.43	业务 B－4	1 000 000－（1 000 000－550 000）÷（1+5%）× 5%=1 000 000－21 428.57=978 571.43
（2）	二、扣除项目金额合计	844 547.62		（3）＋（4）＋（5）＋（6）
（3）	1. 购房发票金额	550 000.00	表 B－7	
（4）	2. 发票加计扣除金额	275 000.00		550 000 × 5% × 10 年
（5）	3. 购房契税	16 500.00	表 B－7	
（6）	4. 与转让房地产有关的税金等	3 047.62		（7）＋（8）＋（9）＋（10）
（7）	其中：城市维护建设税	1 500.00		21 428.57 × 7%
（8）	教育费附加	642.86		21 428.57 × 3%
（9）	地方教育附加	428.57		21 428.57 × 2%
（10）	印花税	476.19		1 000 000 ÷（1+5%）× 0.05%
（11）	三、增值额	134 023.81		（1）－（2）

引导问题 5 答案：根据 **9.4**，阳光公司适用的土地增值税税率为 30%（增值额 ÷ 扣除项目金额 = 134 023.81 ÷ 844 547.62 × 100%=15.87%，不超过 50%）。

引导问题 6 答案：根据 **9.6**，阳光公司不享受土地增值税的税收优惠政策。

引导问题 7 答案：根据 **9.7**，阳光公司应缴纳的土地增值税 = 增值额 × 适用税率 - 扣除项目 × 速算扣除系数 =134 023.81 × 30%-844 547.62 × 0=40 207.14（元）。

引导问题 8 答案：根据 **9.9**，阳光公司应向汉东市东城区主管税务机关申报缴纳土地增值税。

引导问题 9 答案：如表 B－51、表 B－52 所示。

一般纳税人工作任务：车辆购置税纳税实务

情境导航答案：与车辆购置税相关的情境涉及“三、2023 年 12 月具体业务情况”中业务 B－6。

引导问题 1 答案：根据 **10.1**，阳光公司购置汽车，因此阳光公司是车辆购置税的纳税人。

引导问题 2 答案：根据 **10.2**，阳光公司购置的汽车属于车辆购置税的征税范围。

引导问题 3 答案：根据 **10.3**，阳光公司 12 月车辆购置税的纳税义务发生时间为购置应税车辆的当日。

引导问题 4 答案：根据 **10.4**，阳光公司适用的车辆购置税税率为 10%。

引导问题 5 答案：根据 **10.5**，阳光公司 12 月车辆购置税的计税依据为实际支付的不含增值税的全部价款，即 128 318.58 元（详见业务 B－6）。

引导问题 6 答案：根据 **10.6**，阳光公司不享受车辆购置税的税收优惠政策。

引导问题 7 答案：根据 **10.7**，阳光公司 12 月应缴纳的车辆购置税 = 计税依据 × 税率 =128 318.58 × 10%=12 831.86（元）。

引导问题 8 答案：根据 **10.8**，阳光公司 12 月应向汉东市东城区主管税务机关申报缴纳车辆购置税。

小提示：

一般情况下，纳税人在购车时，由卖车方代为申报缴纳车辆购置税，但本案例为了教学方便，由纳税人自行申报缴纳车辆购置税。

引导问题 9 答案：如表 B－54 所示。

一般纳税人工作任务：个人所得税纳税实务

情境导航答案：与个人所得税相关的情境涉及“二、2023 年 1—11 月相关涉税信息”中表 B－11 ～表 B－18 和“三、2023 年 12 月具体业务情况”中业务 B－7。

引导问题 1 答案：根据 **11.1**，居民个人取得综合所得，按年计算个人所得税；有扣缴义务人的，由扣缴义务人按月或者按次预扣预缴税款。阳光公司员工有综合所得，因此阳光公司是个人所得税的扣缴义务人。

引导问题 2 答案：根据 **11.2**，阳光公司员工所得为工资、薪金所得，属于个人所得税的征税范围。

引导问题 3 答案：根据 **11.3**，阳光公司员工个人所得税的纳税义务发生时间为：居民个人取得综合所得，按年计算个人所得税；有扣缴义务人的，由扣缴义务人按月或者按次预扣预缴税款，需要办理汇算清缴的，应当在取得所得的次年 3 月 1 日至 6 月 30 日内办理汇算清缴。

引导问题 4 答案：根据 **11.5**，阳光公司 2023 年度预扣预缴个人所得税的计税依据为每一个纳税人在阳光公司取得的应纳税所得额，其计算公式为：纳税年度的收入额 - 基本费用（60 000）- 专项扣除 - 专项附加扣除。阳光公司全年每人的应纳税所得额如表 B－30 所示（不含 12 月前离职人员，胡海波 9 月已离职）。

表 B－30　全年个人所得税应纳所得额计算表

金额单位：人民币元

姓名	纳税年度的收入额①=1—11 月工资 + 12 月工资	基本费用②	专项扣除③=1—11 月专项扣除 +12 月专项扣除	专项附加扣除④=1—11 月专项附加扣除 +12 月专项附加扣除	应纳税所得额⑤=①-②-③-④（小于 0，填 0）
李东升	224 400+22 100 =246 500	60 000	40 205+3 655 =43 860	11 000+1 000=12 000	246 500−60 000−43 860−12 000 =130 640
王军	80 850+9 800 =90 650	60 000	16 555+1 505 =18 060	26 400+2 400=28 800	90 650−60 000−18 060−28 800<0 0
向昊天	64 900+6 250 =71 150	60 000	11 825+1 075 =12 900	0	71 150−60 000−12 900−0<0 0
赵欣荣	36 300+3 600 =39 900	60 000	7 095+645=7 740	0	39 900−60 000−7 740−0<0 0
赵文轩	33 000+3 150 =36 150	60 000	7 095+645=7 740	0	36 150−60 000−7 740−0<0 0
李强	142 560+13 200 =155 760	60 000	28 380+2 580 =30 960	11 000+1 000=12 000	155 760−60 000−30 960−12 000 =52 800
胡秀娟	108 900+10 350 =119 250	60 000	21 285+1 935 =23 220	22 000+2 000=24 000	119 250−60 000−23 220−24 000 =12 030
王浩然	55 000+6 250 =61 250	60 000	11 825+1 075 =12 900	4 400+400=4 800	61 250−60 000−12 900−4 800<0 0
张云帆	48 400+4 600 =53 000	60 000	9 460+860=10 320	0	53 000−60 000−10 320−0<0 0
张子寒	36 300+3 450 =39 750	60 000	7 095+645=7 740	0	39 750−60 000−7 740−0<0 0

注：纳税年度的收入额、专项扣除和专项附加扣除的数据来源于表 B－18 和表 B－21。

引导问题 5 答案：根据 **11.4**，员工李东升在阳光公司全年应纳税所得额为 130 640 元，税率为 10%，速算扣除数为 2 520 元；员工李强在阳光公司全年应纳税所得额为 52 800 元，税率为 10%，速算扣除数为 2 520 元；员工胡秀娟在阳光公司全年应纳税所得额为 12 030 元，税率为 3%，速算扣除数为 0 元。

引导问题 6 答案：根据 **11.6**，阳光公司员工王浩然为四级残疾人，可享受减税的优惠政策，具体减税比例根据所属地的政策确定，因为王浩然应纳税所得额为 0，所以对此优惠政策未予考虑。其他员工不享受个人所得税的税收优惠政策。

引导问题 7 答案：根据 **11.7**，阳光公司预扣预缴员工全年个人所得税以及 12 月员工应缴纳个人所得税的计算过程如表 B－31 所示。

表 B－31　全年预扣预缴员工个人所得税计算表

金额单位：人民币元

姓名	全年工资、薪金应纳税所得额①	税率②	速算扣除数③	全年工资、薪金应纳税额④=①×②-③	1—11 月累计已预扣预缴个人所得税（详见表 B－18）⑤	12 月应预扣预缴员工个人所得税⑥=④-⑤
李东升	130 640	10%	2 520	130 640×10%−2 520 =10 544	9 299.5	10 544−9 299.5=1 244.5
王军	0			0	0	0
向昊天	0			0	0	0
赵欣荣	0			0	0	0
赵文轩	0			0	0	0

续表

姓名	全年工资、薪金应纳税所得额①	税率②	速算扣除数③	全年工资、薪金应纳税额④=①×②-③	1—11月累计已预扣预缴个人所得税（详见表B-18）⑤	12月应预扣预缴员工个人所得税⑥=④-⑤
李强	52 800	10%	2 520	52 800×10%-2 520=2 760	2 298	2 760-2 298=462
胡秀娟	12 030	3%		12 030×3%=360.9	318.45	360.9-318.45=42.45
王浩然	0			0	0	0
张云帆	0			0	0	0
张子寒	0			0	0	0

引导问题8答案：根据**11.7**和**11.10**，阳光公司员工不需要办理个人所得税汇算清缴。

引导问题9答案：根据**11.8.1**，阳光公司代扣代缴员工个人所得税的纳税地点为汉东市东城区主管税务机关。

引导问题10答案：如表B-55（见书后附折页表）所示。

一般纳税人工作任务：企业所得税纳税实务

情境导航答案：与企业所得税相关的情境涉及“二、2023年1—11月相关涉税信息”中表B-1～表B-4、“5. 2023年12月纳税申报涉及的以往相关税费情况”中的（3）、表B-6、表B-9、表B-10和“三、2023年12月具体业务情况”中业务B-1～业务B-4、业务B-7～业务B-13。

引导问题1答案：根据**12.1**，阳光公司为取得收入的企业，为企业所得税的纳税义务人。

引导问题2答案：根据**12.2**，阳光公司为居民企业，应当就其来源于中国境内、境外的所得缴纳企业所得税，属于企业所得税的征税范围。

引导问题3答案：根据**12.3**，阳光公司企业所得税的纳税义务发生时间需要从收入实现日期和扣除原则两个方面确定。

引导问题4答案：阳光公司12月科目余额表（损益类科目节选）如表B-32所示。

表 B－32　阳光公司科目余额表（损益类科目节选）

会计期间：2023.12.1—2023.12.31

金额单位：人民币元

科目编号	会计科目	期初余额	本期借方发生额	本期贷方发生额	期末余额	本期发生额数据来源
6001	主营业务收入		10 696 902.66	10 696 902.66		
600101	卷烟		10 696 902.66	10 696 902.66		业务 B－1
6051	其他业务收入		2 333.33	2 333.33		
605101	出租仓库		2 333.33	2 333.33		业务 B－3
6101	公允价值变动损益					
6111	投资收益		71 208.53	71 208.53		业务 B－9 和业务 B－10
6301	营业外收入		634 225.09	634 225.09		业务 B－4 售价－表 B－9 固定资产净值－表 B－29 出售应交增值税－土地增值税引导问题 7 答案 =1 000 000－（306 381.6－2 242.4）－21 428.57－40 207.14=634 225.09
6401	主营业务成本		8 269 026.55	8 269 026.55		
640101	卷烟		8 269 026.55	8 269 026.55		业务 B－2
6402	其他业务成本		1 121.20	1 121.20		
640201	出租仓库折旧		1 121.20	1 121.20		表 B－9（2 242.40 ÷ 2=1 121.20）
6403	税金及附加		1 432 561.16	1 432 561.16		
640301	消费税		1 237 909.29	1 237 909.29		该税种引导问题 6 答案
640302	城市维护建设税		105 148.37	105 148.37		该税种引导问题 11 答案
640303	教育费附加		45 063.59	45 063.59		该税种引导问题 12 答案
640304	地方教育附加		30 042.40	30 042.40		该税种引导问题 13 答案
640305	房产税		6 763.05	6 763.05		该税种引导问题 9 答案
640306	城镇土地使用税		375.00	375.00		该税种引导问题 8 答案
640307	印花税		6 739.46	6 739.46		该税种引导问题 7 答案
640308	车船税		520.00	520.00		该税种引导问题 7 答案
6601	销售费用		112 272.69	112 272.69		
660101	办公费		4 080.04	4 080.04		业务 B－12
660102	折旧费		3 146.90	3 146.90		
660103	工资薪金		44 900.00	44 900.00		业务 B－7

续表

科目编号	会计科目	期初余额	本期借方发生额	本期贷方发生额	期末余额	本期发生额数据来源
660104	社会保险费		9 450.00	9 450.00		业务 B－8
660105	住房公积金		3 850.00	3 850.00		业务 B－8
660106	职工福利费					
660107	职工教育经费					
660108	工会经费		898.00	898.00		业务 B－8
660109	广告宣传费		37 735.85	37 735.85		业务 B－13
660110	差旅费		8 211.90	8 211.90		业务 B－13（8 800−67.92−520.18=8 211.9）
660111	车辆保险费					
6602	管理费用		93 230.53	93 230.53		
660201	办公费		24 336.28	24 336.28		业务 B－12
660202	折旧费		7 048.95	7 048.95		表 B－9（8 170.15−1 121.2=7 048.95）
660203	业务招待费		10 698.30	10 698.30		业务 B－12
660204	工资薪金		37 850.00	37 850.00		表 B－21
660205	社会保险费		8 910.00	8 910.00		表 B－22
660206	住房公积金		3 630.00	3 630.00		表 B－22
660207	职工福利费					
660208	职工教育经费					
660209	工会经费		757.00	757.00		表 B－22
6603	财务费用		−28 724.49	−28 724.49		
660301	手续费		4 357.55	4 357.55		业务 B－11
660302	利息收入		−34 652.18	−34 652.18		业务 B－11
660303	利息支出		1 570.14	1 570.14		业务 B－11
6701	资产减值损失					
6711	营业外支出					
6801	所得税费用					
6901	以前年度损益调整					

引导问题5答案：阳光公司2023年度科目余额表（损益类科目节选）如表B－33所示。

表B－33　阳光公司科目余额表（损益类科目节选）

会计期间：2023.1.1—2023.12.31　　金额单位：人民币元

科目编号	会计科目	期初余额	本期借方发生额	本期贷方发生额	期末余额
6001	主营业务收入		58 671 238.94	58 671 238.94	
600101	卷烟		58 671 238.94	58 671 238.94	
6051	其他业务收入		28 000.00	28 000.00	
605101	出租仓库		28 000.00	28 000.00	
6101	公允价值变动损益				
6111	投资收益		71 208.53	71 208.53	
6301	营业外收入		634 225.09	634 225.09	
6401	主营业务成本		45 689 008.85	45 689 008.85	
640101	卷烟		45 689 008.85	45 689 008.85	
6402	其他业务成本		13 454.40	13 454.40	
640201	出租仓库折旧		13 454.40	13 454.40	
6403	税金及附加		7 847 305.56	7 847 305.56	
640301	消费税		6 789 785.25	6 789 785.25	
640302	城市维护建设税		589 361.41	589 361.41	
640303	教育费附加		252 583.46	252 583.46	
640304	地方教育附加		168 388.98	168 388.98	
640305	房产税		13 526.10	13 526.10	
640306	城镇土地使用税		750.00	750.00	
640307	印花税		32 390.36	32 390.36	
640308	车船税		520.00	520.00	
6601	销售费用		902 366.98	902 366.98	
660101	办公费		29 340.04	29 340.04	
660102	折旧费		37 762.80	37 762.80	
660103	工资薪金		522 150.00	522 150.00	
660104	社会保险费		123 120.00	123 120.00	
660105	住房公积金		50 160.00	50 160.00	
660106	职工福利费		60 000.00	60 000.00	
660107	职工教育经费		18 867.92	18 867.92	
660108	工会经费		10 443.00	10 443.00	
660109	广告宣传费		37 735.85	37 735.85	
660110	差旅费		8 211.90	8 211.90	
660111	车辆保险费		4 575.47	4 575.47	
6602	管理费用		849 715.03	849 715.03	
660201	办公费		81 443.71	81 443.71	
660202	折旧费		84 587.40	84 587.40	
660203	业务招待费		26 745.80	26 745.80	
660204	工资薪金		429 010.00	429 010.00	
660205	社会保险费		106 920.00	106 920.00	
660206	住房公积金		43 560.00	43 560.00	
660207	职工福利费		50 000.00	50 000.00	
660208	职工教育经费		18 867.92	18 867.92	

续表

科目编号	会计科目	期初余额	本期借方发生额	本期贷方发生额	期末余额
660209	工会经费		8 580.20	8 580.20	
6603	财务费用		−119 933.83	−119 933.83	
660301	手续费		17 105.66	17 105.66	
660302	利息收入		−138 609.63	−138 609.63	
660303	利息支出		1 570.14	1 570.14	
6701	资产减值损失				
6711	营业外支出				
6801	所得税费用		123 639.51	123 639.51	
6901	以前年度损益调整				

引导问题 6 答案：根据引导问题 4，阳光公司 12 月的会计利润总额为 1 525 181.97 元，如表 B－34 所示。

表 B－34　阳光公司 12 月会计利润总额计算表

金额单位：人民币元

项目	金额
一、营业收入	10 699 235.99
减：营业成本	8 270 147.75
税金及附加	1 432 561.16
销售费用	112 272.69
管理费用	93 230.53
财务费用	−28 724.49
加：其他收益	
投资收益	71 208.53
公允价值变动损益	
减：资产减值损失	
二、营业利润	890 956.88
加：营业外收入	634 225.09
减：营业外支出	
三、利润总额	1 525 181.97

注：以上数据均来自引导问题 4 中编制的 12 月科目余额表（损益类科目节选）所对应科目的本期发生额。

引导问题 7 答案：根据 **12.5**，阳光公司第 4 季度预缴企业所得税的计税依据为 2023 年实际利润额 4 090 297.04 元，计算过程如表 B－35 所示。

表 B－35　阳光公司第 4 季度预缴所得税计算表

金额单位：人民币元

项目	金额（元）	备注
一、1—11 月利润总额	2 697 573.60	详见表 B－3
二、12 月利润总额	1 525 181.97	详见表 B－34
三、2023 年利润总额	4 222 755.57	
减：资产加速折旧		
免税收入、减计收入、加计扣除	132 458.53	投资收益 71 208.53 元（详见业务 B－9、业务 B－10）和残疾人王浩然全年工资 61 250 元（详见表 B－11 注、表 B－30）
以前年度亏损	0.00	详见表 B－6
四、2023 年实际利润额	4 090 297.04	

引导问题 8 答案：根据 **12.7**，阳光公司享受企业所得税的税收优惠政策具体如下：

（1）根据 **12.7.1**，阳光公司有两项收入为免税收入，包括国债利息收入和被投资单位分配的投资收益（详见业务 B－9、业务 B－10）。

（2）根据 **12.7.3**，阳光公司 1—11 月的利润总额为 2 697 573.60 元，一直享受小型微利企业的优惠政策，2023 年实际利润额为 4 090 297.04 元，大于 300 万元，不再享受小型微利企业的优惠政策。

（3）根据 **12.7.4**，阳光公司安置残疾人王浩然的工资可以按照支付给残疾职工工资的 100% 加计扣除（详见表 B－11 注）。

（4）根据 **12.7.6**，阳光公司固定资产中的汽车、电子设备和办公家具均为 2018 年 1 月 1 日以后购置，因此均可以一次性计入购置当期成本费用，在计算应纳税所得额时扣除（详见表 B－9）。但是 2023 年 12 月购置的汽车应在投入使用月份的次月所属年度一次性税前扣除，即 2024 年度（详见业务 B－6）。

引导问题 9 答案：根据 **12.4**，阳光公司 1—11 月的利润总额为 2 697 573.60 元，2023 年实际利润额为 4 090 297.04 元，从 2023 年 12 月起不再符合小型微利企业条件，因此第 4 季度预缴企业所得税适用的税率为 25%。

引导问题 10 答案：阳光公司第 4 季度应预缴的企业所得税 =2023 年实际利润额 × 适用税率-第 1—3 季度已预缴企业所得税 =4 090 297.04 × 25%-123 639.51=898 934.75（元）。

小提示：第 1—3 季度已预缴企业所得税详见“二、2023 年 1—11 月相关涉税信息”中“5. 2023 年 12 月纳税申报涉及的以往相关税费情况如下”的（3）。

引导问题 11 答案：阳光公司 2023 年度纳税调整额是 113 297.41 元，计算过程如表 B－36 所示。

表 B－36　阳光公司纳税调整额计算表

金额单位：人民币元

项目	实际发生额	税法允许扣除额	纳税调整额	政策依据	实际发生额数据来源
工资薪金	951 160	951 160	0（951 160−951 160）	**12.5.4.1**	表 B－33 销售费用——工资薪金 522 150+ 管理费用——工资薪金 429 010
福利费	110 000	110 000（951 160 × 14%=133 162.4，但不得超过 110 000）	0（110 000−110 000）	**12.5.4.2**	表 B－33 销售费用——职工福利费 60 000+ 管理费用——职工福利费 50 000
工会经费	19 023.2	19 023.2（951 160 × 2%=19 023.2）	0（19 023.2−19 023.2）	**12.5.4.2**	表 B－33 销售费用——工会经费 10 443+ 管理费用——工会经费 8 580.2
职工教育经费	37 735.84	37 735.84（951 160 × 0.08=76 092.8，但不得超过 37 735.84）	0（37 735.84−37 735.84）	**12.5.4.2**	表 B－33 销售费用——职工教育经费 18 867.92+ 管理费用——职工教育经费 18 867.92
业务招待费	26 745.8	16 047.48（26 745.8 × 60%=16 047.48，未超过 58 699 238.94 × 0.5%=293 496.19）	10 698.32（26 745.8−16 047.48）	**12.5.4.8**	表 B－33 管理费用——业务招待费 26 745.8
广告费和业务宣传费	37 735.85	0（烟草企业不能扣除）	37 735.85（37 735.85−0）	**12.5.4.9**	表 B－33 销售费用——广告宣传费 37 735.85
资产折旧	64 863.24	0（以前年度一次性扣除）	64 863.24（64 863.24−0）	**12.7.6.3**	表 B－9　1—11 月折旧 124 487.55+12 月折旧 11 317.05－房屋 1—11 月折旧（40 363.18+24 666.40）－房屋 12 月折旧（3 669.38+2 242.40）
合计			113 297.41		

引导问题 12 答案：2023 年度企业所得税汇算清缴的计税依据为应纳税所得额 = 会计利润总额 + 纳税调整增加额 - 弥补以前年度亏损 - 纳税调整减少额 =4 222 755.57+113 297.41-132 458.53=4 203 594.45（元）。

引导问题 13 答案：阳光公司 2023 年度应纳企业所得税额 = 应纳税所得额 × 适用税率 =4 203 594.45 × 25%=1 050 898.61 元。

引导问题 14 答案：阳光公司 2023 年度应补（退）所得税额 =2023 年度应纳企业所得税额 - 本年累计实际已缴纳的所得税额 =1 050 898.61-1 022 574.26=28 324.35（元），阳光公司 2023 年度应补企业所得税 28 324.35 元。

引导问题 15 答案：根据 **12.9**，阳光公司企业所得税的纳税地点为汉东市东城区。

引导问题 16 答案：如表 B－56 ～表 B－71 所示。

一般纳税人工作任务：增值税专用发票的开具和认证

引导问题 1 答案：

第 1 步：登录及新增开票人，添加办税人员张云帆信息。

进入开票系统后，点击“系统维护”按钮，然后点击“用户管理”按钮，按照页面显示录入新增开票人的信息。

第 2 步：添加商品信息（卷烟、不动产信息）。

点击“系统设置”按钮，然后点击“商品编码”按钮，按照页面显示增加商品信息。

第 3 步：添加客户信息。

点击“系统设置”按钮，然后点击“客户编码”按钮，按照页面提示增加客户信息。

第 4 步：读入发票。

点击“发票管理”按钮，然后点击“发票读入”按钮，将空白发票读入开票系统。

第 5 步：开具增值税专用发票。

点击“发票管理”按钮，然后点击“发票填开”按钮，按照页面提示开具增值税专用发票。

引导问题 2 答案：

第 1 步：点击“发票管理”按钮，然后点击“发票作废”按钮，如图 B－1 所示。

图 B－1　开票系统“发票作废”演示（1）

第 2 步：选中需要作废的发票号码“19758922”，点击“作废”按钮，如图 B－2 所示。

图 B－2　开票系统“发票作废”演示（2）

引导问题 3 答案：

第 1 步：点击“发票管理”按钮，再点击“红字发票信息表”按钮，选择下拉菜单中的“红字增值税专用发票信息表填开”，如图 B－3 所示。

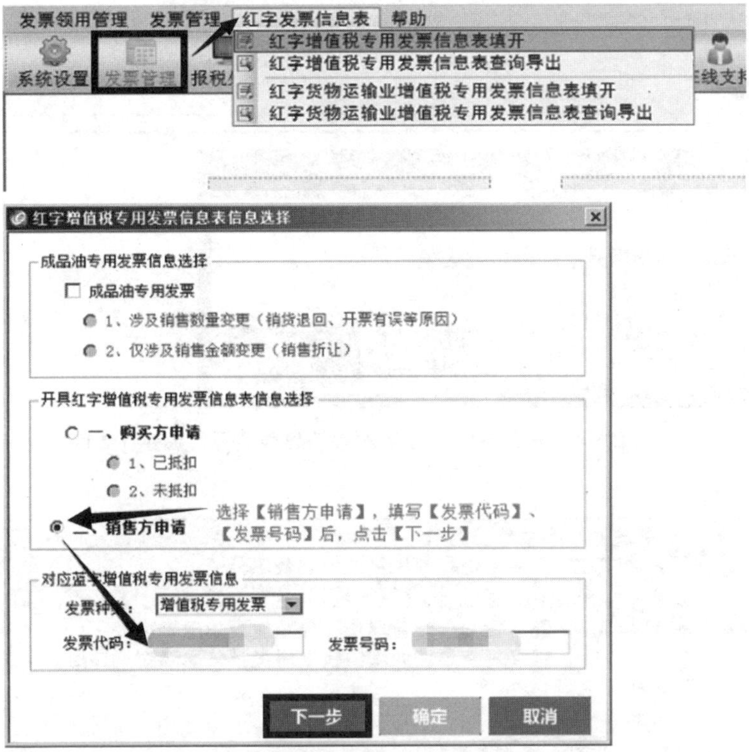

图 B－3　开票系统“红字发票信息表填开”演示（1）

第 2 步：选择“销售方申请”，填写对应蓝字增值税专用发票信息，并进行确定。

第 3 步：根据页面提示，填写具体需要开具的红字发票的相关信息，如图 B－4 所示。

第 3 步：点击“发票管理”按钮，再点击“红字发票信息表”按钮，选择下拉菜单中的“红字增值税专用发票信息表查询导出”，如图 B－5 所示。选中需要上传的信息表上传并确定。

第 4 步：点击“发票管理”按钮，再点击“发票填开”按钮，选择“增值税专用发票填开”，开具红字增值税专用发票，如图 B－6、图 B－7 所示。

引导问题 4 答案：

第 1 步：登录及维护信息。

登录认证系统后，添加办税人员张云帆信息，如图 B－8 所示。因为有证书密码，平台密码可以设，也可以不设。

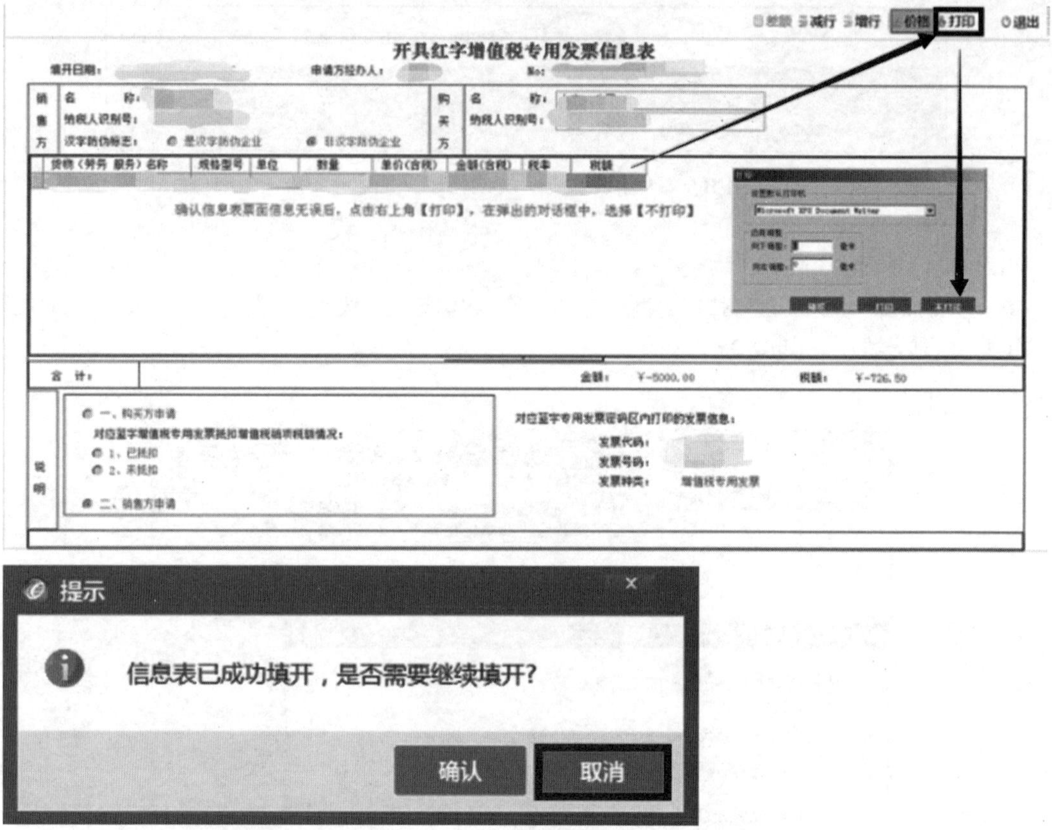

图 B－4　开票系统“红字发票信息表填开”演示（2）

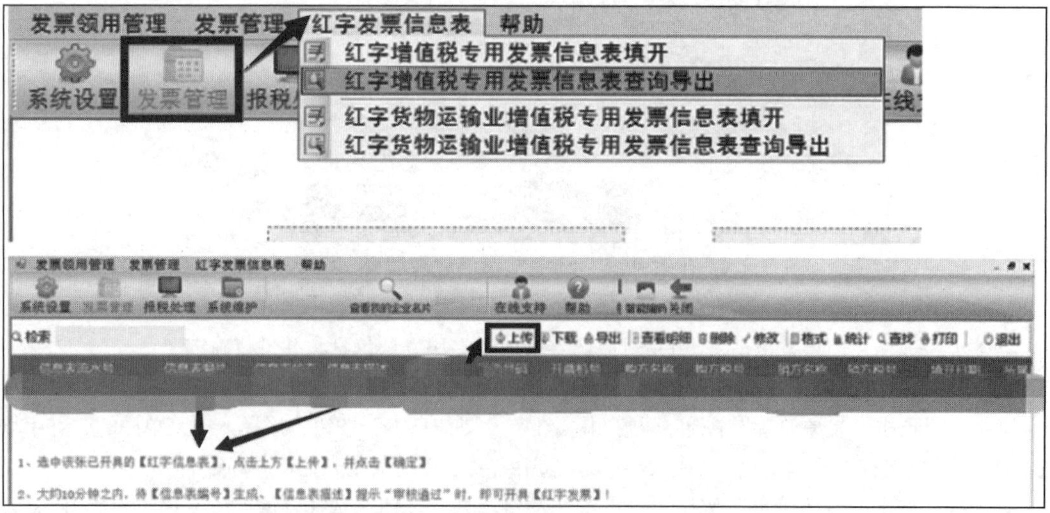

图 B－5　开票系统“红字发票信息表查询导出”演示

第 2 步：发票勾选。

有两种方式可以选择：一种是自行勾选；另一种是批量勾选。

（1）自行勾选：点击“发票勾选”按钮，根据发票清单，在第一列选择需要认证的发票进行勾选，如图 B－9 所示。

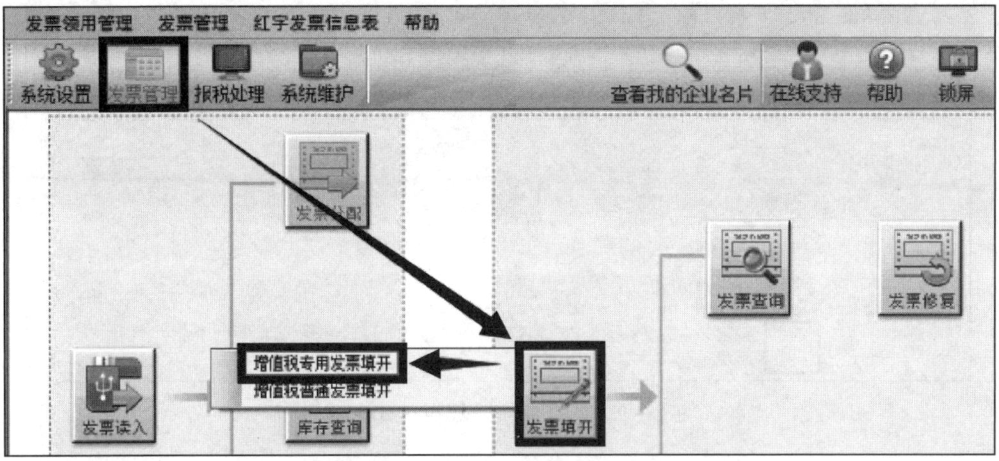

图 B－6　开票系统“红字发票填开”演示（1）

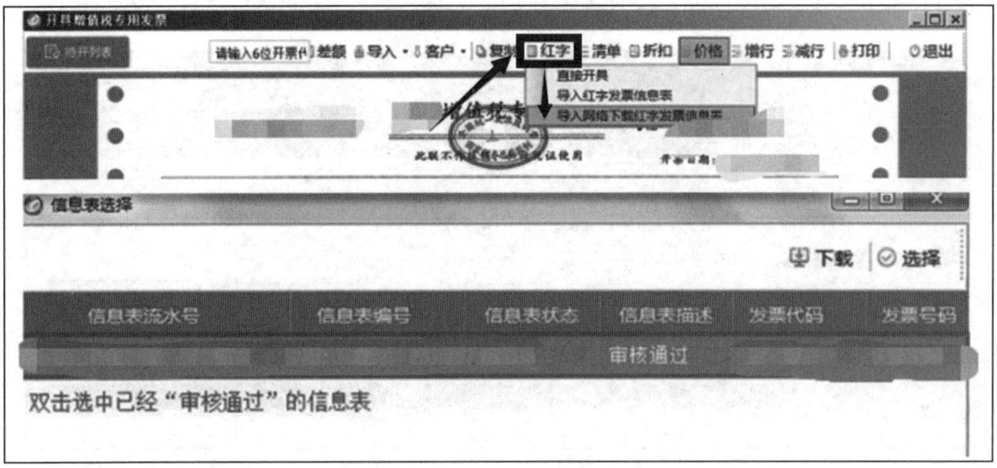

图 B－7　开票系统“红字发票填开”演示（2）

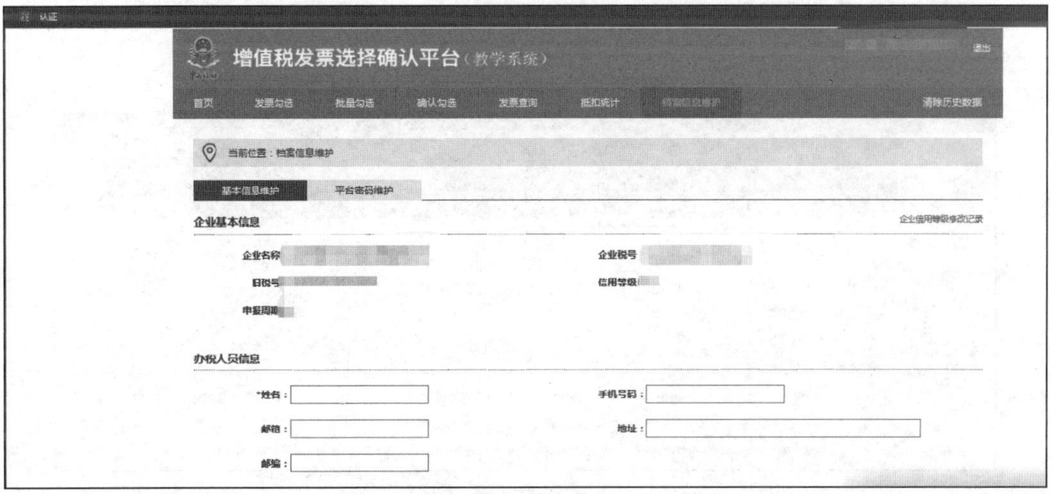

图 B－8　认证系统“信息维护”演示

图 B－9　认证系统发票自行勾选演示

（2）批量勾选：点击“批量勾选”按钮，先通过输入开票日期起止时间确定需要进行批量勾选的期间，然后点击“下载发票文件”按钮，将下载的发票清单文件保存到指定位置，如图 B－10 所示。打开下载的文件，将第一列“是否勾选”，全部选择为“是”，保存后将下载的文件进行上传。

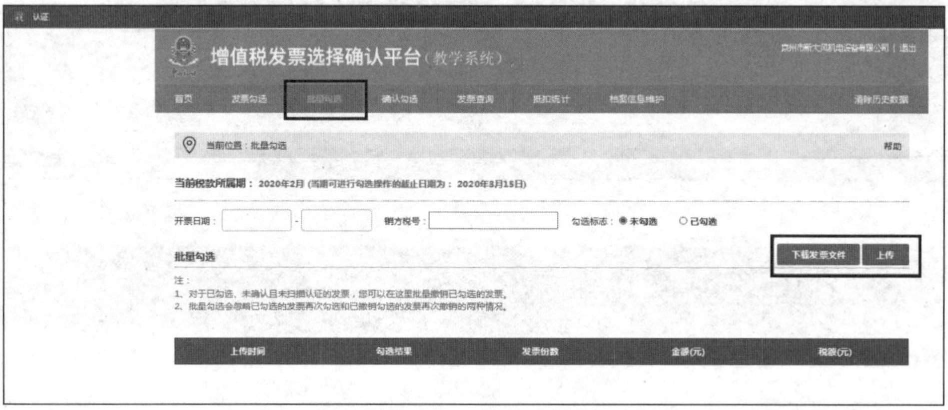

图 B－10　认证系统发票批量勾选演示

第 3 步：发票确认。

点击“确认勾选”按钮，如图 B－11 所示，查看发票清单，确认无误后，点击发票清单下面的“确认”按钮予以确认提交。

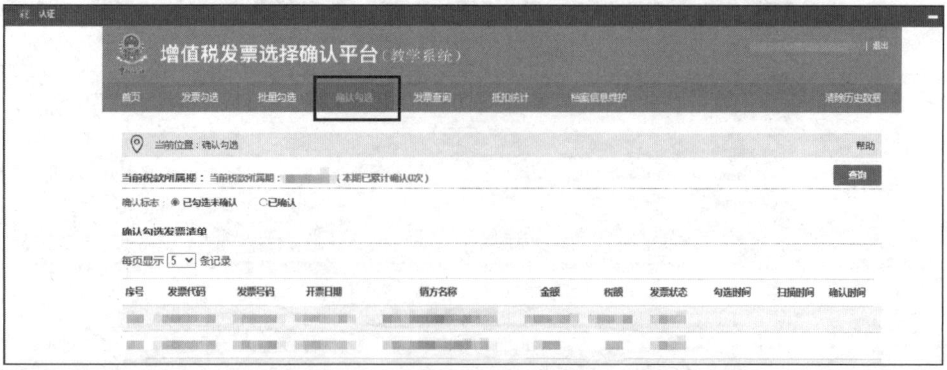

图 B－11　认证系统发票确认勾选演示

表 B－37　增值税及附加税费申报表

（一般纳税人适用）

根据国家税收法律法规及增值税相关规定制定本表。纳税人不论有无销售额，均应按税务机关核定的纳税期限填写本表，并向当地税务机关申报。

税款所属时间：自 2023 年 12 月 1 日至 2023 年 12 月 31 日　　　　填表日期：2024 年 1 月 10 日

金额单位：元（列至角分）

纳税人识别号（统一社会信用代码）:92450102208361358D　　　　所属行业：烟草制品批发

纳税人名称：汉东市阳光实业有限公司	法定代表人姓名	李东升	注册地址	汉东市东城区宏发大厦 2–203 号	生产经营地址	汉东市东城区宏发大厦 2–203 号
开户银行及账号	中国工商银行股份有限公司汉东幸福支行 6241053010700002385	登记注册类型	有限公司		电话号码	139020688××

项目		栏次	一般项目		即征即退项目	
			本月数	本年累计	本月数	本年累计
销售额	（一）按适用税率计税销售额	1	10 696 902.66	58 671 238.94		
	其中：应税货物销售额	2	10 696 902.66	58 671 238.94		
	应税劳务销售额	3				
	纳税检查调整的销售额	4				
	（二）按简易办法计税销售额	5	954 714.29	980 380.96		
	其中：纳税检查调整的销售额	6				
	（三）免、抵、退办法出口销售额	7			—	—
	（四）免税销售额	8	37 735.85	37 735.85	—	—
	其中：免税货物销售额	9			—	—
	免税劳务销售额	10			—	—
税款计算	销项税额	11	1 390 597.34	7 627 261.06		
	进项税额	12	1 147 932.29	6 020 426.14		
	上期留抵税额	13				—
	进项税额转出	14				
	免、抵、退应退税额	15			—	—
	按适用税率计算的纳税检查应补缴税额	16			—	—
	应抵扣税额合计	17=12+13-14-15+16	1 147 932.29	—		—
	实际抵扣税额	18（如 17<11，则为 17，否则为 11）	1 147 932.29	6 020 426.14		

续表

项目		栏次	一般项目		即征即退项目	
			本月数	本年累计	本月数	本年累计
税款计算	应纳税额	19=11-18	242 665.05	1 606 834.92		
	期末留抵税额	20=17-18				—
	简易计税办法计算的应纳税额	21	21 545.24	22 828.57		
	按简易计税办法计算的纳税检查应补缴税额	22			—	—
	应纳税额减征额	23				
	应纳税额合计	24=19+21-23	264 210.29	1 629 663.49		
税款缴纳	期初未缴税额（多缴为负数）	25	103 576.95	104 135.62		
	实收出口开具专用缴款书退税额	26			—	—
	本期已缴税额	27=28+29+30+31	103 576.95	1 469 588.82		
	①分次预缴税额	28		—		—
	②出口开具专用缴款书预缴税额	29		—	—	—
	③本期缴纳上期应纳税额	30	103 576.95	1 469 588.82		
	④本期缴纳欠缴税额	31				
	期末未缴税额（多缴为负数）	32=24+25+26-27	264 210.29	264 210.29		
	其中：欠缴税额（≥0）	33=25+26-27		—		—
	本期应补(退)税额	34=24-28-29	264 210.29	—		—
	即征即退实际退税额	35	—	—		
	期初未缴查补税额	36			—	—
	本期入库查补税额	37			—	—
	期末未缴查补税额	38=16+22+36-37			—	—
附加税费	城市维护建设税本期应补（退）税额	39	18 494.72	114 076.44	—	—
	教育费附加本期应补（退）费额	40	7 926.31	48 889.91	—	—
	地方教育附加本期应补（退）费额	41	5 284.21	32 593.27	—	—

声明：此表是根据国家税收法律法规及相关规定填写的，本人（单位）对填报内容（及附带资料）的真实性、可靠性、完整性负责。

纳税人（签章）：汉东市阳光实业有限公司　　2024 年 1 月 10 日

经办人：张云帆 经办人身份证号：3701011994120121 × × 代理机构签章： 代理机构统一社会信用代码：	受理人： 受理税务机关（章）：　　受理日期：　年　月　日

表 B－38　增值税及附加税费申报表附列资料（一）

（本期销售情况明细）

税款所属时间：2023 年 12 月 1 日至 2023 年 12 月 31 日

纳税人名称：（公章）　汉东市阳光实业有限公司　　　　金额单位：元（列至角分）

项目及栏次				开具增值税专用发票		开具其他发票		未开具发票		纳税检查调整		合计			服务、不动产和无形资产扣除项目本期实际扣除金额	扣除后	
				销售额	销项（应纳）税额	销售额	销项（应纳）税额	销售额	销项（应纳）税额	销售额	销项（应纳）税额	销售额	销项（应纳）税额	价税合计		含税（免税）销售额	销项（应纳）税额
				1	2	3	4	5	6	7	8	9=1+3+5+7	10=2+4+6+8	11=9+10	12	13=11-12	14=13÷(100%+税率或征收率)×税率或征收率
一、一般计税方法计税	全部征税项目	13% 税率的货物及加工修理修配劳务	1	10 696 902.66	1 390 597.34							10 696 902.66	1 390 597.34	—	—	—	—
		13% 税率的服务、不动产和无形资产	2														
		9% 税率的货物及加工、修理修配劳务	3											—	—	—	—
		9% 税率的服务、不动产和无形资产	4														
		6% 税率	5														
	其中：即征即退项目	即征即退货物及加工、修理修配劳务	6	—	—	—	—	—	—	—	—			—	—	—	—
		即征即退服务、不动产和无形资产	7	—	—	—	—	—	—	—	—						
二、简易计税方法计税	全部征税项目	6% 征收率	8							—	—			—	—	—	—
		5% 征收率的货物及加工修理修配劳务	9a							—	—			—	—	—	—
		5% 征收率的服务、不动产和无形资产	9b	954 714.29	47 735.71					—	—	954 714.29	47 735.71	1 002 450.00	550 000.00	452 450.00	21 545.24

续表

项目及栏次		开具增值税专用发票		开具其他发票		未开具发票		纳税检查调整		合计			服务、不动产和无形资产扣除项目本期实际扣除金额	扣除后	
		销售额	销项（应纳）税额	销售额	销项（应纳）税额	销售额	销项（应纳）税额	销售额	销项（应纳）税额	销售额	销项（应纳）税额	价税合计		含税（免税）销售额	销项（应纳）税额
		1	2	3	4	5	6	7	8	9=1+3+5+7	10=2+4+6+8	11=9+10	12	13=11-12	14=13÷(100%+税率或征收率)×税率或征收率
二、简易计税方法计税 全部征税项目 4%征收率	10							—	—			—	—	—	—
3%征收率的货物及加工、修理修配劳务	11							—	—			—	—	—	—
3%征收率的服务、不动产和无形资产	12							—	—						
预征率__%	13a							—	—						
预征率__%	13b							—	—						
预征率__%	13c							—	—						
其中：即征即退项目 即征即退货物及加工、修理修配劳务	14	—	—	—	—	—	—	—	—			—	—	—	—
即征即退服务、不动产和无形资产	15	—	—	—	—	—	—	—	—						
三、免抵退税 货物及加工、修理修配劳务	16	—	—		—		—	—	—		—	—	—	—	—
服务、不动产和无形资产	17	—	—		—		—	—	—		—				—
四、免税 货物及加工、修理修配劳务	18				—		—	—	—		—	—	—	—	—
服务、不动产和无形资产	19	—	—		—	37 735.85	—	—	—	37 735.85	—	37 735.85		37 735.85	—

表 B－39　增值税及附加税费申报表附列资料（二）

（本期进项税额明细）

税款所属时间：2023 年 12 月 1 日至 2023 年 12 月 31 日

纳税人名称：（公章）汉东市阳光实业有限公司　　　　金额单位：元（列至角分）

一、申报抵扣的进项税额				
项目	栏次	份数	金额	税额
（一）认证相符的增值税专用发票	1=2+3	9	9 464 906.89	1 147 412.11
其中：本期认证相符且本期申报抵扣	2	9	9 464 906.89	1 147 412.11
前期认证相符且本期申报抵扣	3			
（二）其他扣税凭证	4=5+6+7+8a+8b	6	5 779.82	520.18
其中：海关进口增值税专用缴款书	5			
农产品收购发票或者销售发票	6			
代扣代缴税收缴款凭证	7		—	
加计扣除农产品进项税额	8a	—	—	
其他	8b	6	5 779.82	520.18
（三）本期用于购建不动产的扣税凭证	9	1	1 000 000.00	50 000.00
（四）本期用于抵扣的旅客运输服务扣税凭证	10	6	5 779.82	520.18
（五）外贸企业进项税额抵扣证明	11	—	—	
当期申报抵扣进项税额合计	12=1+4+11		9 470 686.71	1 147 932.29
二、进项税额转出额				
项目	栏次	份数	金额	税额
本期进项税额转出额	13=14+15+…+23a+23b			
其中：免税项目用	14			
集体福利、个人消费	15			
非正常损失	16			
简易计税方法征税项目用	17			
免抵退税办法不得抵扣的进项税额	18			
纳税检查调减进项税额	19			
红字专用发票信息表注明的进项税额	20			
上期留抵税额抵减欠税	21			
上期留抵税额退税	22			
异常凭证转出进项税额	23a			
其他应作进项税额转出的情形	23b			
三、待抵扣进项税额				
项目	栏次	份数	金额	税额
（一）认证相符的增值税专用发票	24	—	—	—
期初已认证相符但未申报抵扣	25			
本期认证相符且本期未申报抵扣	26			
期末已认证相符但未申报抵扣	27			
其中：按照税法规定不允许抵扣	28			
（二）其他扣税凭证	29=30+31+32+33			
其中：海关进口增值税专用缴款书	30			
农产品收购发票或者销售发票	31			
代扣代缴税收缴款凭证	32		—	
其他	33			
	34			
四、其他				
项目	栏次	份数	金额	税额
本期认证相符的增值税专用发票	35	9	9 464 906.89	1 147 412.11
代扣代缴税额	36	—	—	

表 B－40　增值税及附加税费申报表附列资料（三）
（服务、不动产和无形资产扣除项目明细）
税款所属时间：2023 年 12 月 1 日至 2023 年 12 月 31 日

纳税人名称：(公章) 汉东市阳光实业有限公司　　　　金额单位：元（列至角分）

项目及栏次		本期服务、不动产和无形资产价税合计额（免税销售额）	服务、不动产和无形资产扣除项目				
			期初余额	本期发生额	本期应扣除金额	本期实际扣除金额	期末余额
		1	2	3	4=2+3	5(5 ≤ 1 且 5 ≤ 4)	6=4-5
13% 税率的项目	1						
9% 税率的项目	2						
6% 税率的项目（不含金融商品转让）	3						
6% 税率的金融商品转让项目	4						
5% 征收率的项目	5	1 000 000.00		550 000.00	550 000.00	550 000.00	
3% 征收率的项目	6						
免抵退税的项目	7						
免税的项目	8						

表 B－41　增值税及附加税费申报表附列资料（五）

（附加税费情况表）

税（费）款所属时间：2023 年 12 月 1 日至 2023 年 12 月 31 日

纳税人名称：（公章）汉东市阳光实业有限公司　　　　金额单位：元（列至角分）

税（费）种		计税（费）依据			税（费）率（%）	本期应纳税（费）额	本期减免税（费）额		试点建设培育产教融合型企业		本期已缴税（费）额	本期应补（退）税（费）额
		增值税税额	增值税免抵税额	留抵退税本期扣除额			减免性质代码	减免税（费）额	减免性质代码	本期抵免金额		
		1	2	3	4	5=（1+2-3）×4	6	7	8	9	10	11=5-7-9-10
城市维护建设税	1	264 210.29			7%	18 494.72			—		—	18 494.72
教育费附加	2	264 210.29			3%	7 926.31						7 926.31
地方教育附加	3	264 210.29			2%	5 284.21						5 284.21
合计	4	—	—	—	—	31 705.24	—		—			31 705.24
本期是否适用试点建设培育产教融合型企业抵免政策					□是 □否	当期新增投资额				5		
						上期留抵可抵免金额				6		
						结转下期可抵免金额				7		
可用于扣除的增值税留抵退税额使用情况					当期新增可用于扣除的留抵退税额					8		
					上期结存可用于扣除的留抵退税额					9		
					结转下期可用于扣除的留抵退税额					10		

表 B－42　增值税减免税申报明细表

税款所属时间：2023 年 12 月 1 日至 2023 年 12 月 31 日

纳税人名称（公章）：汉东市阳光实业有限公司　　　　金额单位：元（列至角分）

一、减税项目						
减税性质代码及名称	栏次	期初余额	本期发生额	本期应抵减税额	本期实际抵减税额	期末余额
		1	2	3=1+2	4	5=3-4
合计	1					
	2					
	3					
	4					
	5					
	6					
二、免税项目						
免税性质代码及名称	栏次	免征增值税项目销售额	免税销售额扣除项目本期实际扣除金额	扣除后免税销售额	免税销售额对应的进项税额	免税额
		1	2	3=1－2	4	5
合计	7					
出口免税	8		—	—	—	
其中：跨境服务	9		—	—	—	
0001081507 国债、地方政府债利息收入免征增值税优惠	10	37 735.85		37 735.85	—	2 264.15
	11				—	
	12				—	
	13				—	
	14				—	
	15				—	
	16				—	

表 B－43　消费税及附加税费申报表

税款所属期：自 2023 年 12 月 1 日至 2023 年 12 月 31 日

纳税人识别号（统一社会信用代码）：92450102208361358D

纳税人名称：汉东市阳光实业有限公司　　　　金额单位：人民币元（列至角分）

应税消费品名称	适用税率		计量单位	本期销售数量	本期销售额	本期应纳税额
	定额税率	比例税率				
	1	2	3	4	5	6=1×4＋2×5
卷烟（商业批发）	50 元 / 万支	11%	万支	1 225	10 696 902.66	1 237 909.29
合计	—	—		1 225	10 696 902.66	1 237 909.29
				栏次	本期税费额	
本期减（免）税额				7		
期初留抵税额				8		

续表

	栏次	本期税费额
本期准予扣除税额	9	
本期应扣除税额	10=8+9	
本期实际扣除税额	11[10<(6−7)，则为10，否则为6−7]	
期末留抵税额	12=10−11	
本期预缴税额	13	
本期应补（退）税额	14=6−7−11−13	1 237 909.29
城市维护建设税本期应补（退）税额	15	86 653.65
教育费附加本期应补（退）费额	16	37 137.28
地方教育费附加本期应补（退）费额	17	24 758.19
声明：此表是根据国家税收法律法规及相关规定填写的，本人（单位）对填报内容（及附带资料）的真实性、可靠性、完整性负责。 纳税人（签章）：汉东市阳光实业有限公司　　2024年1月10日		
经办人：张云帆 经办人身份证号：3701011994120121×× 代理机构签章： 代理机构统一社会信用代码：	受理人： 受理税务机关（章）： 受理日期：　年　月　日	

表 B－44　卷烟批发企业月份销售明细清单

（卷烟批发环节消费税纳税人适用）

卷烟条包装商品条码	卷烟牌号规格	卷烟类别	卷烟类型	销售价格	销售数量	销售额	备注
1	2	3	4	5	6	7	8
6956753500012	卷烟 A–84MM	二类卷烟	国产卷烟	88.50	450	1 991 150.44	
6946818200036	卷烟 B–84MM	一类卷烟	国产卷烟	194.69	600	5 840 707.97	
6935372800025	卷烟 C–84MM	一类卷烟	国产卷烟	327.43	175	2 865 044.25	

表 B－45　消费税附加税计算表

税（费）种		计税（费）依据		本期应纳税（费）额	本期减免税（费）额		本期是否适用增值税小规模纳税人“六税两费”减征政策 □是　□否		本期已缴税（费）额	本期应补（退）税（费）额
		消费税税额	税（费）率（%）		减免性质代码	减免税（费）额	减征比例（%）	减征额		
		1	2	3=1×2	4	5	6	7	8	9=3-5-7-8
城市维护建设税	1	1 237 909.29	7%	86 653.65						86 653.65
教育费附加	2	1 237 909.29	3%	37 137.28						37 137.28
地方教育附加	3	1 237 909.29	2%	24 758.19						24 758.19
合计	4	—	—	148 549.12	—		—			148 549.12

表 B－46　城镇土地使用税、房产税税源明细表

纳税人识别号（统一社会信用代码）：92450102208361358D

纳税人名称：汉东市阳光实业有限公司　　　　金额单位：人民币元（列至角分）；面积单位：平方米

<table>
<tr><th colspan="8">一、城镇土地使用税税源明细</th></tr>
<tr><td>* 纳税人类型</td><td colspan="2">土地使用权人■集体土地使用人□ 无偿使用人□ 代管人□ 实际使用人□（必选）</td><td colspan="2">土地使用权人纳税人识别号（统一社会信用代码）</td><td>92450102208361358D</td><td>土地使用权人名称</td><td>汉东市阳光实业有限公司</td></tr>
<tr><td>* 土地编号</td><td colspan="2">（税务系统赋予编号）</td><td colspan="2">土地名称</td><td>办公土地</td><td>不动产权证号</td><td>1325689</td></tr>
<tr><td>不动产单元号</td><td colspan="2">111202030001GB0002F000100089</td><td colspan="2">宗地号</td><td>02-01-16-032</td><td>* 土地性质</td><td>国有■集体□（必选）</td></tr>
<tr><td>* 土地取得方式</td><td colspan="2">划拨□ 出让□ 转让■租赁□ 其他□（必选）</td><td colspan="2">* 土地用途</td><td colspan="3">工业□ 商业■居住□ 综合□ 房地产开发企业的开发用地□ 其他□（必选）</td></tr>
<tr><td>* 土地坐落地址（详细地址）</td><td colspan="7">汉东省（自治区、直辖市）东城市（区）县（区）乡镇（街道）宏发大厦 2-203 号（必填）</td></tr>
<tr><td>* 土地所属主管税务所（科、分局）</td><td colspan="7">（税务系统自动带出）</td></tr>
<tr><td>* 土地取得时间</td><td colspan="2">2014 年 3 月</td><td>变更类型</td><td colspan="2">纳税义务终止（权属转移□其他□）
信息项变更（土地面积变更□土地等级变更□ 减免税变更□其他□）</td><td>变更时间</td><td></td></tr>
<tr><td>* 占用土地面积</td><td colspan="2">10</td><td>地价</td><td>* 土地等级</td><td>一级</td><td>* 税额标准</td><td>30（系统自动生成）</td></tr>
<tr><td rowspan="5">减免税部分</td><td rowspan="2">序号</td><td>减免性质代码和项目名称</td><td colspan="3">减免起止时间</td><td rowspan="2">减免税土地面积</td><td rowspan="2">月减免税金额</td></tr>
<tr><td></td><td colspan="2">减免起始月份</td><td>减免终止月份</td></tr>
<tr><td>1</td><td></td><td colspan="2">年　月</td><td>年　月</td><td></td><td></td></tr>
<tr><td>2</td><td></td><td colspan="2"></td><td></td><td></td><td></td></tr>
<tr><td>3</td><td></td><td colspan="2"></td><td></td><td></td><td></td></tr>
<tr><th colspan="8">二、房产税税源明细</th></tr>
<tr><th colspan="8">（一）从价计征房产税明细</th></tr>
<tr><td>* 纳税人类型</td><td colspan="2">产权所有人■经营管理人□承典人□房屋代管人□房屋使用人□融资租赁承租人□（必选）</td><td colspan="2">所有权人纳税人识别号（统一社会信用代码）</td><td>92450102208361358D</td><td>所有权人名称</td><td>汉东市阳光实业有限公司</td></tr>
<tr><td>* 房产编号</td><td colspan="2">（税务系统赋予编号）</td><td colspan="2">房产名称</td><td colspan="3">办公用房</td></tr>
<tr><td>不动产权证号</td><td colspan="2">1325689</td><td colspan="2">不动产单元号</td><td colspan="3">111202030001GB0002F000100089</td></tr>
<tr><td>* 房屋坐落地址（详细地址）</td><td colspan="7">汉东省（自治区、直辖市）东城市（区）县（区）乡镇（街道）宏发大厦 2-203 号（必填）</td></tr>
<tr><td>* 房产所属主管税务所（科、分局）</td><td colspan="7">（税务系统自动带出）</td></tr>
</table>

续表

<table>
<tr><th colspan="9">二、房产税税源明细</th></tr>
<tr><th colspan="9">（一）从价计征房产税明细</th></tr>
<tr><td colspan="2">房屋所在土地编号</td><td colspan="2">（税务系统自动带出）</td><td>* 房产用途</td><td colspan="4">工业□ 商业及办公■住房□ 其他□（必选）</td></tr>
<tr><td colspan="2">* 房产取得时间</td><td>2014 年 3 月</td><td>变更类型</td><td colspan="3">纳税义务终止（权属转移□其他□）信息项变更（房产原值变更□出租房产原值变更□ 减免税变更□申报租金收入变更□其他□）</td><td>变更时间</td><td></td></tr>
<tr><td colspan="2">* 建筑面积</td><td colspan="2">100</td><td>其中：出租房产面积</td><td colspan="4"></td></tr>
<tr><td colspan="2">* 房产原值</td><td colspan="2">927 000</td><td>其中：出租房产原值</td><td colspan="2"></td><td>计税比例</td><td>30%（系统自动生成）</td></tr>
<tr><td rowspan="5">减免税部分</td><td rowspan="2">序号</td><td colspan="3" rowspan="2">减免性质代码和项目名称</td><td colspan="2">减免起止时间</td><td rowspan="2">减免税房产原值</td><td rowspan="2">月减免税金额</td></tr>
<tr><td>减免起始月份</td><td>减免终止月份</td></tr>
<tr><td>1</td><td colspan="3"></td><td>年　月</td><td>年　月</td><td></td><td></td></tr>
<tr><td>2</td><td colspan="3"></td><td></td><td></td><td></td><td></td></tr>
<tr><td>3</td><td colspan="3"></td><td></td><td></td><td></td><td></td></tr>
<tr><th colspan="9">（二）从租计征房产税明细</th></tr>
</table>

<table>
<tr><td colspan="3">* 房产编号</td><td></td><td>房产名称</td><td colspan="2"></td></tr>
<tr><td colspan="3">* 房产所属主管税务所（科、分局）</td><td colspan="4"></td></tr>
<tr><td colspan="3">承租方纳税人识别号（统一社会信用代码）</td><td></td><td>承租方名称</td><td colspan="2"></td></tr>
<tr><td colspan="3">* 出租面积</td><td></td><td>* 申报租金收入</td><td colspan="2"></td></tr>
<tr><td colspan="3">* 申报租金所属租赁期起</td><td></td><td>* 申报租金所属租赁期止</td><td colspan="2"></td></tr>
<tr><td rowspan="5">减免税部分</td><td rowspan="2">序号</td><td>减免性质代码和项目名称</td><td colspan="2">减免起止时间</td><td rowspan="2">减免税租金收入</td><td rowspan="2">月减免税金额</td></tr>
<tr><td></td><td>减免起始月份</td><td>减免终止月份</td></tr>
<tr><td>1</td><td></td><td>年　月</td><td>年　月</td><td></td><td></td></tr>
<tr><td>2</td><td></td><td></td><td></td><td></td><td></td></tr>
<tr><td>3</td><td></td><td></td><td></td><td></td><td></td></tr>
</table>

表 B－47　城镇土地使用税、房产税税源明细表

纳税人识别号（统一社会信用代码）：92450102208361358D

纳税人名称：汉东市阳光实业有限公司　　　　金额单位：人民币元（列至角分）；面积单位：平方米

<table>
<tr><td colspan="9">一、城镇土地使用税税源明细</td></tr>
<tr><td colspan="2">* 纳税人类型</td><td colspan="2">土地使用权人■集体土地使用人□ 无偿使用人□ 代管人□ 实际使用人□（必选）</td><td>土地使用权人纳税人识别号（统一社会信用代码）</td><td colspan="2">92450102208361358D</td><td>土地使用权人名称</td><td>汉东市阳光实业有限公司</td></tr>
<tr><td colspan="2">* 土地编号</td><td colspan="2">（税务系统赋予编号）</td><td>土地名称</td><td colspan="2">仓库土地</td><td>不动产权证号</td><td>1325690</td></tr>
<tr><td colspan="2">不动产单元号</td><td colspan="2">111202030001GB0000F000100002</td><td>宗地号</td><td colspan="2">02-01-16-012</td><td>* 土地性质</td><td>国有■集体□（必选）</td></tr>
<tr><td colspan="2">* 土地取得方式</td><td colspan="2">划拨□ 出让□ 转让■租赁□ 其他□（必选）</td><td>* 土地用途</td><td colspan="4">工业□ 商业■居住□ 综合□ 房地产开发企业的开发用地□ 其他□（必选）</td></tr>
<tr><td colspan="2">* 土地坐落地址（详细地址）</td><td colspan="7">汉东省（自治区、直辖市）东城市（区）县（区）乡镇（街道）宏发大厦地下仓库 108 号（必填）</td></tr>
<tr><td colspan="2">* 土地所属主管税务所（科、分局）</td><td colspan="7">（税务系统自动带出）</td></tr>
<tr><td colspan="2">* 土地取得时间</td><td>2014 年 3 月</td><td>变更类型</td><td colspan="3">纳税义务终止（权属转移■其他□）信息项变更（土地面积变更□ 土地等级变更□ 减免税变更□其他□）</td><td>变更时间</td><td>2023 年 12 月</td></tr>
<tr><td colspan="2">* 占用土地面积</td><td>30</td><td>地价</td><td></td><td>* 土地等级</td><td>一级</td><td>* 税额标准</td><td>30（系统自动生成）</td></tr>
<tr><td rowspan="5">减免税部分</td><td rowspan="2">序号</td><td colspan="3" rowspan="2">减免性质代码和项目名称</td><td colspan="2">减免起止时间</td><td rowspan="2">减免税土地面积</td><td rowspan="2">月减免税金额</td></tr>
<tr><td>减免起始月份</td><td>减免终止月份</td></tr>
<tr><td>1</td><td colspan="3">0010129901 地下建筑用地暂按 50% 征收</td><td>2014 年 4 月</td><td>2023 年 12 月</td><td>30</td><td>37.5</td></tr>
<tr><td>2</td><td colspan="3"></td><td></td><td></td><td></td><td></td></tr>
<tr><td>3</td><td colspan="3"></td><td></td><td></td><td></td><td></td></tr>
<tr><td colspan="9">二、房产税税源明细</td></tr>
<tr><td colspan="9">（一）从价计征房产税明细</td></tr>
<tr><td colspan="2">* 纳税人类型</td><td colspan="2">产权所有人■经营管理人□承典人□房屋代管人□房屋使用人□融资租赁承租人□（必选）</td><td>所有权人纳税人识别号（统一社会信用代码）</td><td colspan="2">92450102208361358D</td><td>所有权人名称</td><td>汉东市阳光实业有限公司</td></tr>
<tr><td colspan="2">* 房产编号</td><td colspan="2">（税务系统赋予编号）</td><td>房产名称</td><td colspan="4">仓库用房 1</td></tr>
<tr><td colspan="2">不动产权证号</td><td colspan="2">1325690</td><td>不动产单元号</td><td colspan="4">111202030001GB0000F000100002</td></tr>
<tr><td colspan="2">* 房屋坐落地址（详细地址）</td><td colspan="7">汉东省（自治区、直辖市）东城市（区）县（区）乡镇（街道）宏发大厦地下仓库 108 号（必填）</td></tr>
<tr><td colspan="2">* 房产所属主管税务所（科、分局）</td><td colspan="7">（税务系统自动带出）</td></tr>
<tr><td colspan="2">房屋所在土地编号</td><td colspan="2">（税务系统自动带出）</td><td>* 房产用途</td><td colspan="4">工业□ 商业及办公■住房□ 其他□（必选）</td></tr>
<tr><td colspan="2">* 房产取得时间</td><td>2014 年 3 月</td><td>变更类型</td><td colspan="3">纳税义务终止（权属转移■其他□）信息项变更（房产原值变更□ 出租房产原值变更□ 减免税变更□申报租金收入变更□其他□）</td><td>变更时间</td><td>2023 年 12 月</td></tr>
</table>

续表

二、房产税税源明细						
（一）从价计征房产税明细						
* 建筑面积	100	其中：出租房产面积	50			
* 房产原值	566 500	其中：出租房产原值	283 250		计税比例	30%（系统自动生成）
减免税部分	序号	减免性质代码和项目名称	减免起止时间		减免税房产原值	月减免税金额
			减免起始月份	减免终止月份		
	1		年 月	年 月		
	2					
	3					
（二）从租计征房产税明细						
* 房产编号	（税务系统赋予编号）	房产名称	仓库用房 2			
* 房产所属主管税务所（科、分局）	（税务系统自动带出）					
承租方纳税人识别号（统一社会信用代码）	924500001325865143	承租方名称	汉东市盛达贸易有限公司			
* 出租面积	50	* 申报租金收入	14 000			
* 申报租金所属租赁期起	2023 年 7 月 1 日	* 申报租金所属租赁期止	2023 年 12 月 31 日			
减免税部分	序号	减免性质代码和项目名称	减免起止时间		减免税租金收入	月减免税金额
			减免起始月份	减免终止月份		
	1		年 月	年 月		
	2					
	3					

表 B－48　车船税税源明细表

纳税人识别号（统一社会信用代码）：92450102208361358D

纳税人名称：汉东市阳光实业有限公司　　　　体积单位：升；质量单位：吨；功率单位：千瓦；长度单位：米

车辆税源明细												
序号	车牌号码	* 车辆识别代码（车架号）	* 车辆类型	车辆品牌	车辆型号	* 车辆发票日期或注册登记日期	排（气）量	核定载客	整备质量	* 单位税额	减免性质代码和项目名称	纳税义务终止时间
1	东 A54321	LFV2EKP20M1050312	乘用车	宝来	FV1234CD	2023 年 12 月 20 日	1.5 升	5		480		
2	东 A12657	L6T7824S6IN10066	乘用车	吉利	MR7152L21	2020 年 2 月 1 日	1.5 升	5		480		
3												

船舶税源明细															
序号	船舶登记号	* 船舶识别号	* 船舶种类	* 中文船名	初次登记号码	船籍港	发证日期	取得所有权日期	建成日期	净吨位	主机功率	艇身长度（总长）	* 单位税额	减免性质代码和项目名称	纳税义务终止时间
1															
2															
3															

表 B－49　契税税源明细表

纳税人识别号（统一社会信用代码）：92450102208361358D
纳税人名称：汉东市阳光实业有限公司　　金额单位：人民币元（列至角分）；面积单位：平方米

* 税源编号	（系统自动带出）	* 土地房屋坐落地址	汉东市东城区宏发大厦 2-204 号	不动产单元代码	111202040003GB0005F000200468
合同编号	XS2021120035	* 合同签订日期	2023 年 12 月 15 日	* 共有方式	■单独所有 □按份共有 （转移份额：____） □共同共有 （共有人：____）
* 权属转移对象	房屋－存量房－非住房	* 权属转移方式	房屋买卖	* 用途	非居住用房
* 成交价格（不含增值税）	1 000 000	* 权属转移面积	60	* 成交单价	16 666.67
* 评估价格	（系统自动带出）		* 计税价格	（系统自动带出）	
* 适用税率	3%		权属登记日期	略	
居民购房减免性质代码和项目名称			其他减免性质代码和项目名称（抵减金额：____）		

表 B－50　印花税税源明细表

纳税人识别号（统一社会信用代码）：92450102208361358D
纳税人（缴费人）名称：汉东市吉祥商贸有限公司　　金额单位：人民币元（列至角分）

序号	应税凭证税务编号	应税凭证编号	* 应税凭证名称	* 申报期限类型	应税凭证数量	* 税目	子目	* 税款所属期起	* 税款所属期止	* 应税凭证书立日期	* 计税金额	实际结算日期	实际结算金额	* 税率	减免性质代码和项目名称	对方书立人信息		
																对方书立人名称	对方书立人纳税人识别号（统一社会信用代码）	对方书立人涉及金额
1	系统自动生成	略	略	按期申报	3	买卖合同		2023 年 12 月 1 日	2023 年 12 月 31 日	2023 年 12 月 31 日	19 094 247.79	2023 年 12 月 31 日	19 094 247.79	0.03%				
2	系统自动生成	略	略	按期申报	2	产权转移书据	房屋等建筑物和构筑物所有权转让书据	2023 年 12 月 1 日	2023 年 12 月 31 日	2023 年 12 月 31 日	1 952 380.95			0.05%				
3	系统自动生成	略	略	按期申报	1	借款合同	银行业金融机构借款合同	2023 年 12 月 1 日	2023 年 12 月 31 日	2023 年 12 月 15 日	700 000.00			0.005%				

表 B－51　土地增值税税源明细表

税款所属期限：自 2023 年 12 月 30 日至 2023 年 12 月 31 日

纳税人识别号（统一社会信用代码）：9245010220836135 8D

纳税人名称：汉东市阳光实业有限公司　　　　金额单位：人民币元（列至角分）；面积单位：平方米

<table>
<tr><td colspan="8">土地增值税申报计算及减免信息</td></tr>
<tr><td colspan="8">申报类型：</td></tr>
<tr><td colspan="8">1. 从事房地产开发的纳税人预缴适用□</td></tr>
<tr><td colspan="8">2. 从事房地产开发的纳税人清算适用□</td></tr>
<tr><td colspan="8">3. 从事房地产开发的纳税人按核定征收方式清算适用□</td></tr>
<tr><td colspan="8">4. 纳税人整体转让在建工程适用□</td></tr>
<tr><td colspan="8">5. 从事房地产开发的纳税人清算后尾盘销售适用□</td></tr>
<tr><td colspan="8">6. 转让旧房及建筑物的纳税人适用■</td></tr>
<tr><td colspan="8">7. 转让旧房及建筑物的纳税人核定征收适用□</td></tr>
<tr><th rowspan="2">申报类型</th><th rowspan="2" colspan="2">项目</th><th rowspan="2">序号</th><th colspan="4">金额</th></tr>
<tr><th>普通住宅</th><th>非普通住宅</th><th>其他类型房地产</th><th>总额</th></tr>
<tr><td rowspan="34">6. 转让旧房及建筑物的纳税人适用</td><td colspan="2">一、转让房地产收入总额</td><td>1=2+3+4</td><td colspan="4">978 571.43</td></tr>
<tr><td colspan="2">1. 货币收入</td><td>2</td><td colspan="4">978 571.43</td></tr>
<tr><td colspan="2">2. 实物收入</td><td>3</td><td colspan="4"></td></tr>
<tr><td colspan="2">3. 其他收入</td><td>4</td><td colspan="4"></td></tr>
<tr><td colspan="2">二、扣除项目金额合计</td><td>(1)5=6+7+10+15
(2)5=11+12+14+15</td><td colspan="4">844 547.62</td></tr>
<tr><td colspan="2">（1）提供评估价格</td><td></td><td colspan="4"></td></tr>
<tr><td colspan="2">1. 取得土地使用权所支付的金额</td><td>6</td><td colspan="4"></td></tr>
<tr><td colspan="2">2. 旧房及建筑物的评估价格</td><td>7=8×9</td><td colspan="4"></td></tr>
<tr><td colspan="2">其中：旧房及建筑物的重置成本价</td><td>8</td><td colspan="4"></td></tr>
<tr><td colspan="2">成新度折扣率</td><td>9</td><td colspan="4"></td></tr>
<tr><td colspan="2">3. 评估费用</td><td>10</td><td colspan="4"></td></tr>
<tr><td colspan="2">（2）提供购房发票</td><td></td><td colspan="4"></td></tr>
<tr><td colspan="2">1. 购房发票金额</td><td>11</td><td colspan="4">550 000.00</td></tr>
<tr><td colspan="2">2. 发票加计扣除金额</td><td>12=11×5%×13</td><td colspan="4">275 000.00</td></tr>
<tr><td colspan="2">其中：房产实际持有年数</td><td>13</td><td colspan="4">10</td></tr>
<tr><td colspan="2">3. 购房契税</td><td>14</td><td colspan="4">16 500.00</td></tr>
<tr><td colspan="2">4. 与转让房地产有关的税金等</td><td>15=16+17+18+19</td><td colspan="4">3 047.62</td></tr>
<tr><td colspan="2">其中：增值税</td><td>16</td><td colspan="4"></td></tr>
<tr><td colspan="2">城市维护建设税</td><td>17</td><td colspan="4">1 500.00</td></tr>
<tr><td colspan="2">印花税</td><td>18</td><td colspan="4">476.19</td></tr>
<tr><td colspan="2">教育费附加</td><td>19</td><td colspan="4">1 071.43</td></tr>
<tr><td colspan="2">三、增值额</td><td>20=1－5</td><td colspan="4">134 023.81</td></tr>
<tr><td colspan="2">四、增值额与扣除项目金额之比（%）</td><td>21=20÷5</td><td colspan="4">15.87%</td></tr>
<tr><td colspan="2">五、适用税率（核定征收率）(%)</td><td>22</td><td colspan="4">30%</td></tr>
<tr><td colspan="2">六、速算扣除系数（%）</td><td>23</td><td colspan="4"></td></tr>
<tr><td colspan="2">七、减免税额</td><td>24=26+28+30</td><td colspan="4"></td></tr>
<tr><td rowspan="2">其中：减免税（1）</td><td>减免性质代码和项目名称（1）</td><td>25</td><td colspan="4"></td></tr>
<tr><td>减免税额（2）</td><td>26</td><td colspan="4"></td></tr>
<tr><td rowspan="2">减免税（2）</td><td>减免性质代码和项目名称（2）</td><td>27</td><td colspan="4"></td></tr>
<tr><td>减免税额（2）</td><td>28</td><td colspan="4"></td></tr>
<tr><td rowspan="2">减免税（3）</td><td>减免性质代码和项目名称（3）</td><td>29</td><td colspan="4"></td></tr>
<tr><td>减免税额（3）</td><td>30</td><td colspan="4"></td></tr>
</table>

注：因案例不涉及相关内容，所以本表“申报类型”1～5 部分未列出。

表 B－52　财产和行为税纳税申报表

纳税人识别号（统一社会信用代码）：92450102208361358D

纳税人名称：汉东市阳光实业有限公司　　　　金额单位：人民币元（列至角分）

序号	税种	税目	税款所属期起	税款所属期止	计税依据	税率	应纳税额	减免税额	已缴税额	应补（退）税额
1	城镇土地使用税		2023 年 7 月 1 日	2023 年 12 月 31 日	10m^2	30元/平方米	150.00			150.00
2	城镇土地使用税		2023 年 7 月 1 日	2023 年 12 月 31 日	30m^2	30元/平方米	450.00	225.00		225.00
3	房产税		2023 年 7 月 1 日	2023 年 12 月 31 日	847 175 元	1.20%	5 083.05			5 083.05
4	房产税		2023 年 7 月 1 日	2023 年 12 月 31 日	28 000 元	12%	1 680.00			1 680.00
5	车船税	乘用车	2023 年 1 月 1 日	2023 年 12 月 31 日	2 辆	480	520.00			520.00
6	印花税	买卖合同	2023 年 12 月 1 日	2023 年 12 月 31 日	19 094 247.79 元	0.03%	5 728.27			5 728.27
7	印花税	产权转移书据	2023 年 12 月 1 日	2023 年 12 月 31 日	1 952 380.95 元	0.05%	976.19			976.19
8	印花税	借款合同	2023 年 12 月 1 日	2023 年 12 月 31 日	700 000 元	0.005%	35.00			35.00
9	契税		2023 年 12 月 15 日	2023 年 12 月 31 日	1 000 000 元	3%	30 000.00			30 000.00
10	土地增值税		2023 年 12 月 30 日	2023 年 12 月 31 日	134 023.81 元	30%	40 207.14			40 207.14
11	合计	—	—	—	—	—	84 829.65	225.00		84 604.65

声明：此表是根据国家税收法律法规及相关规定填写的，本人（单位）对填报内容（及附带资料）的真实性、可靠性、完整性负责。

纳税人（签章）：汉东市阳光实业有限公司　　2024 年 1 月 10 日

经办人：张云帆 经办人身份证号：3701011994120121×× 代理机构签章： 代理机构统一社会信用代码：	受理人： 受理税务机关（章）： 受理日期：　年　月　日

表 B－53　财产和行为税减免税明细申报附表

纳税人识别号（统一社会信用代码）：92450102208361358D
纳税人名称：汉东市阳光实业有限公司

金额单位：人民币元（列至角分）

本期是否适用增值税小规模纳税人减征政策		□是■否		本期适用增值税小规模纳税人减征政策起始时间	
				本期适用增值税小规模纳税人减征政策终止时间	
合计减免税额				225.00	
城镇土地使用税					
序号	土地编号	税款所属期起	税款所属期止	减免性质代码和项目名称	减免税额
1	（税务系统赋予编号）	2023 年 7 月 1 日	2023 年 12 月 31 日	0010129901 地下建筑用地暂按 50% 征收免土地税	225.00
2					
小计	—			—	225.00
房产税					
序号	房产编号	税款所属期起	税款所属期止	减免性质代码和项目名称	减免税额
1					
2					
小计	—			—	
车船税					
序号	车辆识别代码 / 船舶识别码	税款所属期起	税款所属期止	减免性质代码和项目名称	减免税额
1					
2					
小计				—	
印花税					
序号	税目	税款所属期起	税款所属期止	减免性质代码和项目名称	减免税额
1					
2					
小计	—			—	

续表

契税					
序号	税源编号	税款所属期起	税款所属期止	减免性质代码和项目名称	减免税额
1					
2					
小计	—			—	
土地增值税					
序号	项目编号	税款所属期起	税款所属期止	减免性质代码和项目名称	减免税额
1					
2					
小计	—			—	

声明：此表是根据国家税收法律法规及相关规定填写的，本人（单位）对填报内容（及附带资料）的真实性、可靠性、完整性负责。

纳税人（签章）：汉东市阳光实业有限公司　　2024 年 1 月 10 日

经办人：张云帆 经办人身份证号：3701011994120121 × × 代理机构签章： 代理机构统一社会信用代码：	受理人： 受理税务机关（章）： 受理日期：　　年　　月　　日

表 B－54　车辆购置税纳税申报表

填表日期：2024 年 1 月 10 日　　　　　　　　　　　　　　　　　　　　　　　　金额单位：元

<table>
<tr><td>纳税人名称</td><td colspan="2">汉东市阳光实业有限公司</td><td>申报类型</td><td colspan="2">■征税□免税□减税</td></tr>
<tr><td>证件名称</td><td colspan="2">营业执照</td><td>证件号码</td><td colspan="2">92450102208361358D</td></tr>
<tr><td>联系电话</td><td colspan="2">139237943××</td><td>地址</td><td colspan="2">汉东市东城区宏发大厦 2–203 号</td></tr>
<tr><td>合格证编号（货物进口证明书号）</td><td colspan="2"></td><td>车辆识别代号 / 车架号</td><td colspan="2">LFV2EKP20M1050312</td></tr>
<tr><td>厂牌型号</td><td colspan="5">FV1234CD</td></tr>
<tr><td>排量（cc）</td><td colspan="2">1.5 升</td><td>机动车销售统一发票代码</td><td colspan="2">370121004102</td></tr>
<tr><td>机动车销售统一发票号码</td><td colspan="2">15481101</td><td>不含税价</td><td colspan="2">128 318.58</td></tr>
<tr><td colspan="4">海关进口关税专用缴款书（进出口货物征免税证明）号码</td><td colspan="2"></td></tr>
<tr><td>关税完税价格</td><td></td><td>关税</td><td></td><td>消费税</td><td></td></tr>
<tr><td>其他有效凭证名称</td><td></td><td>其他有效凭证号码</td><td></td><td>其他有效凭证价格</td><td></td></tr>
<tr><td>购置日期</td><td>2023 年 12 月 20 日</td><td>申报计税价格</td><td>128 318.58</td><td>申报免（减）税条件或者代码</td><td></td></tr>
<tr><td>是否办理车辆登记</td><td>是</td><td>车辆拟登记地点</td><td colspan="3">汉东市东城区宏发大厦 2–203 号</td></tr>
<tr><td colspan="6">纳税人声明：
本纳税申报表是根据国家税收法律法规及相关规定填报的，我确定它是真实的、可靠的、完整的。
纳税人（签名或盖章）：汉东市阳光实业有限公司</td></tr>
<tr><td colspan="6">委托声明：
现委托（姓名）________（证件号码）办理车辆购置税涉税事宜，提供的凭证、资料是真实、可靠、完整的。任何与本申报表有关的往来文件，都可交予此人。
委托人（签名或盖章）：　　　　　　　　　　　　被委托人（签名或盖章）：</td></tr>
<tr><td colspan="6">以下由税务机关填写</td></tr>
<tr><td colspan="2">免（减）税条件代码</td><td colspan="4"></td></tr>
<tr><td>计税价格</td><td>税率</td><td>应纳税额</td><td>免（减）税额</td><td>实纳税额</td><td>滞纳金金额</td></tr>
<tr><td></td><td></td><td></td><td></td><td></td><td></td></tr>
<tr><td colspan="2">受理人：
年　月　日</td><td colspan="2">复核人（适用于免、减税申报）：
年　月　日</td><td colspan="2">主管税务机关（章）</td></tr>
</table>

表 B－56　中华人民共和国企业所得税月（季）度预缴纳税申报表（A 类）

税款所属期间：2023 年 10 月 1 日至 2023 年 12 月 31 日
纳税人识别号（统一社会信用代码）：92450102208361358D
纳税人名称：汉东市阳光实业有限公司　　　　金额单位：人民币元（列至角分）

优惠及附报事项有关信息										
项目		一季度		二季度		三季度		四季度		季度平均值
		季初	季末	季初	季末	季初	季末	季初	季末	
从业人数		10	11	11	11	11	10	10	10	11
资产总额（万元）		1 030.75	1 091.24	1 091.24	1 126.78	1 126.78	1 173.94	1 173.94	1 331.74	1 143.30
国家限制或禁止行业		□是■否				小型微利企业				□是■否
		附报事项名称								金额或选项
事项 1		（填写特定事项名称）								
事项 2		（填写特定事项名称）								
	预缴税款计算									本年累计
1	营业收入									58 699 238.94
2	营业成本									45 702 463.25
3	利润总额									4 222 755.57
4	加：特定业务计算的应纳税所得额									
5	减：不征税收入									
6	减：资产加速折旧、摊销（扣除）调减额（填写 A201020）									
7	减：免税收入、减计收入、加计扣除（7.1+7.2+⋯）									132 458.53
7.1	国债利息收入免征企业所得税									40 000.00
7.2	一般股息红利等权益性投资收益免征企业所得税									31 208.53
7.3	安置残疾人员所支付的工资加计扣除									61 250.00
8	减：所得减免（8.1+8.2+⋯）									
8.1	（填写优惠事项名称）									
8.2	（填写优惠事项名称）									
9	减：弥补以前年度亏损									

续表

	预缴税款计算		本年累计
10	实际利润额（3+4-5-6-7-8-9）\ 按照上一纳税年度应纳税所得额平均额确定的应纳税所得额		4 090 297.04
11	税率（25%）		25%
12	应纳所得税额（10×11）		1 022 574.26
13	减：减免所得税额（13.1+13.2+…）		
13.1	（填写优惠事项名称）		
13.2	（填写优惠事项名称）		
14	减：本年实际已缴纳所得税额		123 639.51
15	减：特定业务预缴（征）所得税额		
16	本期应补（退）所得税额（12-13-14-15）\ 税务机关确定的本期应纳所得税额		898 934.75
	汇总纳税企业总分机构税款计算		
17	总机构	总机构本期分摊应补（退）所得税额（18+19+20）	
18		其中：总机构分摊应补（退）所得税额（16× 总机构分摊比例 %）	
19		财政集中分配应补（退）所得税额（16× 财政集中分配比例 %）	
20		总机构具有主体生产经营职能的部门分摊所得税额（16× 全部分支机构分摊比例 %× 总机构具有主体生产经营职能部门分摊比例 %）	
21	分支机构	分支机构本期分摊比例	

表 B－57　中华人民共和国企业所得税年度纳税申报表

（A 类，2017 年版）

<table>
<tr><td colspan="2">税款所属期间：2023 年 1 月 1 日至 2023 年 12 月 31 日
纳税人识别号：（统一社会信用代码）92450102208361358D
纳税人名称：汉东市阳光实业有限公司
金额单位：人民币元（列至角分）

谨声明：本纳税申报表是根据国家税收法律法规及相关规定填报的，是真实的、可靠的、完整的。
纳税人签章：汉东市阳光实业有限公司
2024 年 5 月 9 日</td></tr>
<tr><td></td><td></td></tr>
<tr><td></td><td></td></tr>
<tr><td>经办人：张云帆

经办人身份证号：3701011994120121××
代理机构签章：</td><td>受理人：

受理税务机关（章）：
受理日期：　　年　月　日</td></tr>
</table>

表 B－58　企业所得税年度纳税申报表填报表单

表单编号	表单名称	是否填报
A000000	企业所得税年度纳税申报基础信息表	☑
A100000	中华人民共和国企业所得税年度纳税申报表（A 类）	☑
A101010	一般企业收入明细表	☑
A101020	金融企业收入明细表	□
A102010	一般企业成本支出明细表	☑
A102020	金融企业支出明细表	□
A103000	事业单位、民间非营利组织收入、支出明细表	□
A104000	期间费用明细表	☑
A105000	纳税调整项目明细表	☑
A105010	视同销售和房地产开发企业特定业务纳税调整明细表	□
A105020	未按权责发生制确认收入纳税调整明细表	□
A105030	投资收益纳税调整明细表	☑
A105040	专项用途财政性资金纳税调整明细表	□
A105050	职工薪酬支出及纳税调整明细表	☑
A105060	广告费和业务宣传费等跨年度纳税调整明细表	☑
A105070	捐赠支出及纳税调整明细表	□
A105080	资产折旧、摊销及纳税调整明细表	☑
A105090	资产损失税前扣除及纳税调整明细表	□
A105100	企业重组及递延纳税事项纳税调整明细表	□
A105110	政策性搬迁纳税调整明细表	□
A105120	贷款损失准备金及纳税调整明细表	□
A106000	企业所得税弥补亏损明细表	☑
A107010	免税、减计收入及加计扣除优惠明细表	☑

续表

表单编号	表单名称	是否填报
A107011	符合条件的居民企业之间的股息、红利等权益性投资收益优惠明细表	☑
A107012	研发费用加计扣除优惠明细表	□
A107020	所得减免优惠明细表	□
A107030	抵扣应纳税所得额明细表	□
A107040	减免所得税优惠明细表	□
A107041	高新技术企业优惠情况及明细表	□
A107042	软件、集成电路企业优惠情况及明细表	□
A107050	税额抵免优惠明细表	□
A108000	境外所得税收抵免明细表	□
A108010	境外所得纳税调整后所得明细表	□
A108020	境外分支机构弥补亏损明细表	□
A108030	跨年度结转抵免境外所得税明细表	□
A109000	跨地区经营汇总纳税企业年度分摊企业所得税明细表	□
A109010	企业所得税汇总纳税分支机构所得税分配表	□
说明：企业应当根据实际情况选择需要填报的表单。		

表 B－59　A000000 企业所得税年度纳税申报基础信息表

基本经营情况（必填项目）			
101 纳税申报企业类型（填写代码）	100	102 分支机构就地纳税比例（%）	
103 资产总额（填写平均值，单位：万元）	1 143.30	104 从业人数（填写平均值，单位：人）	11
105 所属国民经济行业（填写代码）	5 128	106 从事国家限制或禁止行业	□是　☑否
107 适用会计准则或会计制度（填写代码）	110	108 采用一般企业财务报表格式（2019 年版）	☑是　□否
109 小型微利企业	□是　☑否	110 上市公司	是（□境内　□境外）☑否
有关涉税事项情况（存在或者发生下列事项时必填）			
201 从事股权投资业务	□是	202 存在境外关联交易	□是
203 境外所得信息　203-1 选择采用的境外所得抵免方式	分国（地区）不分项　不分国（地区）不分项		
203 境外所得信息　203-2 海南自由贸易港新增境外直接投资信息	是（产业类别：　旅游业　现代服务业　高新技术产业）		
204 有限合伙制创业投资企业的法人合伙人	□是	205 创业投资企业	□是
206 技术先进型服务企业类型（填写代码）		207 非营利组织	□是
208 软件、集成电路企业类型（填写代码）		209 集成电路生产项目类型	□ 130 纳米　□ 65 纳米　□ 28 纳米
210 科技型中小企业　210-1	2020 年（申报所属期年度）入库编号 1	210-2 入库时间 1	
210 科技型中小企业　210-3	2021 年（所属期下一年度）入库编号 2	210-4 入库时间 2	
211 高新技术企业申报所属期年度有效的高新技术企业证书	211-1 证书编号 1	211-2 发证时间 1	
	211-3 证书编号 2	211-4 发证时间 2	
212 重组事项税务处理方式	□一般性　□特殊性	213 重组交易类型（填写代码）	
214 重组当事方类型（填写代码）		215 政策性搬迁开始时间	
216 发生政策性搬迁且停止生产经营无所得年度	□是	217 政策性搬迁损失分期扣除年度	□是
218 发生非货币性资产对外投资递延纳税事项	□是	219 非货币性资产对外投资转让所得递延纳税年度	□是
220 发生技术成果投资入股递延纳税事项	□是	221 技术成果投资入股递延纳税年度	□是
222 发生资产（股权）划转特殊性税务处理事项	□是	223 债务重组所得递延纳税年度	□是

续表

主要股东及分红情况（必填项目）					
股东名称	证件种类	证件号码	投资比例	当年（决议日）分配的股息、红利等权益性投资收益金额	国籍（注册地址）
李东升	身份证	3701011975011912××	70.00%		中国
李强	身份证	3701011977080357××	30.00%		中国
其余股东合计	—	—			—

表 B－60　A100000 中华人民共和国企业所得税年度纳税申报表（A 表）

行次	类别	项目	金额
1	利润总额计算	一、营业收入（填写 A101010\101020\103000）	58 699 238.94
2		减：营业成本（填写 A102010\102020\103000）	45 702 463.25
3		减：税金及附加	7 847 305.56
4		减：销售费用（填写 A104000）	902 366.98
5		减：管理费用（填写 A104000）	849 715.03
6		减：财务费用（填写 A104000）	-119 933.83
7		减：资产减值损失	
8		加：公允价值变动损益	
9		加：投资收益	71 208.53
10		二、营业利润（1-2-3-4-5-6-7+8+9）	3 588 530.48
11		加：营业外收入（填写 A101010\101020\103000）	634 225.09
12		减：营业外支出（填写 A102010\102020\103000）	
13		三、利润总额（10+11-12）	4 222 755.57
14	应纳税所得额计算	减：境外所得（填写 A108010）	
15		加：纳税调整增加额（填写 A105000）	113 297.41
16		减：纳税调整减少额（填写 A105000）	
17		减：免税、减计收入及加计扣除（填写 A107010）	132 458.53
18		加：境外应税所得抵减境内亏损（填写 A108000）	
19		四、纳税调整后所得（13-14+15-16-17+18）	4 203 594.45
20		减：所得减免（填写 A107020）	
21		减：弥补以前年度亏损（填写 A106000）	
22		减：抵扣应纳税所得额（填写 A107030）	
23		五、应纳税所得额（19-20-21-22）	4 203 594.45
24	应纳税额计算	税率（25%）	25%
25		六、应纳所得税额（23 × 24）	1 050 898.61
26		减：减免所得税额（填写 A107040）	
27		减：抵免所得税额（填写 A107050）	
28		七、应纳税额（25-26-27）	1 050 898.61
29		加：境外所得应纳所得税额（填写 A108000）	
30		减：境外所得抵免所得税额（填写 A108000）	
31		八、实际应纳所得税额（28+29-30）	1 050 898.61
32		减：本年累计实际已缴纳的所得税额	1 022 574.26
33		九、本年应补（退）所得税额（31-32）	28 324.35
34		其中：总机构分摊本年应补（退）所得税额（填写 A109000）	
35		财政集中分配本年应补（退）所得税额（填写 A109000）	
36		总机构主体生产经营部门分摊本年应补（退）所得税额（填写 A109000）	

表 B－61　A101010 一般企业收入明细表

行次	项目	金额
1	一、营业收入（2+9）	58 699 238.94
2	（一）主营业务收入（3+5+6+7+8）	58 671 238.94
3	1. 销售商品收入	58 671 238.94
4	其中：非货币性资产交换收入	
5	2. 提供劳务收入	
6	3. 建造合同收入	
7	4. 让渡资产使用权收入	
8	5. 其他	
9	（二）其他业务收入（10+12+13+14+15）	28 000.00
10	1. 销售材料收入	
11	其中：非货币性资产交换收入	
12	2. 出租固定资产收入	28 000.00
13	3. 出租无形资产收入	
14	4. 出租包装物和商品收入	
15	5. 其他	
16	二、营业外收入（17+18+19+20+21+22+23+24+25+26）	634 225.09
17	（一）非流动资产处置利得	634 225.09
18	（二）非货币性资产交换利得	
19	（三）债务重组利得	
20	（四）政府补助利得	
21	（五）盘盈利得	
22	（六）捐赠利得	
23	（七）罚没利得	
24	（八）确实无法偿付的应付款项	
25	（九）汇兑收益	
26	（十）其他	

表 B－62　A102010 一般企业成本支出明细表

行次	项目	金额
1	一、营业成本（2+9）	45 702 463.25
2	（一）主营业务成本（3+5+6+7+8）	45 689 008.85
3	1. 销售商品成本	45 689 008.85
4	其中：非货币性资产交换成本	
5	2. 提供劳务成本	
6	3. 建造合同成本	
7	4. 让渡资产使用权成本	
8	5. 其他	
9	（二）其他业务成本（10+12+13+14+15）	13 454.40
10	1. 销售材料成本	
11	其中：非货币性资产交换成本	
12	2. 出租固定资产成本	13 454.40
13	3. 出租无形资产成本	
14	4. 包装物出租成本	
15	5. 其他	

续表

行次	项目	金额
16	二、营业外支出（17+18+19+20+21+22+23+24+25+26）	—
17	（一）非流动资产处置损失	
18	（二）非货币性资产交换损失	
19	（三）债务重组损失	
20	（四）非常损失	
21	（五）捐赠支出	
22	（六）赞助支出	
23	（七）罚没支出	
24	（八）坏账损失	
25	（九）无法收回的债券股权投资损失	
26	（十）其他	

表 B－63　A104000 期间费用明细表

行次	项目	销售费用	其中：境外支付	管理费用	其中：境外支付	财务费用	其中：境外支付
		1	2	3	4	5	6
1	一、职工薪酬	784 740.92	*	656 938.12	*	*	*
2	二、劳务费					*	*
3	三、咨询顾问费					*	*
4	四、业务招待费		*	26 745.80	*	*	*
5	五、广告费和业务宣传费	37 735.85	*		*	*	*
6	六、佣金和手续费					17 105.66	
7	七、资产折旧摊销费	37 762.80	*	84 587.40	*	*	*
8	八、财产损耗、盘亏及毁损损失		*		*	*	*
9	九、办公费	29 340.04	*	81 443.71	*	*	*
10	十、董事会费		*		*	*	*
11	十一、租赁费					*	*
12	十二、诉讼费		*		*	*	*
13	十三、差旅费	8 211.90	*		*	*	*
14	十四、保险费	4 575.47	*		*	*	*
15	十五、运输、仓储费					*	*
16	十六、修理费					*	*
17	十七、包装费		*		*	*	*
18	十八、技术转让费					*	*
19	十九、研究费用					*	*
20	二十、各项税费		*		*	*	*
21	二十一、利息收支	*	*	*	*	−137 039.49	
22	二十二、汇兑差额	*	*	*	*		
23	二十三、现金折扣	*	*	*	*		*
24	二十四、党组织工作经费	*	*		*	*	*
25	二十五、其他						
26	合计（1+2+3+…+25）	902 366.98		849 715.03		−119 933.83	

表 B－64　A105000 纳税调整项目明细表

行次	项目	账载金额	税收金额	调增金额	调减金额
		1	2	3	4
1	一、收入类调整项目（2+3+…+8+10+11）	*	*		
2	（一）视同销售收入（填写 A105010）	*			*
3	（二）未按权责发生制原则确认的收入（填写 A105020）				
4	（三）投资收益（填写 A105030）	71 208.53	71 208.53		
5	（四）按权益法核算长期股权投资对初始投资成本调整确认收益	*	*	*	
6	（五）交易性金融资产初始投资调整	*	*		*
7	（六）公允价值变动净损益		*		
8	（七）不征税收入	*	*		
9	其中：专项用途财政性资金（填写 A105040）	*	*		
10	（八）销售折扣、折让和退回				
11	（九）其他				
12	二、扣除类调整项目（13+14+…+24+26+27+28+29+30）	*	*	48 434.17	
13	（一）视同销售成本（填写 A105010）	*		*	
14	（二）职工薪酬（填写 A105050）	1 441 679.04	1 441 679.04		
15	（三）业务招待费支出	26 745.80	16 047.48	10 698.32	*
16	（四）广告费和业务宣传费支出（填写 A105060）	*	*	37 735.85	
17	（五）捐赠支出（填写 A105070）				
18	（六）利息支出	1 570.14	1 570.14		
19	（七）罚金、罚款和被没收财物的损失		*		*
20	（八）税收滞纳金、加收利息		*		*
21	（九）赞助支出		*		*
22	（十）与未实现融资收益相关在当期确认的财务费用				
23	（十一）佣金和手续费支出（保险企业填写 A105060）				
24	（十二）不征税收入用于支出所形成的费用	*	*		*
25	其中：专项用途财政性资金用于支出所形成的费用（填写 A105040）	*	*		*
26	（十三）跨期扣除项目				
27	（十四）与取得收入无关的支出		*		*

续表

行次	项目	账载金额	税收金额	调增金额	调减金额
		1	2	3	4
28	（十五）境外所得分摊的共同支出	*	*		*
29	（十六）党组织工作经费				
30	（十七）其他				
31	三、资产类调整项目（32+33+34+35）	*	*	64 863.24	
32	（一）资产折旧、摊销（填写 A105080）	135 804.60	70 941.36	64 863.24	
33	（二）资产减值准备金		*		
34	（三）资产损失（填写 A105090）				
35	（四）其他				
36	四、特殊事项调整项目（37+38+…+43）	*	*		
37	（一）企业重组及递延纳税事项（填写 A105100）				
38	（二）政策性搬迁（填写 A105110）	*	*		
39	（三）特殊行业准备金（39.1+39.2+39.4+39.5+39.6+39.7）	*	*		
39.1	1. 保险公司保险保障基金				
39.2	2. 保险公司准备金				
39.3	其中：已发生未报案未决赔款准备金				
39.4	3. 证券行业准备金				
39.5	4. 期货行业准备金				
39.6	5. 中小企业融资（信用）担保机构准备金				
39.7	6. 金融企业、小额贷款公司准备金（填写 A105120）	*	*		
40	（四）房地产开发企业特定业务计算的纳税调整额（填写 A105010）	*			
41	（五）合伙企业法人合伙人应分得的应纳税所得额				
42	（六）发行永续债利息支出				
43	（七）其他	*	*		
44	五、特别纳税调整应税所得	*	*		
45	六、其他	*	*		
46	合计（1+12+31+36+44+45）	*	*	113 297.41	

表 B－65　A105030 投资收益纳税调整明细表

行次	项目	持有收益			处置收益							纳税调整金额
		账载金额	税收金额	纳税调整金额	会计确认的处置收入	税收计算的处置收入	处置投资的账面价值	处置投资的计税基础	会计确认的处置所得或损失	税收计算的处置所得	纳税调整金额	
		1	2	3（2-1）	4	5	6	7	8（4-6）	9（5-7）	10（9-8）	11（3+10）
1	一、交易性金融资产											
2	二、可供出售金融资产											
3	三、持有至到期投资											
4	四、衍生工具											
5	五、交易性金融负债											
6	六、长期股权投资	31 208.53	31 208.53									
7	七、短期投资											
8	八、长期债券投资	40 000.00	40 000.00									
9	九、其他											
10	合计（1+2+…+8+9）	71 208.53	71 208.53									

表 B－66　A105050 职工薪酬支出及纳税调整明细表

行次	项目	账载金额	实际发生额	税收规定扣除率	以前年度累计结转扣除额	税收金额	纳税调整金额	累计结转以后年度扣除额
		1	2	3	4	5	6(1−5)	7(2+4−5)
1	一、工资薪金支出	951 160.00	951 160.00	*	*	951 160.00		*
2	其中：股权激励			*	*			*
3	二、职工福利费支出	110 000.00	110 000.00	14%	*	110 000.00		*
4	三、职工教育经费支出	37 735.84	37 735.84	*		37 735.84		
5	其中：按税收规定比例扣除的职工教育经费	37 735.84	37 735.84	8%		37 735.84		
6	按税收规定全额扣除的职工培训费用			0%	*			*
7	四、工会经费支出	19 023.20	19 023.20	2%	*	19 023.20		*
8	五、各类基本社会保障性缴款	230 040.00	230 040.00	*	*	230 040.00		*
9	六、住房公积金	93 720.00	93 720.00	*	*	93 720.00		*
10	七、补充养老保险			5%	*			*
11	八、补充医疗保险			5%	*			*
12	九、其他			*	*			*
13	合计（1+3+4+7+8+9+10+11+12）	1 441 679.04	1 441 679.04	*		1 441 679.04		

表 B－67　A105060 广告费和业务宣传费等跨年度纳税调整明细表

行次	项目	广告费和业务宣传费	保险企业手续费及佣金支出
		1	2
1	一、本年支出	37 735.85	
2	减：不允许扣除的支出	37 735.85	
3	二、本年符合条件的支出（1-2）		
4	三、本年计算扣除限额的基数		
5	乘：税收规定扣除率	15%	
6	四、本企业计算的扣除限额（4×5）		
7	五、本年结转以后年度扣除额（3>6，本行=3-6；3≤6，本行=0）		
8	加：以前年度累计结转扣除额		
9	减：本年扣除以前年度结转额［3>6，本行=0；3≤6，本行=8与（6-3）孰小值］		
10	六、按照分摊协议归集至其他关联方的金额（10≤3与6孰小值）		*
11	按照分摊协议从其他关联方归集至本企业的金额		*
12	七、本年支出纳税调整金额（3>6，本行=2+3-6+10-11；3≤6，本行=2-9+10-11）	37 735.85	
13	八、累计结转以后年度扣除额（7+8-9）		

表 B－68　A105080 资产折旧、摊销及纳税调整明细表

行次	项目			账载金额：资产原值	账载金额：本年折旧、摊销额	账载金额：累计折旧、摊销额	税收金额：资产计税基础	税收金额：税收折旧、摊销额	税收金额：享受加速折旧政策的资产按税收一般规定计算的折旧、摊销额	税收金额：加速折旧、摊销统计额	税收金额：累计折旧、摊销额	纳税调整金额
				1	2	3	4	5	6	7=5–6	8	9（2–5）
1	一、固定资产（2+3+4+5+6+7）			1 734 220.27	135 804.60	880 117.70	1 734 220.27	70 941.36	*	*	920 362.52	64 863.24
2	所有固定资产	（一）房屋、建筑物		1 493 500.00	70 941.36	691 678.26	1 493 500.00	70 941.36	*	*	691 678.26	0.00
3		（二）飞机、火车、轮船、机器、机械和其他生产设备							*	*		
4		（三）与生产经营活动有关的器具、工具、家具等		10 601.78	2 014.32	3 525.06	10 601.78		*	*	10 071.69	2 014.32
5		（四）飞机、火车、轮船以外的运输工具		126 591.25	30 065.40	115 250.70	126 591.25		*	*	120 261.69	30 065.40
6		（五）电子设备		103 527.24	32 783.52	69 663.68	103 527.24		*	*	98 350.88	32 783.52
7		（六）其他							*	*		
8	其中：享受固定资产加速折旧及一次性扣除政策的资产加速折旧额大于一般折旧额的部分	（一）重要行业固定资产加速折旧（不含一次性扣除）										*
9		（二）其他行业研发设备加速折旧										*
10		（三）特定地区企业固定资产加速折旧（10.1+10.2）										*
10.1		1. 海南自由贸易港企业固定资产加速折旧										*
10.2		2. 横琴粤澳深度合作区企业固定资产加速折旧										*
11		（四）500 万元以下设备器具一次性扣除（11.1+11.2）										*
11.1		1. 高新技术企业 2022 年第四季度（10 月—12 月）购置单价 500 万元以下设备器具一次性扣除										*
11.2		2. 购置单价 500 万元以下设备器具一次性扣除（不包含高新技术企业 2022 年第四季度购置）										*
12		（五）500 万元以上设备器具一次性扣除（12.1+12.2+12.3+12.4）										*
12.1		中小微企业购置单价 500 万元以上设备器具	1. 最低折旧年限为 3 年的设备器具一次性扣除									*
12.2			2. 最低折旧年限为 4、5 年的设备器具 50% 部分一次性扣除									*
12.3			3. 最低折旧年限为 10 年的设备器具 50% 部分一次性扣除									*
12.4		4. 高新技术企业 2022 年第四季度（10 月—12 月）购置单价 500 万元以上设备器具一次性扣除										*
13		（六）特定地区企业固定资产一次性扣除（13.1+13.2）										*
13.1		1. 海南自由贸易港企业固定资产一次性扣除										*
13.2		2. 横琴粤澳深度合作区企业固定资产一次性扣除										*
14		（七）技术进步、更新换代固定资产加速折旧										*
15		（八）常年强震动、高腐蚀固定资产加速折旧										*
16		（九）外购软件折旧加速折旧										*
17		（十）集成电路企业生产设备加速折旧										*

续表

行次	项目		账载金额			税收金额					纳税调整金额
			资产原值	本年折旧、摊销额	累计折旧、摊销额	资产计税基础	税收折旧、摊销额	享受加速折旧政策的资产按税收一般规定计算的折旧、摊销额	加速折旧、摊销统计额	累计折旧、摊销额	
			1	2	3	4	5	6	7=5−6	8	9（2−5）
18	二、生产性生物资产（19+20）							*	*		
19	（一）林木类							*	*		
20	（二）畜类							*	*		
21	三、无形资产（22+23+24+25+26+27+28+29）							*	*		
22	所有无形资产	（一）专利权						*	*		
23		（二）商标权						*	*		
24		（三）著作权						*	*		
25		（四）土地使用权						*	*		
26		（五）非专利技术						*	*		
27		（六）特许权使用费						*	*		
28		（七）软件						*	*		
29		（八）其他						*	*		
30	其中：享受无形资产加速摊销及一次性摊销政策的资产加速摊销额大于一般摊销额的部分	（一）企业外购软件加速摊销									*
31		（二）特定地区企业无形资产加速摊销（31.1+31.2）									*
31.1		1. 海南自由贸易港企业无形资产加速摊销									*
31.2		2. 横琴粤澳深度合作区企业无形资产加速摊销									*
32		（三）特定地区企业无形资产一次性摊销（32.1+32.2）									*
32.1		1. 海南自由贸易港企业无形资产一次性摊销									*
32.2		2. 横琴粤澳深度合作区企业无形资产一次性摊销									*
33	四、长期待摊费用（34+35+36+37+38）							*	*		
34	（一）已足额提取折旧的固定资产的改建支出							*	*		
35	（二）租入固定资产的改建支出							*	*		
36	（三）固定资产的大修理支出							*	*		
37	（四）开办费							*	*		
38	（五）其他							*	*		
39	五、油气勘探投资							*	*		
40	六、油气开发投资							*	*		
41	合计（1+18+21+33+39+40）		1 734 220.27	135 804.60	880 117.70	1 734 220.27	70 941.36			920 362.52	64 863.24
	附列资料	全民所有制企业公司改制资产评估增值政策资产						*	*		

表 B-69　A106000 企业所得税弥补亏损明细表

行次	项目	年度	当年境内所得额	分立转出的亏损额	合并、分立转入的亏损额			弥补亏损企业类型	当年亏损额	当年待弥补的亏损额	用本年度所得额弥补的以前年度亏损额		当年可结转以后年度弥补的亏损额
					可弥补年限 5 年	可弥补年限 8 年	可弥补年限 10 年				使用境内所得弥补	使用境外所得弥补	
		1	2	3	4	5	6	7	8	9	10	11	12
1	前十年度	2013 年											
2	前九年度	2014 年											
3	前八年度	2015 年											
4	前七年度	2016 年											
5	前六年度	2017 年											
6	前五年度	2018 年	2 935 123.68					100 一般企业					
7	前四年度	2019 年	2 627 493.45					100 一般企业					
8	前三年度	2020 年	2 848 409.90					100 一般企业					
9	前二年度	2021 年	2 863 881.61					100 一般企业					
10	前一年度	2022 年	2 376 988.43					100 一般企业					
11	本年度	2023 年	4 203 594.52					100 一般企业					
12	可结转以后年度弥补的亏损额合计												

表 B－70　A107010 免税、减计收入及加计扣除优惠明细表

行次	项目	金额
1	一、免税收入（2+3+9+…+16）	71 208.53
2	（一）国债利息收入免征企业所得税	40 000.00
3	（二）符合条件的居民企业之间的股息、红利等权益性投资收益免征企业所得税（4+5+6+7+8）	31 208.53
4	1. 一般股息红利等权益性投资收益免征企业所得税（填写 A107011）	31 208.53
5	2. 内地居民企业通过沪港通投资且连续持有 H 股满 12 个月取得的股息红利所得免征企业所得税（填写 A107011）	
6	3. 内地居民企业通过深港通投资且连续持有 H 股满 12 个月取得的股息红利所得免征企业所得税（填写 A107011）	
7	4. 居民企业持有创新企业 CDR 取得的股息红利所得免征企业所得税（填写 A107011）	
8	5. 符合条件的永续债利息收入免征企业所得税（填写 A107011）	
9	（三）符合条件的非营利组织的收入免征企业所得税	
10	（四）中国清洁发展机制基金取得的收入免征企业所得税	
11	（五）投资者从证券投资基金分配中取得的收入免征企业所得税	
12	（六）取得的地方政府债券利息收入免征企业所得税	
13	（七）中国保险保障基金有限责任公司取得的保险保障基金等收入免征企业所得税	
14	（八）中国奥委会取得北京冬奥组委支付的收入免征企业所得税	
15	（九）中国残奥委会取得北京冬奥组委分期支付的收入免征企业所得税	
16	（十）其他（16.1+16.2）	
16.1	1. 取得的基础研究资金收入免征企业所得税	
16.2	2. 其他	
17	二、减计收入（18+19+23+24）	
18	（一）综合利用资源生产产品取得的收入在计算应纳税所得额时减计收入	
19	（二）金融、保险等机构取得的涉农利息、保费减计收入（20+21+22）	
20	1. 金融机构取得的涉农贷款利息收入在计算应纳税所得额时减计收入	
21	2. 保险机构取得的涉农保费收入在计算应纳税所得额时减计收入	
22	3. 小额贷款公司取得的农户小额贷款利息收入在计算应纳税所得额时减计收入	
23	（三）取得铁路债券利息收入减半征收企业所得税	
24	（四）其他（24.1+24.2）	
24.1	1. 取得的社区家庭服务收入在计算应纳税所得额时减计收入	
24.2	2. 其他	
25	三、加计扣除（26+27+28+29+30）	61 250.00
26	（一）开发新技术、新产品、新工艺发生的研究开发费用加计扣除（填写 A107012）	
27	（二）科技型中小企业开发新技术、新产品、新工艺发生的研究开发费用加计扣除（填写 A107012）	
28	（三）企业为获得创新性、创意性、突破性的产品进行创意设计活动而发生的相关费用加计扣除（加计扣除比例及计算方法：_____）	
28.1	其中：第四季度相关费用加计扣除	
28.2	前三季度相关费用加计扣除	
29	（四）安置残疾人员所支付的工资加计扣除	61 250.00
30	（五）其他（30.1+30.2+30.3）	
30.1	1. 企业投入基础研究支出加计扣除	
30.2	2. 高新技术企业设备器具加计扣除	
30.3	3. 其他	
31	合计（1+17+25）	132 458.53